新经济蓝皮书
NEW ECONOMY BLUE BOOK

新时代左云
富民健康行动新谋划

国家（左云）中医药
综合改革试验区战略研究

裴长洪　吴滌心　苏智　主编

尹海滨　顾平圻　副主编

中国社会科学出版社

图书在版编目(CIP)数据

新时代左云富民健康行动新谋划：国家（左云）中医药综合改革试验区战略研究/裴长洪，吴滁心，苏智主编.—北京：中国社会科学出版社，2018.9

ISBN 978 – 7 – 5203 – 3256 – 9

Ⅰ.①新… Ⅱ.①裴… ②吴… ③苏… Ⅲ.①中国医药学—产业发展—发展战略—研究—中国 Ⅳ.①F426.77

中国版本图书馆 CIP 数据核字（2018）第 223443 号

出 版 人	赵剑英
责任编辑	马　明
责任校对	张依婧
责任印制	王　超

出　　版	中国社会科学出版社
社　　址	北京鼓楼西大街甲 158 号
邮　　编	100720
网　　址	http://www.csspw.cn
发 行 部	010 – 84083685
门 市 部	010 – 84029450
经　　销	新华书店及其他书店

印　　刷	北京君升印刷有限公司
装　　订	廊坊市广阳区广增装订厂
版　　次	2018 年 9 月第 1 版
印　　次	2018 年 9 月第 1 次印刷

开　　本	710 × 1000　1/16
印　　张	22.75
字　　数	256 千字
定　　价	96.00 元

编委会成员名单

主　编　裴长洪　吴滁心　苏　智

副主编　尹海滨　顾平圻

编　委　(按姓氏笔画排序)

　　　　付明卫　史晓琳　刘洪愧　李　峰　张　俊

　　　　张颖龙　杨　刚　杨　健　杨振礼　彭　贤

　　　　谢　谦

目　　录

产业环境篇

产业发展篇

产业园区篇

左云实践篇

产业环境篇

第一章 中国发展中医药的特色优势

第一节 中国中医药历史悠久、磨砺发展

中国中医药伴随着中华民族防治病痛的需要而诞生，可以追溯到远古时代。从偶然发现，到主动开发和发展，中医药与中华民族共同发展，历经诞生、完善、历史巅峰、停滞、衰落、转机、重新起飞等过程，在历史中不断磨砺发展。

一 中医药的诞生与完善

（一）中医药的诞生

远古时代，中华民族的祖先在采食和狩猎时接触并逐渐认识到一些动物和植物及其对人体的影响，同时发现一些动植物可用于解除自身的病痛，自发地积累了一些用药知识。随着人类的进化，中华民族的祖先开始有目的地寻找防治疾病的药物和方法。①三皇之首伏羲氏（羲皇），是中华民族的文化始祖，发明了八卦，创造了历法，让民众摆脱蒙昧，教会了民众渔猎、驯养家畜和缝

---

① 摘自国务院新闻办公室 2016 年 12 月 6 日发表的《中国的中医药》白皮书。

制衣服等生活技能，创立了医学并发明了针灸。皇甫谧《帝王世纪》里记载，太嗥伏羲氏"尝味百药而制九针"；罗泌《路史》中提到太嗥伏羲氏"尝草治砭，以制民疾"。神农氏（农皇），是农业和药学的开创者。传说，他的肚子是透明的，只要吃下毒物，相应的内脏便会显示黑色，于是他便利用自己的特殊体质，尝遍百草。神农氏是中国药学的创始人，为后人提供了最早的药学知识。《淮南子·修务训》记载，"神农乃始教民，尝百草之滋味，当时一日而遇七十毒，由此医方兴焉"。所谓"神农尝百草""药食同源"，就是当时的写照。① 五帝中的黄帝，在中医药学的理论和实践中也做出了很多努力，后世总结的《黄帝内经》便由他而得名。在元谋人、蓝田人、北京人及山顶洞人的文化遗址中，发现他们在长期与自然灾害、猛兽、疾病抗争的过程中，已经开始了医疗保健活动。

殷商时期（前 1600—前 1046 年）的甲骨文，是我国有据可查的最早的文字。在现已出土的甲骨文卜辞中，已经发现了很多关于医疗方面的文字记录。在殷商时期，甲骨是占卜用的工具，医疗是通过占卜的形式来进行的，医生是由巫师来兼任的，见《山海经》记载的"开明东有巫彭、巫抵、巫阳、巫履、巫凡、巫相，夹窫窳之尸，皆操不死之药以距之"，《大荒西经》记载的"有灵山，巫咸、巫即、巫盼、巫彭、巫姑、巫真、巫礼、巫抵、巫谢、巫罗十巫，从此升降，百药爰在"。《山海经》共记载了包括植物药、动物药和矿物药等分类共 126 种药物，并有产地、类别、形态、气味、性能和所治疾病的详细说明。

---

① 摘自国务院新闻办公室 2016 年 12 月 6 日发表的《中国的中医药》白皮书。

夏代（约前 2070—前 1600 年）发明的酒和商代（前 1700—1100 年）发明汤液的使用提高了用药效果，开启了汤液治病的历史。到殷商时期，中医药还十分原始，往往综合运用迷信、传说和治疗经验，针和青铜刀被用作手术工具，五脏与五行相关。

（二）中医药体系的完善

周朝（约前 1046—前 256 年），中国中医药体系开始建立。据《周礼》记载，在周朝，有官方设立的专门的医政机构，同时出现了专门的御用医生，由"士"这个阶层来担任，医生和巫师的职责得到了初步的分离，巫师依然掌管着部分医疗的职责，"大卜"的其中一项职责就是占卜疾病是否能痊愈。从周朝开始，我国的医学逐步走向了专业化和正规化的道路，医药体制有了一个飞跃。

具体来看，西周时期（前 1046—前 771 年），开始有了食医、疾医、疡医、兽医的分工。① 东周时期（前 770—前 256 年）已存在有系统的医疗组织，医术开始分门别类。

在春秋战国（前 770—前 256 年）那个百家争鸣的年代，医学得到蓬勃发展。《黄帝内经》在此时期被广泛应用。《黄帝内经》是中国医学理论的基础，除了医学，亦阐述道德、哲学及宗教。其主题渗透、贯穿道家思想、阴阳学说及五行学说各方面。《黄帝内经》由《灵枢》《素问》两部分组成，《灵枢》论述了脏腑、经络、病因、病机、病症、诊法等内容，重点描述了经络腧穴、针具、刺法及治疗原则等，是针灸学早期的重要文献；《素问》描述了生理学和解剖学等内容。

---

① 摘自国务院新闻办公室 2016 年 12 月 6 日发表的《中国的中医药》白皮书。

　　春秋战国时代出现了很多名医，其中最著名的是扁鹊。《史记》中甚至有过心脏置换手术的记载。据传，中医学四大经典之一《难经》为扁鹊所著，旨在解决《黄帝内经》中的疑难问题，对脉法、经络流注、营卫三焦、气血盛衰、脏腑诸病、经穴等诸多方面作了较为深入的诠释，丰富了《黄帝内经》的理论，对三焦、命门学说、奇经八脉理论等有很多开创性的观点。扁鹊在总结前人经验的基础上，提出"望、闻、问、切"四诊合参的方法，奠定了中医临床诊断和治疗的基础。

　　秦汉时期（前221—220年），《黄帝内经》得到很大发展，系统论述了人的生理、病理、疾病以及"治未病"和疾病治疗的原则及方法，确立了中医学的思维模式，标志着从单纯的临床经验积累发展到了系统理论总结阶段，形成了中医药理论体系框架。[1]《神农本草经》是现存最早的中药学专著，约成书于秦汉时期，对药物性味进行了详尽的描述，概括论述了君臣佐使、七情合和、四气五味等药物配伍和药性理论，对于合理处方、安全用药、提高疗效具有十分重要的指导作用，为中药学理论体系的形成与发展奠定了基础。[2]

　　秦汉交替时期，随着大量医疗实践的开展，中医药体系的内容得到进一步充实。在汉朝（前206—220年），哲学及宗教在中医药的中发展中发挥了重要作用：学者或学校开始学习和研究、记录医药文献；在中医药中注入哲学思想，例如，道家的养生思想、儒家的行医规范等；封建统治者都梦想长生，汉桓帝

---

[1]　摘自国务院新闻办公室2016年12月6日发表的《中国的中医药》白皮书。
[2]　同上。

（147—167 年）时印度佛教高僧入宫，提供长生不老仙丹，这是"中医药方剂学"的起源。这一时期，医学教育采用师徒相授制度，选拔合格医师采用考试形式，这在历史上最早出现。两汉时期，中医的阴阳五行理论已发展得相当完善。

汉代出现了一批有代表性的名医。仓公淳于意（前215—前167 年）是首位保存病人记录的医师。东汉末年的张仲景（150—219 年）被后世称为"医圣"，首创"太阳、少阳、阳明、太阴、少阴、厥阴"六经辨证论治；编著《伤寒杂病论》，提出了外感热病（包括瘟疫等传染病）的诊治原则和方法，论述了内伤杂病的病因、病证、诊法、治疗、预防等辨证规律和原则，确立了辨证论治的理论和方法体系，[1] 奠定中医治疗基础，是中国最早的理论结合临床诊疗专书。华佗（141—208 年）精于外科手术，精通内科、外科、妇科、儿科、针灸等各分支学科，创制了麻醉剂"麻沸散"，开创了麻醉药用于外科手术的先河，[2] 提倡体育疗法（中医称为导引範病），创作的"五禽之戏"是世界上第一套健身操。

西晋时期（265—317 年），皇甫谧的《针灸甲乙经》，系统论述了有关脏腑、经络等理论，初步形成了经络、针灸理论，[3] 是最早最完整的针灸疗法参考文献。王叔和（265—317 年）所著的《脉经》集古代诊脉法之大成。葛洪（284—364 年）的巨著《肘后救卒方》或《肘后备急方》，是临床第一部急救手册。刘涓子（约370—450 年）所著的《刘涓子鬼遗方》，是中国现存最早

———————

① 摘自国务院新闻办公室 2016 年 12 月 6 日发表的《中国的中医药》白皮书。

② 同上。

③ 同上。

的中医外科专书。陶弘景（456—536 年）是南朝齐、梁间的著名药物学家，校订《神农本草经》编成《神农本草经集注》，共记录 730 种药物，成为后期中医药分类的标准；将葛洪的《肘后备急方》改编成《肘后百一方》。南北朝时期的刘宋太医令秦承祖"奏置医学，以广教授"，即提出开办医学教育的构想。公元 443 年，南朝宋文帝（407—453 年），首创政府指派医师教育中医。千百年来医生的培养都是师徒相传或家族传授，将医学教育提升到政府的高度是一个很重要的创举。魏晋南北朝时期，道教兴盛，炼丹服饵之术在社会上层人士之间风行，炼丹术逐渐步入成熟阶段，炼丹方士被认为是早期的药剂师。

隋朝（581—618 年）统治者继承了政府办中医教育的构想，建立太医署，并细分为医、药两部。巢元方（605—616 年）被政府指派编写《诸病源候论》，又称《巢氏病源》，共 50 卷分 67 节，论述了 1700 种病症，是中国最早的病因证候学记录。此书内容涉及内科、外科、儿科、妇科、皮肤学、眼科及耳鼻喉科。之后许多中医著作直接或间接引用了本书的论点。

唐朝（618—907 年），太医署的设置更加完善，分为行政、教育、医疗和药工四大部门，有工作人员的编制与职能，甚至有详尽的课程和专业设置以及考核机制。皇室医学院包括医科、针科、按摩科及咒禁科。药园用以培养药学人才。唐朝最早设立考试制度，领先于世界，医师们的升迁基于成功治愈率。这一时期，中国官方的医学教育已经相当完善，是中医药文化传承数千年的重要组成，为现代的医学院发展提供了重要的参考。唐朝首创了由政府委任组织编撰药典，颁行了第一部国家药典《新修本草》。唐朝开始了中外医药交流，中国派医师到高丽、日本、印度及越南等地。中医药学理论著作开始大量流传至海外，日本、朝鲜、中亚、西亚等地均有所分布，为这些国家和地区的医学发展提供了极大的支持。孙思邈（581—682 年）被誉为"药王"、中国最早的麻风病专家，主张针药并用，并探索出新的应用穴位，创制了彩色经络图，倡导积极养生，对中国药物学发展有突出贡献。孙思邈提出的"大医精诚"，体现了中医对医道精微、心怀至诚、言行诚谨的追求，是中华民族道德情操和文明智慧在中医药中的集中体现，是中医药文化的核心价值理念。① 孙思邈最出名的著作是《千金要方》和《千金翼方》。《千金要方》共 30 卷，233 门，方论 5300 首，是继张仲景《伤寒杂病论》后又一部集中医药大成之巨著，被誉为中国最早的临床百科全书。

二　中医药的历史巅峰

宋金元是中医理论的一个大发展时期，在医学专科方面也有极大发展。在宋朝（960—1279 年），印刷术使医籍普及，医学及科学的著作大量出版；专设校正医书局，对历代重要医籍进行搜集、整理、考证、校勘；设立"翰林医官院"负责医之政令和医疗事务。"太医局"是专为医学教育设立的机构；医学部分为内科、风科（如中风病）、儿科、眼科、耳鼻喉齿科、皮肤及骨科、产科、针灸、创伤及咒禁科九科。宋代沿袭并发展了唐代的太医署制度，改称为太医局。太医局编订的《太平惠民和剂局方》，是我国历史上第一部官方发布的药典，全书共 10 卷，方论 788

---

① 摘自国务院新闻办公室 2016 年 12 月 6 日发表的《中国的中医药》白皮书。

首，很多方剂至今仍用在临床，是一部重要的中医药专著。在宋朝，病因病机学得到发展，1174 年，陈言提出了新的病因学理论，他的著作《三因极一病证方论》将复杂的病因归为三类：内因、外因及不内外因。法医学得到重大发展，宋慈于公元 1247 年完成的《洗冤集录》是中国死伤狱断案法典及依据，沿用 600 多年，世界上最早的法医学著作，被翻译成至少 5 种外国语言。儿科及妇科发展成独立专科，钱乙是史上第一个儿科专家，撰写了儿科巨著《小儿药证直诀》，后人把其尊为"儿科之圣""幼科之鼻祖"。代表是钱乙的《小儿药证直诀》。宋朝是中外文化交流的高峰期，由阿拉伯商人经海上，运往欧洲、亚洲及非洲等各地的中国药材有 60 多种。

金元时期（1115—1368 年）战乱频繁疾病盛行，医学研究者们不断钻研古籍，产生了很多新的流派和医学创新。刘完素的火热论，认为各种证候的出现与火热有关，治疗以清热为主，也被称为"寒凉派"。张从正的攻邪论，提倡"六门三法"，风、寒、暑、湿、燥、火作为辨证用药基础，运用发汗、催吐及泄泻"三法"，被称为"攻下派"；李东垣提出"内伤脾胃，百病由生"，采取以"调理脾胃""升举清阳"为主的治疗方法，被称"补土派"，创造的升阳益胃汤、补中益气汤、调中益气汤等得到了广泛应用；张元素的脏腑辩证论，发展了脏腑辨证及药物归经的理论。李杲提出的脾胃论，善于运用温补脾胃的处方和药物，被称为"温补派"。朱震亨的相火论，提出节制饮食及性生活，保养身体阴气，又称为"养阴说"。跌打创伤科得以发展，齐德之于 1335 年撰《外科精义》一书；危亦林于 1337 年撰写《世医得效方》，是应用脊椎骨折悬吊复位术的先驱。中医食疗得以产生，元代皇家厨师忽思慧于 1330 年撰写的《饮膳正要》是中国第一部完整的饮食卫生与食治疗法专著。在这些名医的不懈努力下，中医理论得到了极大的丰富与发展。

明朝（1368—1644 年）出现了诸多名医和医学流派，以及很多中药学和中医学的集大成之作。明代的医学流派有滋阴派、温补派、温病派。汉代葛洪的《肘后方》对天花已有记载，但无有效的防治方法，明代发明了预防天花的人痘接种法，是免疫学的早期成就。外伤科取得新成就，陈实功的《外科正宗》论述了外科常见的 100 多种疾病，主张治疗外科疾病应该内服和手术并重，并有最早对颈部恶性肿瘤及乳癌的记录。陈可成撰写的《霉疮秘录》，显示用丹砂、雄黄等含砷的药物治疗梅毒不同病期的症状，是世界医学史上最早应用砷剂治疗梅毒的记录。李时珍是首位提出脑负责精神感觉，又发现胆结石病，利用冰替高热病人降温及发明消毒技术的医家。李时珍的《本草纲目》，世界上首次对药用植物进行了科学分类，创新发展了中药学的理论和实践，是一部药物学和博物学巨著，[①] 包含了生物学、地理学、天文学等多方面内容。《本草纲目》总结了 16 世纪以前中国的药物学内容，药物增至 1500 种，附药图 1000 幅，药方 10000 个，刊行后很快传入日本、朝鲜及越南等亚洲地区，在 17、18 世纪先后被翻译成多种欧洲语言。杨继洲编写的《针灸大成》，共 10 卷，较全面地总结了明代以前有关针灸的学术经验和成就，是继晋朝皇甫谧《针灸甲乙经》之后又一次对针灸学的总结，具有极高的价值。

———————————

① 摘自国务院新闻办公室 2016 年 12 月 6 日发表的《中国的中医药》白皮书。

诸此种种，可以说，在明朝中国中医药达到了历史巅峰。

三　停滞与衰落

（一）继承中停滞

在清朝（1644—1911 年），温病学继续发展，叶桂的《温热论》提出了温病和时疫的防治原则及方法，形成了中医药防治温疫（传染病）的理论和实践体系。[①] 其他代表有薛雪的《湿热条辨》和吴瑭的《温病条辨》。王清任 1830 年的《医林改错》纠正了人体脏腑记载的某些错误，发展了人体解剖学。1727 年，俞茂鲲在《痘科金镜赋集解》中介绍了有效的天花预防方法。赵学敏编著的《本草纲目拾遗》是一部重要的药物学专著，共载药物921 种，其中《本草纲目》未收载的有 716 种，包含了不少民间药材，对研究《本草纲目》与明代以来药物学的发展，有重要的参考价值，受到海内外学者的重视。清朝大量医学书籍得以编著及整理，《古今图书集成》（1723 年）由蒋廷锡等受命编纂，共520 卷；《医宗金鉴》（1742 年）由吴谦编辑，共 90 卷，15 门。清朝最著名的中药堂是同仁堂，位于首都北京，专门为皇宫供应药物。

清朝，西方医学开始传入中国，最早去西方学医的人是 1850年赴英国爱丁堡大学专攻医科的黄宽。随着西方医学的传入，一些学者开始探索中西医药学汇通、融合。[②] 中西方医学相结合的先驱是朱沛文，他于 1892 年编撰了《中西脏腑图像合纂》。

---

① 摘自国务院新闻办公室 2016 年 12 月 6 日发表的《中国的中医药》白皮书。
② 同上。

清朝中医药虽然百家争鸣，但却没有一个主导的流派，各个流派各执己见，难以形成统一的体系，在发展到一个阶段后，中医药开始停滞不前，中医理论的传承开始走下坡路。清朝后期，随着西医进入中国，几乎停滞不前的中医药迎来了前所未有的大冲击。光绪年间，学者俞樾发表了《废医论》，最早明确提出了废除中医的主张。20世纪初，中医药停滞，加之革命思潮的涌入，使学术界出现了否定五行学说的观点，中医药的传承，面临重大的危机。

（二）废除中衰落

中华民国的成立，结束了两千多年的封建君主统治，但是中国仍未改变半封建半殖民地的社会性质。在西方科技文化大量涌入的情况下，出现了中西药并存的局面。社会和医药界逐渐有了"中医""中药"和"西医""西药"的说法，用以区分中国医药和西方医药。中华民国成立后，政府开始了对中医的歧视性政策，在颁布学制和各类学校条例教育时漏列中医。1929年2月，余云岫在中央卫生委员会会议上，提出了四项用来废止中医的议案。国民党政府采取废止中医的政策，阻碍了中医药的发展，引发了中医药界的普遍抗争，然而，并没有实际效果，政府要求中医学校一律改称传习所，卫生部命令中医医院改称医室，并禁止中医参与西医西药。当时的思想界，很多著名人士将中医列入封建迷信的范畴，对中医嗤之以鼻，支持废除中医。实际上，在中华民国时期，革命和强国必须破除旧文化的观点十分盛行，而作为旧文化代表的中医，成为思想前卫人士的靶子，废除中医包含着很深的政治因素。自此，中医药走向衰落。

四　转机与重新起飞

（一）中医药的转机

1949 年，在中国共产党的领导下，中华人民共和国成立，一度陷入衰落的中医药迎来转机。中国共产党和中国人民政府高度重视中医药事业，制定了以团结中西医和继承中医药学为核心的中医政策，并采取了一系列有力措施发展中医药事业。随着现代自然科学和中国经济、文化、教育事业的迅速发展，中药学也取得了长足进步。1954 年，毛泽东批示："中药应当很好地保护与发展。我国的中药有几千年历史，是祖国极宝贵的财产，如果任其衰落下去，将是我们的罪过；中医书籍应进行整理……如不整理，就会绝版。"同年，他再次指示："即时成立中医研究院。"1954 年，卫生部成立中医司，加强对中医药相关工作的管理与领导；1955 年 12 月，中国中医研究院宣告成立；1956 年，北京、上海、广州、成都等地先后建立了多所中医学院。在之后的 30 年里，全国各地不断建立中医医院和中药材公司，中医药得以恢复发展。从 1954 年起，国家有计划地整理、出版了一批重要的本草古籍，有《本经》《新修本草》《证类本草》《纲目》等数十种。60 年代以来又辑复了《吴普本草》《别录》《新修本草》《本草拾遗》等十余种，对研究和保存古本草文献有重大意义。这标志着，在中国共产党的领导下，中国传统中医药文化免除了失传的后顾之忧，走进了一个新的发展阶段。

（二）重新起飞

在前期中医药恢复的基础上，改革开放拉开了中国中医药重新起飞的序幕。1982 年版《中华人民共和国宪法》第 21 条明确规定：发展现代医药和我国传统医药。1991 年，"中西医并重"被明确列为新时期我国卫生工作的五大方针之一，大力发展中医药产业成为国家基本战略的重要组成部分。钱学森指出，恩格斯这样描述自然哲学——用想象、不可信的关系来代替不知道的真实的联系，用猜测来填补缺失的事实，用单纯的想象来弥补现实的空缺。而中医理论正是这种把无法观测和具象化的事情与自然现象类比起来的一种自然哲学，而并非现代科学。因此中医现代化的第一步，是用马克思主义哲学的体系，来解释和阐述传统的中医理论，去粗存精和去伪存真，将中医理论从自然哲学上升到人与环境相互作用的对象科学的高度，为更进一步的研究作准备。[1] 钱学森的观点，为中医药在新时代的发展与传承提供了一个非常好的思路。时代在发展，中医药也要与时俱进地发展，在社会主义的中国，用马克思主义来阐释中医药是一个非常贴切的方向。这为中医药提供了新的理论支撑，使其具有更强劲的生命力，拥有了重新起飞的力量。当今中医药应当如何发展传承，如何面对新的挑战，成为一个时代命题，也是党和国家一直致力解决的问题。

如今，《中华本草》编纂完成，一批中医古籍得到整理研究，中医针灸列入人类非物质文化遗产代表作名录，《黄帝内经》和《本草纲目》列入世界记忆名录。中医药国际影响进一步扩大，中医药已传播到 160 多个国家和地区，中国已与世界上近半数的国家和地区建立了中医药或传统医药政府间交流合作机制，第 62

---

① 钱学森：《马克思主义哲学的结构和中医理论的现代阐述》，《大自然探索》1983 年第 3 期。

届"世界卫生大会"通过了《传统医学决议》，敦促成员国将传统医学纳入国家卫生服务体系。新时期，中国中医药在新的适宜"土壤"下，在历史与新成就的基础上重新起飞。

然而，中医药在客观上仍然面临一些新情况、新问题、新危机与新挑战，如中医药服务体系、模式和机制还不能完全与人民群众的需求相适应；中医药资源总量仍然不足，基层发展薄弱，还不能满足人民群众的需求；城乡、区域之间发展不平衡，中医中药发展不协调；中医药继承不足、创新不够的问题没有得到根本解决，特色优势淡化，学术发展缓慢；高层次人才不足，基层人员短缺；中药产业集中度低，野生中药材资源破坏严重，部分中药材品质下降等。[①] 中国中医药将通过解决这些问题，寻求新的发展路径，继续发扬光大。

为此，国务院在《中医药发展战略规划纲要（2016—2030年)》中提出要"大力发展健康服务业，拓宽中医药服务领域"；"在构建中国特色基本医疗制度中发挥中医药独特作用"；"继承和发展中医药的绿色健康理念、天人合一的整体观念、辨证施治和综合施治的诊疗模式、运用自然的防治手段和全生命周期的健康服务"，以"适应未来医学从疾病医学向健康医学转变、医学模式从生物医学向生物—心理—社会模式转变的发展趋势"；"加大对中医药的扶持力度，进一步激发中医药原创优势，促进中医药产业提质增效"；"进一步普及和宣传中医药文化知识"；"推动中医药海外创新发展"；"各地区、各有关部门要正确认识形势，把握机遇，扎实推进中医药事业持续健康发展"。这些前瞻性设

---

① 《中医药发展"十三五"规划》。

计为中医药的发展指明了起飞的方向。

第二节　中医药与西医药的对比

中医药起源于中国，由中国人首创，西医药起源于西方国家。中医药的发展如上所述，西医药产生于西方工业革命（18 世纪 60 年代）和机器生产，以古希腊、罗马医学为基础，随着自然科学的进步而逐渐发展，主要经历了希腊的经验医学、近代的实验医学和现代医学等阶段。由于诞生的时代背景不同，发展所依托的人类文明和历史文化不同，中医药与西医药在各个方面存在较大差别，展现出不同的诊疗理念和技术特点，从不同角度治疗人类的病痛。

一　文化背景

西方文化的基石是原子论。它认为事物是可以分解、分离、单独研究的。源于古希腊、罗马的西方医药学是为科学文化形式的表达。细胞、细菌、病毒、器官、组织、免疫、神经传导、能量代谢等都是纯粹反映自然及其规律的科学文化形式，少有人文色彩，给人们带来客观、真实的印象。

中医药产生于中国传统文化，西医药产生于西方文化。中国传统文化认为事物是不可分割、相互联系又相互影响的。中医药的发展及其理论体系的不断完善是中国传统文化的再现。中医药理论作为中国传统文化的重要组成部分，有浓厚的人文色彩，注重自然、环境、人体、心理诸要素的综合作用，注重调动人体自身的调节功能和整体效应，充分体现了自然与人文的高度统一。

反映脏腑关系的十二官，反映药物类别的上中下三品和寒热温凉四性，反映治疗原则的提壶揭盖、逆流挽舟、培土生金、水火相济等都是中国文化的概念和范畴。对于中医药理论，往往从人文角度容易理解，而很难从现代科学的角度理解。

这种文化的差异造成中西医在一定程度上相互排斥，很难互通有无、相互融合。当然，中医药与西医药有着异曲同工的效果，均是人类减轻病痛、保持健康的手段。

二　医理方面

（一）定义

中西医对于"病"的定义不一样，任应秋指出："西医所称的病，大多数是取决于病原体，或者就某种特殊病变的病灶而命名，或者就生理上的某种特殊变化而命名。总之，西医的病名，必取决于物理诊断和实验诊断，是比较具体的。""中医的病，或以病因的性质命名，或以突出的症状命名，或以病机的所在命名，虽然比较抽象，但它却往往能从整体观出发，局限性比较少。"[①] 由于定义不同，中西医对病的界定也不尽相同，如中医认为气虚包含许多机体的功能不足，但西医并不认为它是疾病。

（二）对人体的认识

西医药从微观角度看问题，采用分析法，把人分为不同的组成部分，能够做到微观精准。中医药学则从宏观角度看问题，把人看作一个各部分相互影响的有机整体，认为生命是一个整体，

---

① 任应秋编：《任应秋论医集》，人民军医出版社 2008 年版。

生命体的各部分存在复杂联系，各部分关系紊乱就会产生疾病。因此，中医还强调"天人合一"、自然和谐，强调在整体中观察个体，并通过人法地、地法天、天法道、道法自然的传统哲学思想予以统一。

（三）药理

西医依赖药物对抗疾病，中医则是依靠病人的自我康复能力，即使用药，也是为了借以调动人的复杂、开放系统的自我组织能力。由于作用单一，局部对抗，崇尚攻击性治疗，因此西药有一定的毒副作用。而中医认为是药三分毒，讲究"中病即止""效必更方"、辨证论治、配伍得当，不主张长期大量用药，因此中药几乎没有副作用。

西医的药理通过在动物实验基础上的实验室研究而获得，是直接观察分析的结果。而中医的药理是在临床实践基础上通过复方配伍规律的反复总结而获得，是间接综合推导的结果。西医重药轻方，而中医重方轻药。方是由药根据整体动态的需要来组成，并且调整使用。西医即使有配方，也往往把方还原为药。中医学具有整体、动态的特色，用药组织成方，使用的时候尽可能运用方的形式。[①]

（四）理论基础

从理论基础看，西医基于自然科学，而中医基于哲学。现代西医的理论是解剖学、生理学、生物学、化学等现代科学，是医学科学，具有科学性和严谨性，少有人文底蕴。而中医的

---

① 邓中甲：《方剂学》讲稿，2011年10月10日。

理论既是科学的，又是人文的，① 是科学与人文的矛盾统一体。在科学性方面，中医药对人体和健康进行分析、归纳、总结、概括，形成了包括"取类比象"在内的"逻辑"框架。中医药的理论体系属于"生理学"派别，更相信机体的调节和平衡乃是健康的本质。而现代西医随着其"本体论"假设受到质疑和冲击，逐渐加强了对"生理学"疾病理论的认可，表现出向"整体论"靠拢的倾向，即通常所说"西方医学向传统医学回归"的现象。

此外，中西医的研究对象和研究目的是相同的。但由于文化背景的巨大差异，两者在对研究对象与研究目的的认知上存在较大反差。比如，西医中的五脏代指人的一系列器官或组织，而中医的五脏不仅仅是解剖学上的概念，更囊括了人体某一系统的病理生理学概念，二者不是同一个概念。

三　诊疗方面

（一）诊疗方法

从检查诊断的基本方法看，西医以人体解剖生理学为基础，采用元素分析法，使用视、触、叩、听手段，利用现代科技成果，依靠精确的数理和指标体系，通过实验，使用高倍显微镜和精密的化学仪器得到诊疗指标，并定量得出诊断结论。与中医相比，现代西医的诊断指标更为直观和精确。中医诊断建立在阴阳学说、五行学说和元气论，以及人体脏腑、经络、

---

① 宋远斌、孟卫东、莫春妍、黄泳：《中医与西医的比较与联系》，《中医药管理杂志》2011 年第 1 期。

气血、津液是一个整体，人与自然界是整体系统的基础上，主要采取以表知里的推导方法，利用望、闻、问、切等手段收集临床信息，根据中医药理论体系分析和辨证，得出疾病的原因和分类，根据诊断开具治疗方案。而由于科学与人文的两面性，中医药在理论体系的逻辑性方面不够严谨，诊断指标较为抽象，主观性较强，往往需要医生根据自己的经验进行综合的定性的判断。

西医多强调外因作用，强调单一活性化合物对单一靶点的作用，希望药到病除、立竿见影，采用的多是攻击性和排除性的治疗方法。中医则强调治本或者标本兼治，强调对整体的作用，强调通过中药方剂中多种成分对身体的多向调节作用达到调动机体内因、调整机体平衡、祛病养生的目的。[①]

中医的治疗以辨证为基础，根据患者的身体特征判断"疾病原因"。中医药的用药通常注重均衡和适度，并贯彻防病、治病、养病的全流程，称为"扶正祛邪"。在诊疗中，诊断需要辨证，同一种疾病往往对应不同的证，由于辨证的主观性，不同医生的辨证结果往往存在差别。治疗需要组方，当辨证不同时，药方和治疗方案自然也不同。在辨证相同的情况下，不同的扶正力度和祛邪力度，最终的治疗方案也不同，存在较大的医疗不确定性。现代西医，特别是信奉"本体论"的西医，认为患者个体差异与疾病本体没有必然联系，不同人体内的病菌可以用同一种药物杀灭，更青睐斩草除根的消灭病原，如做手术切除患病器官。

---

① 田润：《中药知识产权现状分析及发展对策研究》，博士学位论文，广州中医药大学，2009 年。

中西医在诊疗手段方面存在差异。现代西方医药的诊疗手段，多是现代化学、物理学、生物学等学科的成果，具有精密、精确、作用单一等特点。而中医药的诊疗手段源于数千年的医学积累，与中医药理论体系一致，具有朴素、简单、适用性广等特点。在具体治疗手段上，西医用化学药物和手术，中医用针灸、推拿、中药。

（二）疾病命名

西医对疾病的定义和专指性很严格，一种疾病对应一个病名，某些症状相同的疾病在病理上区分很严格，如急性上呼吸道感染、肺炎、喘息性支气管炎等疾病的主要症状都是咳嗽，却不能混为一谈。由于现代西医的疾病命名更加标准化，且有较为可信的机理解释，便于直接用于诊疗和研究交流，部分中医药人员以西医疾病名称作为参考。

中医对疾病的命名相对模糊和随意，方式多样。中医重症轻病，中医中的"病"主要是患者向医生介绍情况的通俗说法，如"头痛病"，当然也有和西方疾病分类相似的描述，比如"消渴"与糖尿病等。中医的症则体现了其对于疾病本质的认识，比如肝肾阴虚是糖尿病的常见症候。

四　药品方面

（一）对药物的认识

药物即制剂，药物原料即构成制剂的主要物质，在其中起主要防治作用的物质称为原料药，其余则为药物辅料。[①] 中西医对

---

① 岳凤先：《中药、西药及相关药物概念内涵的辨析》，《浙江中医药大学学报》2009 年第 5 期。

药物的认识是不同的。西医药学上认为，药物辅料不具备治疗的作用，而中医药学对此有不同的看法，如在中药学中糖是一种原料药甚至是中药，而在西医药学糖只作为矫味剂存在，不起治疗作用；麦冬口含时，是一种中成药，但在汤剂和丸剂中则是原料药。

（二）药性

西药在西医药学理论指导下使用的药物，是化学药物，是对抗疾病的物质，是纯粹的单体，结构清楚，靶点单一，是治病药物，主要是抗生素，其功能是杀菌、消炎、消毒，也被看作中医的丹药。中药在中医药学理论指导下使用的药物，是自然生物体、自然有生命性质的物质，经过炮制加工、组方配伍而成，非化学物质，其功能是调节人体平衡，保养、修复、调整生命机能，维持和恢复生命机能正常运作的力度、速度、平衡度、温度。

天然药物是指药物制剂中所含的化合物均由植物和动物机体合成。人工合成药物则指药物制剂所含化合物通过人工制备而得。根据这一说法，中国药典中的中药制剂真正属于天然药物所占的比例不足20%，而西药比例却接近40%。

（三）中西药优缺点

中药与西药是不同医学体系的产物，是有区别的，[1] 同时表现出不同的优缺点。西药优缺点表现在：（1）药物治疗见效快，治疗短期内效果明显，但对身体有一定影响、部分人群服药后会导致一些副作用。（2）西医对症治疗，西药消除症状效果明显，

---

[1]　田润：《中药知识产权现状分析及发展对策研究》，博士学位论文，广州中医药大学，2009年。

但在治疗某些疾病时易反弹复发。（3）非处方药物剂量较易掌握。

中药的优点是：（1）中药的有效成分不易散失，副作用小。中药的煎制一般有两种方法，一是将中药材直接煎熬成汤剂使用，药剂师根据药物的性味、重量、部位随时确定煎煮的时间和火候；二是把中药材经过简单的物理加工，提炼成不同的制剂服用。这两种方法很少有化学反应，因此有效成分不易散失，副作用小。（2）中药方剂可因症、因病的不同随时加减，且治疗范围较广。中药是以草本为主，附以矿物药和动物药，每种药物从形态、性味、归经、功能主治上都有其独特性。在应用时，可因人、因症等不同随意加减而灵活运用，以达到治疗疾病的目的。（3）中药掺假有一定的局限性。除了少部分经过炮制加工外，中药大部分是以原药材形式直接调制，易于识别，掺假困难。（4）中药对于治疗慢性疾病及疑难杂症具有明显优势。

中药的缺点是：（1）药物治疗见效慢，需要一定的服用疗程。（2）中医通过调节人体平衡治疗疾病，治疗针对"患病本质"，不针对病症本身。（3）药物剂量难以掌握。

五　教育方面

在教育方面，中西医存在很大差异。医学技术受整体文化环境的影响，不可避免地受来源地文化特征的影响。[①] 西方的医学教育接受的是近代以来的学院教育方式，遵循"现象—原因—手

---

① 贾英民、王亚平、李恩：《从中西医思维方式比较看未来中医学的发展》，《现代中西医结合杂志》2013 年第 3 期。

段"的逻辑。而中医药教育传统上是师徒传承模式，近代开始采用学院集中教育模式，其内在逻辑为"现象—手段—解释"。中医药在教育上更重视经验积累，更多的是在给予病人治疗后，用理论解释治疗方案的选择，并加强理解和记忆。

中医药和西医药是两个不同的学科，存在很大差异，但有着相同的研究对象和目的，只要能对疾病起到治疗的效果，病人得以早日康复，就应得到足够的重视与发展。中医药和西医药各有所长，各有不足，无论在经验、理论还是在诊断与治疗中，中西医均存在很强的互补性，值得相互借鉴，其发展的最高境界必然是殊途同归。中西医结合主要是将中医辨证与西医辨病相结合，用西医逻辑化的诊疗方法，结合中医药的诊疗手段，进行疾病救治和患者服务，是一种结合西医标准化优势以及中医整体化、人文关怀优势的有益探索。

第三节　中国中医药发展的文化和资源优势

中医药发源于中国古代，发展于中国历史。中国拥有适于中医药发展的物资、人文资源，中医药在中国的长期发展进一步促进了这些资源的丰富，并且使这些资源得到了进一步的优化。

一　中国中医药文化繁荣

中国中医药文化源远流长，在几千年的防病治病实践中，中医药文化积累了丰富的文化内容，如"仁者寿"的道德健康理念、"医乃仁术"的医德观、"大医精诚"的职业追求、动态平衡的健康维护、"治未病"理念、扶正祛邪治疗法则、养生理论、个体化诊疗模式、整体调节的综合治疗观等。几千年的发展过程，中医药把中华优秀文化与健康维护的实践有机结合，不断汲取历代中华文化精华，与人的生命与疾病防治规律相结合，形成了人文与生命科学相融的系统整体的医学知识体系和鲜明的中医药文化特色。[1]

在经历了清末到中华民国时期的废除中医的风波后，在中华人民共和国成立后迎来转机。中医辨证论治的思想与马克思主义唯物主义的哲学思想在一定程度上是契合的，毛泽东当时十分重视中医药事业的发展，批示成立中医研究院，并在我国多地建立了多所中医学院。改革开放后，中国中医药得到进一步传承和发展，逐渐出现了中医药现代化：运用现代科技手段实现中药材栽培的现代化；采用新技术或新方法，如中药炮制工艺、中药有效成分提取与分离技术等实现中药饮片和中成药生产的现代化；结合现代医学诊断时的数据和图像等方式，使用临床随机对照试验报告等实现中医药临床医学的现代化；以现有相关文献为基础，结合对中药药理的现代认识，以数据做基础，实现中医药理论的现代化；参照国际上有关药品的相关标准实现中医药各种标准规范的现代化。从20世纪60—70年代开始，中国逐渐出现了中西医结合的研究，并应用于临床。

中国拥有大量的处方资源，在二次开发和研制现代中药方面具有独特的优势。中医药现存古典医籍8000余种，记载着数千年来中医药的理论和实践经验，是人类生物信息的巨大宝库。

---

[1] 曹洪欣：《中医药是打开中华文明宝库的钥匙》，《人民日报》2015年3月25日第20版。

2009 年 4 月 21 日，国务院《关于扶持和促进中医药事业发展的若干意见》明确指出："中医药作为中华民族的瑰宝，蕴含着丰富的哲学思想和人文精神，是我国文化软实力的重要体现。"2013 年 8 月，习近平总书记会见世界卫生组织总干事陈冯富珍时表示："中医药学凝聚着深邃的哲学智慧和中华民族几千年的健康养生理念及其实践经验，是中国古代科学的瑰宝，也是打开中华文明宝库的钥匙。"① 中医药作为中国优秀的不可替代文化遗产，经过长时间的历史文化积淀，形成了一整套完整的系统，并且其理论内涵深邃、博大精深。近年来，随着中国经济社会的不断进步，现代科学技术的应用发展，中医药理论的前沿性越来越得到人民的认可。

中医药长期积累的文化底蕴，不仅为自身在新时代的发展奠定了扎实的基础，还为其发展赢得了广泛的、适宜的社会氛围。

二　中国中医药资源丰富

（一）中药材资源丰富

中国幅员辽阔，中药材数量和品种丰富。根据中国药材公司和全国中药资源普查办公室组织的历时近 10 年（1983—1993 年）的全国中药资源普查工作的调查结果，中国有药用植物、动物和矿物 12807 种，其中药用植物 11146 种以上，药用动物 1581 种，药用矿物 80 种。这为中国中成药的研究和生产提供了丰富的药源。据调查，全国用于饮片和中成药的药材有 1000—1200 余种，其中野生中药材种类占 80% 左右；栽培药材种类占 20% 左右。在

———————

① 习近平 2013 年 8 月 20 日会见世界卫生组织总干事陈冯富珍时表示。

全国应用的中药材中，植物类药材有 800—900 种，占 90%；动物类药材 100 多种；矿物类药材 70—80 种。2015 年版《中华人民共和国药典》①共收载药品品种 5608 种。一部收载品种 2598 种，二部收载品种 2603 种，三部收载品种 137 种，药用辅料收载 270 种。

2010—2015 年，中国中药材的种植面积呈上升态势，2015 年中药材种植面积约 5045.5 万亩（见图 1—1）。2009—2015 年，中国中药材产量呈现 U 形发展轨迹，其中 2011 年产量最低，约 305.5 万吨，之后逐年上升，2015 年我国中药材产量约为 363.8 万吨，产量较上年同期增长 3.35%（见图 1—2）。

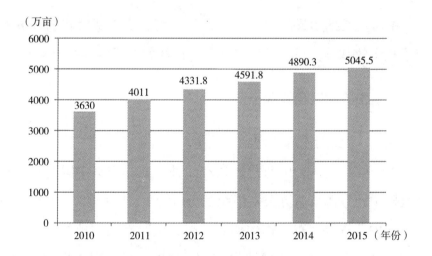

图 1—1　2010—2015 年中药材种植面积

资料来源：智研咨询《2017—2023 年中国中药材市场分析预测及发展趋势研究报告》，2017 年 9 月。

---

① 国家药典委员会：《中华人民共和国药典》，中国医药科技出版社 2015 年版。

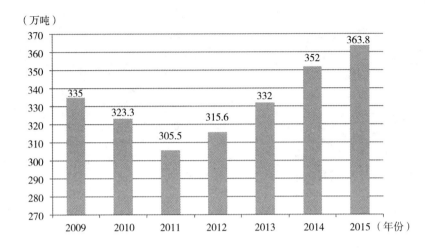

图 1—2 2009—2015 年中国中药材产量

资料来源：智研咨询《2017—2023 年中国中药材市场分析预测及发展趋势研究报告》，2017 年 9 月。

中国自然环境复杂，条件优越，中药材的分布呈现不均衡性。中药种类分布规律是从东北至西南由少增多，由 1000 种增加到 5000 种。常用药材的蕴藏量则以北方最多，向南逐渐减少。根据中国气候特点、土壤和植被类型，传统上将药用植物的自然地理分布分为八个区（见表 1—1）。

表 1—1 　　　　　　　中国中药材分布情况（按区域）

地区	区域	气候特征	俗称	分布概况	中药材
东北寒温带、温带区	黑龙江、吉林、辽宁一部分、内蒙古自治区东北部	森林茂密、气候冷凉湿润		药用植物达 1600 多种，药用动物 300 多种，矿物类 50 多种	植物类：五味子、人参、细辛、天麻、党参、赤芍、升麻、北苍术、关防风、黄芪、关龙胆、东甘草、地榆、柴胡、黄芩等；动物类：鹿茸、刺猬皮、麝香、蟾酥、蛤蟆油等

续表

地区	区域	气候特征	俗称	分布概况	中药材
华北暖温带区	辽东、山东、黄淮海平原、辽河下游平原、黄土高原、冀北山地	夏热多雨温暖，冬季晴朗干燥；春季多风沙		药用植物1500多种，药用动物500多种，矿物类30多种	植物类：地黄、金银花、怀牛膝、连翘、薯蓣、白芍、昆布、海带、蔓荆子、瓜蒌、香附、北沙参、黄芪、麻黄、防风、黄芩、淫羊藿、仙鹤草、玉竹、黄精、柴胡、地榆、党参、远志等；动物类：阿胶、牛黄、全蝎、刺猬皮、土鳖虫、斑蝥、五灵脂、牡蛎、海马等
华中亚热带区	华东、华中的广大亚热带东部地区	温暖而湿润，冬温夏热，四季分明	浙药、江南药、南药	药用植物2500多种，药用动物300多种，矿物类50种左右	植物类：地黄、山药、禹白附、郁金、白芍、牡丹皮、白术、薄荷、延胡索、百合、天冬、菊花、红花、白芷、广藿香、山茱萸、侧柏、乌药、茯苓、厚朴、吴茱萸、木瓜、钩藤、杜仲、银杏、大血藤、淡竹叶、前胡、桔梗、浙贝母、泽泻、金银花、明党参、党参、川芎、防风、怀牛膝、补骨脂等；动物类：珍珠、蟾酥、地龙、鳖甲、龟甲、僵蚕、蜈蚣、水蛭、蝉蜕等
西南亚热带区	云南、贵州、四川、重庆、陕西、甘肃南部、湖北西部	春温高于秋温，春旱而夏秋多雨	川药、云药、贵药	药用植物约4500种，药用动物300种，药用矿物约200种	植物类：黄连、天麻、杜仲、厚朴、八角莲、小丛红景天、延龄草、重齿毛当归、南方山荷叶、芍药、黄连、川乌、使君子、泽泻、川芎、麦冬、巴豆等；动物类：麝香、豹骨、熊胆、乌梢蛇、蕲蛇等

续表

地区	区域	气候特征	俗称	分布概况	中药材
华南亚热带、热带区	广东、广西、福建沿海、台湾、海南、云南南部、西双版纳、思茅地区西南部、西藏南部东喜马拉雅山南翼河谷山地	气候温暖，雨量充沛		药用植物5715种，药用动物近347种	植物类：槟榔、儿茶、广防己、巴戟天、山豆根、益智、砂仁、鸦胆子、广藿香、广金钱草、鸡血藤、肉桂、八角茴香、胡椒、云南马钱子、安息香、槟榔、龙脑香、肉桂、草果、萝芙木、三七、白木香、大雪莲、红景天等；动物类：海龙、海马、蛤蚧、金钱白花蛇、蕲蛇、蜈蚣等
内蒙古温带区	内蒙古自治区大部分、陕西北部、宁夏银川平原、冀北坝上地区	温带草原区，半干旱气候，冬季严寒而漫长，夏季温暖而不长，日温差很大，降水量少且分配不匀，日照充足，多风沙		中药材品种量少，但每种分布广、产量大	植物类：有龙胆、知母、肉苁蓉、麻黄、升麻、银柴胡、漏芦等；动物类：羚羊角、马鹿茸、全蝎、刺猬皮、麝香等
西北温带区	黄土高原本部、内蒙古高原西部、河西走廊、宁夏、甘肃北部、新疆准噶尔盆地、塔里木盆地，青海省柴达木盆地、天山、阿尔泰山及祁连山	降水最少，相对湿度最低，蒸发量最大，干旱		药用植物200多种	植物类：阿魏、伊贝母、枸杞子、锁阳、肉苁蓉、甘草、麻黄、软紫草、黄芪、天山党参、雪莲花、缬草、阿魏、金莲花、黑种草子、红景天、大黄、甘肃贝母、冬虫夏草等；动物类：羚羊角、马鹿茸、全蝎、刺猬皮、麝香、五灵脂等

续表

地区	区域	气候特征	俗称	分布概况	中药材
青藏高原高寒区	西藏自治区、青海省南部、新疆南边缘、甘肃省西南边缘、四川省西部、云南省西北边缘	空气稀薄,光照充足,气温高寒而干燥,干湿季分明,干旱季多大风		植物矮小稀疏,属耐寒耐旱的特有高原种类,植物区系较复杂,维管植物4000余种	植物类:冬虫夏草、大黄、珠子参、龙胆、麻花艽、瑞香狼毒、天麻、川贝母、重楼、胡黄连、软紫草等;动物类:马鹿茸、蝉蜕、蛤蟆油、麝香、五灵脂等

资料来源:根据网络公开资料整理。

中药资源显著的地域性决定了我国各地生产、收购的药材种类不同,各地用药习惯不同,所经营的中药材种类和数量亦不同。全国各地生产、收购的中药材种类各具特色,构成了中药材区域化的模式。

中国作为中医药大国,中药材在全国多省均有分布,并且各省的中药材品种均不同。表1—2描述了我国各省的野生、栽培的中药材资源的地域分布及中药材品种。

表1—2　中国各地区中药材资源分布情况及大宗中药材品种

地区	野生中药材资源	栽培中药材资源	大宗中药材品种
浙江	天目山、雁荡山和四明山地区。杭州市38%、丽水地区11%和绍兴市9%	金衢盆地、杭嘉湖平原和浙东低山丘陵。金华市20%、嘉兴市16%、绍兴市11%和东阳市9%	浙贝母、白术、延胡索、菊花、麦冬、白芍、海螵蛸

续表

地区	野生中药材资源	栽培中药材资源	大宗中药材品种
安徽	皖南低山丘陵和大别山区。宣州市26%、安庆市19%、巢湖地区10%、六安地区10%、滁县地区10%、芜湖市10%	淮北平原区。阜阳60%	茯苓、白芍、牡丹皮、菊花、木瓜、桔梗、板蓝根、紫菀、太子参、明党参、蕲蛇、蜈蚣、鳖甲
福建	三明市25%、宁德地区17%、建阳地区13%、漳州市11%、龙岩地区12%	东南丘陵地区。泉州市24%、漳州市30%、建阳地区9%	泽泻、莲子、乌梅、厚朴、太子参、穿心莲、陈皮、牡蛎等
江西	怀玉山、井冈山、大庾岭等山区29%、九江市24%、赣州地区22%和吉安地区11%	中部平原丘陵区。九江市26%、宜春地区23%、吉安地区12%和抚州地区11%	大宗药材有枳壳（实）、栀子、荆芥、薄荷、金钱白花蛇等
山东	中部丘陵区较多。临沂地区27%、烟台市25%和淄博市18%	沂蒙山区和胶东半岛。临沂地区40%和潍坊市13%	金银花、北沙参、太子参、土鳖虫、海藻等
河南	中条山、太行山、桐柏山和大别山地区。三门峡市50%、洛阳市17%和信阳地区10%	黄河冲积平原和南阳盆地。焦作市35%、南阳地区15%和三门峡市11%	地黄、牛膝、山药、菊花、红花、柴胡、全蝎、土鳖虫及龟甲等
湖南	湘西武陵山区、湘中丘陵和湘南南岭山区。湘西州18%、大庸市13%、邵阳市13%、长沙市10%、零陵地区9%	洞庭湖平原和雪峰山两侧河谷山地。益阳地区16%、邵阳市16%、怀化地区17%和岳阳市11%	白术、枳壳、栀子、金银花、乌梢蛇等
广东	粤北山区和粤西山地。韶关市19%，肇庆市17%和清远市17%	西江以南的热带和亚热带地区。湛江市26%、茂名市27%和肇庆市12%	砂仁、巴戟天、广藿香、陈皮、金钱白花蛇及地龙等

续表

地区	野生中药材资源	栽培中药材资源	大宗中药材品种
广西	桂西山地丘陵和桂东北山地。百色地区26%、桂林地区23%和河池地区12%	桂东南低山丘陵区。钦州地区39%、玉林地区27%和梧州地区19%	三七、罗汉果、肉桂、天花粉、珍珠、蛤蚧及穿山甲
海南	五指山区。保亭县68%	五指山东西两侧。琼海县20%、陵水县14%、屯昌县12%和万宁县10%	槟榔、益智仁、丁香、白豆蔻、檀香、胖大海、南玉桂、天仙子及广藿香
四川	川西高原。阿坝州31%、凉山州20%和甘孜州14%	四川盆地和盆周山区。成都市11%、达县地区11%、乐山市5%、绵阳市7%、都江堰市6.5%	黄连、川芎、川贝母、附子、川牛膝、白芷、麦冬、冬虫夏草、麝香及熊胆等
贵州	遵义地区23%、毕节地区23%、安顺地区14%，黔南州13%和黔东南地区10%	黔东南地区33%、遵义地区22%和毕节地区23%	天麻、杜仲、吴茱萸、天冬、麝香及穿山甲等
云南	滇西北横断山高山峡谷和滇西南高原。怒江州30%、丽江地区16%和思茅地区10%	迪庆州21%、文山州11%、丽江地区11%、昆明市9%和怒江州9%	川贝母、冬虫夏草、秦艽、龙胆、麝香、鹿角及全蝎
陕西	秦巴山区和陕北黄土高原。商洛地区26%、延安地区16%、榆林地区15%和宝鸡市10%	秦巴山区和渭河平原。汉中地区36%、渭南地区13%和宝鸡市9%	杜仲、天麻、茯苓、麝香及全蝎等
甘肃	武威地区18%、定西地区16%、酒泉地区12%、陇南地区11%	陇南地区34%	当归、党参、大黄猪苓、麝香及鹿茸等
青海	东南部黄河上游地区。海南州64%、黄南州10%和果洛州10%	东部农业区。海东地区40%和海南州38%	大黄、川贝母、枸杞子、麝香等

续表

地区	野生中药材资源	栽培中药材资源	大宗中药材品种
宁夏	银南地区占90%	固原地区49%和银南地区36%	枸杞子、甘草、麻黄、银柴胡等
新疆	塔里木盆地四周的绿州。巴音郭楞州31%、阿克苏地区28%和喀什地区12%	北疆地区。博尔塔拉州28%、昌吉州（23%）和喀什地区23%	甘草、伊贝母、肉苁蓉、马鹿茸及鹿角等

资料来源：依据191农资人网络（http：//www.191.cn）资源整理所得。

（二）中医医疗机构资源丰富

中国中医医疗机构包括中医类医院、中医类门诊部、中医类诊所等不同类别，满足人们不同层次的诊疗需求。从机构总量上看，2007—2016年，全国中医医疗机构不断增加，从2007年的35477家增加到2016年的49479家。其他资源方面，2007—2016年也都实现了持续增加。其中，实有床位数从2007年的356307张增加到2016年的877774家，在岗职工从2007年的579338人增加到2016年的1126202人，卫生技术人员从2007年的478017人增加到2016年的957860人（见表1—3）。

表1—3 　　　2007—2016年全国中医医疗机构资源情况

年份	机构数（家）	实有床位数（张）	在岗职工数（人）	卫生技术人员数（人）
2007	35477	356307	579338	478017
2008	33817	387343	604986	502352
2009	34853	427463	647386	541519

续表

年份	机构数（家）	实有床位数（张）	在岗职工数（人）	卫生技术人员数（人）
2010	36665	471885	697427	585394
2011	38177	529971	742773	625396
2012	39257	613582	815690	689836
2013	41858	687600	891630	756055
2014	43586	755786	963464	817624
2015	46494	819997	1041135	885761
2016	49479	877774	1126202	957860

资料来源：根据国家中医药管理局历年《全国中医药统计摘编》整理。

2016 年，全国中医类医院 4238 家，实有床位 877313 张，在岗职工 1015919 人，其中卫生技术人员 855325 人。全国中医诊所、卫生所、医务室有 35289 家，中西医结合诊所、卫生所、医务室有 7513 家，中医诊所、卫生所、医务室在岗职工 65409 人，中西医结合诊所、卫生所、医务室在岗职工 18818 人。这部分中医机构是中国中医医疗机构的重要组成部分。

2014—2016 年，全国中医类机构、医师、床位从绝对量来看，逐年增加，分别从 2014 年的 44398 家、164319 人、755786 张增加至 2016 年的 49539 家、195185 人、877774 张。从中医类医疗机构资源及服务占全国医疗资源及服务的比例看，总体趋势是增加的，2016 年，这三个量占比分别为 23.23%、9.26%、15.41%。诊疗量、出院人数绝对量逐年增加，占比表现出平衡态势（见表1—4）。

表1—4　　2014—2016年中医类医疗机构资源及服务占

全国医疗资源及服务的比例

年份	分类	中医类机构		中医执业（助理）医师		实有床位		诊疗量		出院人数	
		机构数（家）	占比（%）	人员数（人）	占比（%）	床位数（张）	占比（%）	人数（万人次）	占比（%）	人数（万人）	占比（%）
2014	总计	44398	23.00	164319	8.88	755786	15.21	65925.6	18.70	2228.5	14.53
	中医类医院	3732	14.43	123946	7.82	755050	15.22	53058.10	17.85	2227.10	14.54
	中医类门诊部	1492	12.40	6111	10.20	736	8.86	1525.50	17.36	1.4	6.74
	中医类诊所	39174	25.24	34262	16.74	—	—	11342.00	24.42	—	—
2015	总计	46494	19.69	179449	9.08	819997	15.36	68414.20	18.18	2351.2	14.66
	中医类医院	3966	14.38	134876	7.97	819412	15.37	54870.90	17.79	2349.30	14.67
	中医类门诊部	1640	12.35	7397	11.11	585	7.58	1761.90	18.76	1.9	9.31
	中医类诊所	40888	20.94	37176	22.84	—	—	11781.40	20.14	—	—
2016	总计	49539	23.23	195185	9.26	877774	15.41	72166.59	18.63	2558.82	14.66
	中医类医院	4238	14.54	146432	8.12	877313	15.42	57670.38	17.64	2556.73	14.67
	中医类门诊部	1973	13.35	8566	11.5	461	7.12	1978.28	19.23	2.09	12.53
	中医类诊所	43328	25.58	40187	17.43	—	—	12517.93	24.93	—	—

注：占比为中医类医院、门诊部、诊所分别占全国医院、门诊部、诊所的资源量及服务量的比例。

资料来源：根据国家中医药管理局2014—2016年《全国中医药统计摘编》整理。

（三）中医类教育科研资源丰富

悠久的中医药发展史为我国中药研究提供了丰富的历史积淀。中医药浩瀚的经典医籍，是人类生物信息的巨大宝库。中医药现存古典医籍8000余种，记载了数千年来中医药的理论和实践经验。在此基础上，中国中医类教育和科研资源不断丰富发展。

2009—2016 年，中医科研机构家数有所减少，但仍保持在 80 家以上；从业人员持续增长，到 2016 年达到 22628 人。科研成果和专利逐年增加，截至 2016 年年底，总计发表科技论文 45043 篇，其中国外发表 4283 篇；总计出版科技著作 2031 种，有效发明专利 3676 件，国家或行业标准 188 项（见表 1—5）。

表 1—5　　　　　　　　全国中医科研机构及成果情况

年份	机构（家）	从业人员（人）	科技论文（篇）		科技著作（种）	有效发明专利（件）	国家或行业标准（项）
			全部	国外发表			
2009	90	13217	4269	190	176	142	69
2010	90	15106	4480	301	215	182	60
2011	88	15824	5472	341	205	235	0
2012	88	16875	5973	499	238	380	1
2013	86	17961	6081	617	261	533	0
2014	88	20806	6024	693	282	631	5
2015	88	21998	6082	836	318	658	15
2016	81	22628	6662	806	336	915	38
合计	—	—	45043	4283	2031	3676	188

资料来源：根据国家中医药管理局历年《全国中医药统计摘编》整理。

截至 2016 年年底，全国共有 42 家中高等中医学校。[①] 2007—2016 年，中国高等中医药院校的毕业生人数、招生人数及在校学生数持续增加，只有博士生毕业人数和招生人数在 2015 年出现小幅下降。从表 1—6 可以看出，普通本科、专科生的规模最大，中

───────────

① 国家中医药管理局：《2016 年全国中医药统计摘编》，2016 年。

医药硕士生的毕业、招生及在校人数增长最快。这些为中国中医药发展提供了丰富的后备人才。

表1—6　　　　2007—2016年高等中医药院校学生情况　　　单位：人

年份	毕业生人数			招生人数			在校生人数		
	博士生	硕士生	普通本科、专科生	博士生	硕士生	普通本科、专科生	博士生	硕士生	普通本科、专科生
2007	858	4988	53908	1134	7379	68751	3255	20937	261407
2008	975	6358	62309	1114	7710	76890	3494	23243	286299
2009	1035	7708	65139	1151	9500	84531	3610	25669	307693
2010	1101	8385	71608	1206	9616	89865	3683	27477	322803
2011	1042	9176	74714	1266	10141	91618	3839	30283	340817
2012	1109	10689	76733	1268	11010	91555	4027	31181	360071
2013	1133	10389	84585	1281	11716	98236	4317	33118	384476
2014	1213	10994	85743	1353	12469	91171	4440	35001	369430
2015	1156	11477	86133	1291	13125	93781	4509	37136	384117
2016	1209	12427	89444	1343	13811	98522	4662	38689	401411

资料来源：根据国家中医药管理局历年《全国中医药统计摘编》整理。

（四）人才资源优势

中医药是中国传统文化瑰宝，中国政府和医界一直重视对中医药人才的培养。目前，中国中医药的教育模式主要包括院校教育、师承教育、继续教育等。这种多层次、多形式、多途径的教育体系，很大程度上促进了中国中医药人才数量的增加和人才素质的提高。截至2016年年底，全国有322628名中药专业技术人才。[1]

---

[1]　国家中医药管理局：《2016年全国中医药统计摘编》，2016年。

　　中医卫生机构从业技术人员分为中医执业医师、中医执业助理医师、中药师（士）、见习中医师等类别。全国中医卫生机构中以中医执业医师人员数最多，其次是中药师（士）。2007—2016 年，除见习中医师人数在总体趋势增加的情况下有所起伏外，中医执业医师、中医执业助理医师、中药师（士）人员均出现了不同程度的持续增长（见表1—7）。

表1—7　　　　2007—2016 年全国中医机构人员情况　　　　单位：人

年份	中医执业医师人数	中医执业助理医师人数	中药师（士）人数	见习中医师人数
2007	86180	7996	25446	4138
2008	90744	7656	27377	4773
2009	98699	7583	29384	4956
2010	108216	7720	31553	5772
2011	113077	8173	32817	4878
2012	132581	10149	36007	5721
2013	144771	10686	38158	6828
2014	154510	10558	40044	7531
2015	169161	10996	41557	7353
2016	184231	11607	43660	7212

资料来源：根据国家中医药管理局历年《全国中医药统计摘编》整理。

　　从全国科学研究与技术开发机构从业人员的性质来看，从事科技活动的人数不断增加，从事生产经营活动的人数在不断下降。从事科技活动人员数的占比从 2007 年的 60.27% 增加到 2011 年的 64.27% 后出现震荡下降，2016 年降到 56.32%；而从事生产经营活动人员数的占比从 2007 年的 19.19% 下降到 2016 年的 3.41%。尽管如此，我国中医科研机构的从业人员总数持续增加，从 2007 年的 12984 人增加到 2016 年的 22628 人（见表 1—8）。

表 1—8　　　　2007—2016 年全国中医科学研发机构人员情况

年份	机构数（家）	从业人员总数（人）	从事科技活动人员数（人）	科技活动人员占比（％）	从事生产经营活动人员数（人）	生产经营活动人员占比（％）
2007	90	12984	7825	60.27	2491	19.19
2008	90	13202	8086	61.25	1456	11.03
2009	90	13217	8436	63.83	1030	7.79
2010	90	15106	9662	63.96	1064	7.04
2011	88	15824	10170	64.27	1089	6.88
2012	88	16875	10451	61.93	1019	6.04
2013	86	17961	10673	59.42	985	5.48
2014	88	20806	12117	58.24	1118	5.37
2015	88	21998	13620	61.91	1006	4.57
2016	81	22628	12744	56.32	771	3.41

资料来源：根据国家中医药管理局历年《全国中医药统计摘编》整理。

第二章 中国发展中医药的
国内外环境

第一节 中国中医药发展的国内环境

中医药在中国具有重要的医用价值、经济价值和文化价值。近年来，中医药的重要性得到了全社会的广泛认可。医改政策不断完善，卫生体制改革全面深化，公立医院改革及分级诊疗制度加快推进，市场主导的药品价格形成机制逐步建立，以"双信封"制、直接挂网、价格谈判、定点生产为主的药品分类采购政策全面实施，医保支付标准逐步建立，医保控费及医疗机构综合控费措施推行，对医药工业发展态势和竞争格局将产生深远影响。[①] 中国经济发展进入新常态，工业化、城镇化、人口老龄化进程加快，疾病谱变化、生态环境和生活方式变化、医药技术创新等，[②] 这些都成为中医药面临的新的发展环境。从大的方面看，政策、行业、经济、社会等方面形成了

---

① 《医药工业发展规划指南》，2016 年。
② 《"十三五"深化医药卫生体制改革规划》，2016 年。

有利于中医药发展的环境，但也存在个别不利于中医药发展的形势。

一 政策环境

近年来，中国出台了各项促进中医药发展的政策，提高中医药在医疗服务和疾病预防中的作用。同时制定各项优惠政策及科研创新政策等，大力促进中医药的发展。

2013年11月12日通过的《中共中央关于全面深化改革若干重大问题的决定》明确要求"完善中医药事业发展政策和机制"。1949年以来，特别是改革开放以来，中国政府高度重视中医药的发展，致力于提高中医药在医疗服务和疾病预防中的作用，出台了一系列引导和支持中医药发展的政策。这些政策中，有的是从战略层面指导中医药发展的，包括综合类规划和分领域规划；有的是就某些具体事项做出的规定；有的是扶持中医药发展的优惠政策；有的是规范中医药发展的监管政策；有的是从法律层面规范中医药发展的法律法规；还有一些是地方性中医药政策。

（一）战略规划

1. 总体规划

全国性综合发展战略对中医药发展做出了战略前瞻和指示。2016年3月17日印发的《国民经济和社会发展第十三个五年规划纲要》指出，"健全中医医疗保健服务体系，创新中医药服务模式，提升基层服务能力。加强中医临床研究基地和科研机构建设。发展中医药健康服务。开展中药资源普查，加强中药资源保护，建立中医古籍数据库和知识库。加快中药标准化建设，提升中药产业水平。建立大宗、道地和濒危药材种苗繁育基地，促进中药材种植业绿色发展。支持民族医药发展。推广中医药适宜技术，推动中医药服务走出去"。

2016年12月27日，国务院印发的《"十三五"卫生与健康规划》对"十三五"期间中医药事业的发展做出了全面规划，要求国家中医药局、国家卫生计生委、国家发展改革委、工业和信息化部、教育部、科技部、商务部、农业部负责"加快发展中医医疗服务，健全覆盖城乡的中医医疗服务体系，加强中医重点专科建设，创新中医医院服务模式。充分利用中医药技术方法和现代科学技术，提高危急重症、疑难复杂疾病的中医诊疗服务能力和中医优势病种的中医门诊诊疗服务能力。大力发展中医养生保健服务，推广中医养生保健技术与方法，促进中医养生保健机构规范发展。加强中医临床研究基地和科研机构建设，强化中医理论基础研究，推进中医药标准化、现代化。加强中医药传统知识保护，编撰出版《中华医藏》，建立中医药传统知识保护数据库。完善中医药人才培养体系，加快推进各层次各类型中医药人才培养，健全国医大师评选表彰制度，完善中医药人才评价机制。推进中医药文化传承和发展，弘扬中医药文化精髓，实施中医药健康文化素养提升工程。开展中药资源普查，加强中药资源保护利用，推进中药材规范化种植养殖，加强中药疗效与质量保障体系建设，健全中药材流通追溯机制，促进中药资源可持续发展，提升中药产业发展水平。积极发展民族医药事业。推广中医药适宜技术"。

2016年8月10日，国家中医药管理局《中医药发展"十三五"规划》指出，"坚持中西医并重，充分遵循中医药自身发展规律，以推进继承创新为主题，以增进和维护人民群众健康为目标，以促进中医药医疗、保健、科研、教育、产业、文化协调发展为重点，以提高中医药防病治病能力和学术水平为核心，勇攀医学高峰，推进中医药现代化，推动中医药走向世界，全面振兴发展中医药事业，发挥中医药在促进卫生、经济、科技、文化和生态文明发展中的独特作用，为建设健康中国服务，为全面建成小康社会服务"。

2016年2月22日，国务院印发的《中医药发展战略规划纲要（2016—2030年）》，将中医药发展摆在了经济社会发展全局的重要位置，指出要"牢固树立创新、协调、绿色、开放、共享发展理念，坚持中西医并重，从思想认识、法律地位、学术发展与实践运用上落实中医药与西医药的平等地位，充分遵循中医药自身发展规律，以推进继承创新为主题，以提高中医药发展水平为中心，以完善符合中医药特点的管理体制和政策机制为重点，以增进和维护人民群众健康为目标，拓展中医药服务领域，促进中西医结合，发挥中医药在促进卫生、经济、科技、文化和生态文明发展中的独特作用，统筹推进中医药事业振兴发展"。并提出"到2020年，实现人人基本享有中医药服务，中医医疗、保健、科研、教育、产业、文化各领域得到全面协调发展，中医药标准化、信息化、产业化、现代化水平不断提高"。"到2030年，中医药治理体系和治理能力现代化水平显著提升，中医药服务领域实现全覆盖，中医药健康服务能力显著增强，在治未病中的主导作用、在重大疾病治疗中的协同作用、在疾病康复中的核心作用得到充分发挥。"

2016年10月25日，中共中央、国务院印发的《"健康中国

2030"规划纲要》要求："在乡镇卫生院和社区卫生服务中心建立中医馆、国医堂等中医综合服务区，推广适宜技术，所有基层医疗卫生机构都能够提供中医药服务。促进民族医药发展。到2030年，中医药在治未病中的主导作用、在重大疾病治疗中的协同作用、在疾病康复中的核心作用得到充分发挥。""大力传播中医药知识和易于掌握的养生保健技术方法，加强中医药非物质文化遗产的保护和传承运用，实现中医药健康养生文化创造性转化、创新性发展。""建立中医药传统知识保护制度，制定传统知识保护名录。融合现代科技成果，挖掘中药方剂，加强重大疑难疾病、慢性病等中医药防治技术和新药研发，不断推动中医药理论与实践发展。发展中医药健康服务，加快打造全产业链服务的跨国公司和国际知名的中国品牌，推动中医药走向世界。"

2. 专项规划

在上述战略规划对中医药发展的指导下，各部门制定了指导中医药发展的专项规划。国务院办公厅于2015年4月24日首次印发的《中医药健康服务发展规划（2015—2020年）》指出，"充分发挥中医药特色优势，加快发展中医药健康服务，是全面发展中医药事业的必然要求，是促进健康服务业发展的重要任务，对于深化医药卫生体制改革、提升全民健康素质、转变经济发展方式具有重要意义"。应"在切实保障人民群众基本医疗卫生服务需求的基础上，全面深化改革，创新服务模式，鼓励多元投资，加快市场培育，充分释放中医药健康服务潜力和活力，充分激发并满足人民群众多层次多样化中医药健康服务需求，推动构建中国特色健康服务体系，提升中医药对国民经济和社会发展的贡献率"。

工业和信息化部、中医药局、国家发展改革委、科技部、财政部、环境保护部、农业部、商务部、国家卫生计生委、国家食品药品监管总局、林业局、保监会共同印发的《中药材保护和发展规划（2015—2020年）》指出，要"坚持以发展促保护、以保护谋发展，依靠科技支撑，科学发展中药材种植养殖，保护野生中药材资源，推动生产流通现代化和信息化，努力实现中药材优质安全、供应充足、价格平稳，促进中药产业持续健康发展"，"到2020年，中药材资源保护与监测体系基本完善，濒危中药材供需矛盾有效缓解，常用中药材生产稳步发展；中药材科技水平大幅提升，质量持续提高；中药材现代生产流通体系初步建成，产品供应充足，市场价格稳定，中药材保护和发展水平显著提高"。

工业和信息化部、发展改革委、科技部、商务部、国家卫生计生委、国家食品药品监管总局6部委于2016年11月7日印发的《医药工业发展规划指南》提出"到2020年，规模效益稳定增长，创新能力显著增强，产品质量全面提高，供应保障体系更加完善，国际化步伐明显加快，医药工业整体素质大幅提升"。并确定了中药发展的重点领域，其中中成药的重点领域为"针对心脑血管疾病、自身免疫性疾病、妇儿科疾病、消化科疾病等中医优势病种，挖掘经典名方，开发复方、有效部位及有效成分中药新药，加快推动疗效确切、临床价值高的中药创新药的研发和产业化。针对已上市品种，运用现代科学技术深挖临床价值，明确优势治疗领域，开发新的适应症。开展药品上市后疗效、安全、制剂工艺和质量控制再评价，实现新药国际注册的突破"。中药材和中药饮片的重点领域为"发展濒危稀缺药材人工繁育技术，推动麝香、沉香、冬虫夏草等产品野生种植养殖；提升大宗道地药材标准化生产和产地加工技术，从源头提升中药质量水平"。民族药的重点领域为"推进民族药种质资源库的建设，系统研究评价民族药的安全性和有效性，完善民族药的生产、加工、制剂等关键技术，提升产品质量，培育特色品种"。产业化技术的重点领域为"发展中药成分规模化高效分离与制备技术，符合中药特点的缓控释、经皮和黏膜给药、物理改性和掩味等新型制剂技术，提升生产过程质量控制水平，提高检验检测技术与标准"。

2016 年 12 月 19 日，国家中医药管理局印发的《中医药文化建设"十三五"规划》提出"推动中医药文化创造性转化和创新性发展，为传承中华优秀传统文化，打造中国特色健康文化，提升国家文化软实力，树立文化自信，建设文化强国、健康中国做出应有的贡献"。目标是"到'十三五'末，在全社会形成中医药文化是中国优秀文化代表的普遍共识，传承与弘扬中医药文化的社会氛围更加浓厚；中医药行业文化建设基础更为坚实，行业文化自信明显增强；中医药健康养生文化得到广泛、有序传播，并形成对公众健康生活方式的普遍指导；中医药文化产业快速发展，中医药文化创新成果显著增多。全国中医药健康文化知识普及率明显提高，中国公民中医药健康文化素养水平较'十三五'初期提升 10%"。

2017 年 5 月 12 日，科技部、国家中医药管理局联合印发的《"十三五"中医药科技创新专项规划》要求"切实把科技创新摆在中医药发展全局的核心位置，坚持主导性发展、引领性发展，加快推进中医药宝贵资源的现代开发"，"到 2020 年，建立更加协同、高效、开放的中医药科技创新体系，解决一批制约中医药发展的关键科学问题，突破一批制约中医药发展的关键核心技术，加速推进中医药现代化和国际化发展，构建更加符合中医药传承与创新特点的研究模式和技术体系，显著增强中医药科技创新能力"。

（二）方案意见

2009 年 3 月 17 日，中共中央、国务院印发《关于深化医药卫生体制改革的意见》，标志着第六次医药卫生体制改革正式启动。意见指出："充分发挥中医药（民族医药）在疾病预防控制、应对突发公共卫生事件、医疗服务中的作用。加强中医临床研究基地和中医院建设，组织开展中医药防治疑难疾病的联合攻关。在基层医疗卫生服务中，大力推广中医药适宜技术。采取扶持中医药发展政策，促进中医药继承和创新。"之后，国务院及相关部委颁布了一系列政策文件，如《关于深化医药卫生体制改革的意见》（2009）、《医药卫生体制改革近期重点实施方案（2009—2011 年)》（2009）、《医药卫生体制五项重点改革 2010 年度主要工作安排》（2010）、《2011 年公立医院改革试点工作安排》（2011）、《"十二五"期间深化医药卫生体制改革规划暨实施方案》（2012）等，均涉及中医药发展的相关安排。2016 年 12 月 27 日，国务院印发《"十三五"深化医药卫生体制改革规划》，对"十三五"期间的医改做出了规划，指出："推动中医药服务资源与临床科研有机结合，加强中医适宜技术的应用，充分发挥中医药在'治未病'、重大疾病治疗和疾病康复中的重要作用。在基层中医药服务体系不健全、能力较弱的地区，将中医医院中医门诊诊疗服务纳入首诊范围"。"实施中医药传承与创新人才工程，促进中医药传承与发展，建立健全中医药师承教育制度"，"促进中医药健康服务发展，推进中医药与养老、旅游等融合发展，实现中医药健康养生文化的创造性转化、创新性发展"。

2013年9月28日，国务院印发的《国务院关于促进健康服务业发展的若干意见》强调了中医药在健康服务业的重要地位，指出"全面发展中医药医疗保健服务"，"提升中医健康服务能力。充分发挥中医医疗预防保健特色优势，提升基层中医药服务能力，力争使所有社区卫生服务机构、乡镇卫生院和70%的村卫生室具备中医药服务能力。推动医疗机构开展中医医疗预防保健服务，鼓励零售药店提供中医坐堂诊疗服务。开发中医诊疗、中医药养生保健仪器设备"。

2016年12月30日，国家中医药管理局印发《中医中药中国行——中医药健康文化推进行动实施方案（2016—2020年)》，依托"中医中药中国行"这一大型中医药科普宣传活动，来传播中医药健康文化知识、营造中医药事业发展的良好氛围，目标是"普及中医药知识方法，促进民众养成健康的生活习惯，推动中国公民中医药健康文化素养提升10%，培育健康生活方式。增进社会对中医药核心价值理念的认知和认同，营造更加关心支持中医药事业发展的社会氛围。初步建立中医药健康文化传播体系和机制，打造一批中医药健康文化传播示范基地"。

2015年11月17日，国家旅游局和国家中医药管理局联合下发了《关于促进中医药健康旅游发展的指导意见》，以"推动旅游与中医药的融合，更好地促进中医药健康旅游的发展"，要求"发挥我国中医药旅游资源的优势，倡导中医药健康旅游新观念，推进旅游与中医药的融合发展，开创中医药健康旅游发展新模式，构建我国中医药健康旅游产业体系，传承我国悠久的中医药文化，打造我国中医药健康旅游品牌，促进中医药健康旅游快速发展"。2017 年 5 月 12 日，国家卫生计生委、国家发展改革委、财政部、国家旅游局、国家中医药局联合印发《关于促进健康旅游发展的指导意见》，提出"发挥中医药特色优势，使旅游资源与中医药资源有效结合，形成体验性强、参与度广的中医药健康旅游产品体系。大力开发中医药观光旅游、中医药文化体验旅游、中医药特色医疗旅游、中医药疗养康复旅游等旅游产品，推进中医药健康旅游产品和项目的特色化、品牌化。鼓励开发以提供中医医疗服务为主要内容的中医药健康旅游主题线路和特色产品"，"鼓励中医机构进行国际认证，加快建立中医药国际标准体系和诊疗服务规范体系，推进中医药健康旅游服务标准化和专业化"。

（三）扶持政策

2009 年 4 月 21 日印发的《国务院关于扶持和促进中医药事业发展的若干意见》制定了一系列扶持中医药发展的政策措施，提出加强县级地方中医药发展的系统方案，即"县级以上地方人民政府要在区域卫生规划中合理规划和配置中医医疗机构（包括中西医结合和民族医医疗机构）。大力加强综合医院、乡镇卫生院和社区卫生服务中心的中医科室建设，积极发展社区卫生服务站、村卫生室的中医药服务。在其他医疗卫生机构中积极推广使用中医药适宜技术。通过中央和地方共同努力，进一步加大公立中医医院的改造建设力度，有条件的县以上综合医院和乡镇卫生院、社区卫生服务中心都要设置中医科和中药房，配备中医药专业技术人员、基本中医诊疗设备和必备中药，基本实现每个社区卫生服务站、村卫生室都能够提供中医药服务"。

《国务院关于扶持和促进中医药事业发展的若干意见》还制定了具体扶持措施："各级政府要逐步增加投入，重点支持开展中医药特色服务、公立中医医院基础设施建设、重点学科和重点专科建设以及中医药人才培养。落实政府对公立中医医院投入倾斜政策，研究制定有利于公立中医医院发挥中医药特色优势的具体补助办法。完善相关财政补助政策，鼓励基层医疗卫生机构提供中医药适宜技术与服务。制定优惠政策，鼓励企事业单位、社会团体和个人捐资支持中医药事业。合理确定中医医疗服务收费项目和价格，充分体现服务成本和技术劳务价值。"

同时，《国务院关于扶持和促进中医药事业发展的若干意见》通过制定针对消费端的优惠政策扶持中医药发展："将符合条件的中医医疗机构纳入城镇职工基本医疗保险、城镇居民基本医疗保险和新型农村合作医疗的定点机构范围，将符合条件的中医诊疗项目、中药品种和医疗机构中药制剂纳入报销范围。按照中西药并重原则，合理确定国家基本药物目录中的中药品种，基本药物的供应保障、价格制定、临床应用、报销比例要充分考虑中药特点，鼓励使用中药。"

2016 年 3 月 23 日，财政部和国家税务总局联合印发《关于全面推开营业税改征增值税试点的通知》，其中附件 3 营业税改征增值税试点过渡政策规定，"医疗机构提供的医疗服务项目免征增值税"。

2000 年 7 月 10 日，财政部和国家税务总局《关于医疗卫生机构有关税收政策的通知》指出，对于非营利性医疗机构自用的房产、土地、车船，免征房产税、城镇土地使用税和车船使用税。对于营利性医疗机构的取得的收入，直接用于改善医疗卫生条件的，自其取得执业登记之日起，3 年内给予下列优惠：对其取得的医疗服务收入免征营业税；对其自产自用的制剂免征增值税；对营利性医疗机构自用的房产、土地、车船免征房产税、城镇土地使用税和车船使用税。3 年免税期满后恢复征税。

（四）监管政策

为规范中医药发展，中国政府建立了一整套监管措施。从 2015 年 12 月 11 日国家中医药管理局公布的现行有效的规范性文件看，有综合性文件 3 件，如《中医医院信息化建设基本规范》（2011 年 10 月 12 日发布）；新闻宣传文件 4 件，如《国家中医药管理局新闻宣传工作制度》（2013 年 12 月 5 日发布）；人事教育文件 12 件，如《中医药继续教育规定》（2006 年 11 月 3 日发布）；医政管理文件 55 件，如《乡镇卫生院中医药服务管理基本规范》（2003 年 11 月 25 日发布）；科研管理文件 11 件，如《中医药临床研究伦理审查管理规范》（2010 年 9 月 8 日发布）；外事管理文件 1 件，为《出国中医药类专业技术人员资格认定管理办法（试行）》（2007 年 7 月 30 日发布）；法制标准化建设与监督文件 7 件，如《中医药标准制定管理办法（试行）》（2012 年 11

月 28 日发布）。①

　　1994 年 2 月 26 日，国务院发布第 149 号令《医疗机构管理条例》，从规划布局和设置审批、登记、执业、监督管理、处罚等方面对医疗机构管理作了规定，以加强医疗机构管理，促进医疗卫生事业发展，保障公民健康，规定未取得医疗机构执业许可证的任何单位或个人不得开展诊疗活动。同年 8 月 29 日，卫生部颁布第 35 号令《医疗机构管理条例实施细则》，从设置审批、登记与校验、名称、执业、监督管理、处罚等方面对《医疗机构管理条例》的实施制定了详细规定。之后，卫生计生委对该条例作了多次修订，最近的一次是 2017 年 4 月 1 日的《2017 年医疗机构管理条例实施细则修正版》。2016 年 2 月 5 日，国家卫生计生委和国家中医药管理局联合发布《关于加强中医药监督管理工作的意见》，以"加强中医药监督管理工作，规范中医药服务和市场秩序，完善中医药监管与执法机制，严格中医药监管与执法责任，维护人民群众健康权益"，提出"完善中医药监督管理工作相关法规标准""加强中医医疗服务的监督管理""加强中医养生保健等服务的监督管理""加强中医医疗广告和中医医疗保健信息服务的监督管理"。2017 年 9 月 22 日，国家卫生和计划生育委员会印发《中医诊所备案管理暂行办法》，对中医诊所实施备案管理，要求"县级以上地方中医药主管部门应当加强对中医诊所依法执业、医疗质量和医疗安全、诊所管理等情况的监督管理"。

　　药品监管是指监管主体即各级各类药品监管部门通过法律、

———————

　　① 国家中医药管理局：《关于公布现行有效的 93 件规范性文件的通告》，2015年 12 月 11 日。

行政等手段对药品的研发、生产、流通、经营、使用等各环节进行指导、干预、监督及控制的过程，以保证药品质量合格、保障人体用药安全、维护人们生命健康。药品监管对确保药品安全有着重大意义，关系到人们的身体健康和生命安全。卫生部、国家中医药管理局、总后勤部卫生部于 2011 年 1 月 30 日联合发布《医疗机构药事管理规定》，从组织机构、药物临床应用管理、药剂管理、药学专业技术人员配置与管理、监督管理等方面对医疗机构药事管理做出规定，以促进药物合理应用，保障公众身体健康。其中在药剂管理方面，规定"医疗机构应当根据《国家基本药物目录》《处方管理办法》《国家处方集》《药品采购供应质量管理规范》等制订本机构《药品处方集》和《基本用药供应目录》，编制药品采购计划，按规定购入药品"。我国药品监管涉及食品药品监督管理局、卫生部、中医药管理局、发改委、工商管理局等多个部门，对各部门间的协调配合提出了较高的要求。

（五）法律法规

2016 年 12 月 25 日通过的《中医药法》对中医药做出了界定，指出中医药"是包括汉族和少数民族医药在内的我国各民族医药的统称，是反映中华民族对生命、健康和疾病的认识，具有悠久历史传统和独特理论及技术方法的医药学体系"。明确了中医药的重要地位，指出"中医药事业是我国医药卫生事业的重要组成部分。国家大力发展中医药事业，实行中西医并重的方针，建立符合中医药特点的管理制度，充分发挥中医药在我国医药卫生事业中的作用"。强调了县级以下人民政府在中医药事业发展中的职能：县级以上人民政府应当"将中医药事业纳入国民经济和社会发展规划，建立健全中医药管理体系，统筹推进中医药事业发展"，"将中医医疗机构建设纳入医疗机构设置规划，举办规模适宜的中医医疗机构，扶持有中医药特色和优势的医疗机构发展"，"发展中医药预防、保健服务，并按照国家有关规定将其纳入基本公共卫生服务项目统筹实施"。同时，强调加强中药保护与发展，国家"制定中药材种植养殖、采集、贮存和初加工的技术规范、标准，加强中药材生产流通全过程的质量监督管理，保障中药材质量安全"，"保护药用野生动植物资源，对药用野生动植物资源实行动态监测和定期普查，建立药用野生动植物资源种质基因库，鼓励发展人工种植养殖，支持依法开展珍贵、濒危药用野生动植物的保护、繁育及其相关研究"，"保护中药饮片传统炮制技术和工艺，支持应用传统工艺炮制中药饮片，鼓励运用现代科学技术开展中药饮片炮制技术研究"。

2003 年 4 月 2 日通过的《中华人民共和国中医药条例》是"从事中医医疗、预防、保健、康复服务和中医药教育、科研、对外交流以及中医药事业管理活动的单位或者个人"的行为规范，要求"中医医疗机构从事医疗服务活动，应当充分发挥中医药特色和优势，遵循中医药自身发展规律，运用传统理论和方法，结合现代科学技术手段，发挥中医药在防治疾病、保健、康复中的作用，为群众提供价格合理、质量优良的中医药服务"，"依法设立的社区卫生服务中心（站）、乡镇卫生院等城乡基层卫生服务机构，应当能够提供中医医疗服务"，"中医从业人员应当遵守相应的中医诊断治疗原则、医疗技术标准和技术操作规范"，"县级以上地方人民政府应当根据中医药事业发展的需要以及本地区国民经济和社会发展状况，逐步增加对中医药事业的投入，扶持中医药事业的发展"。

2015年4月24日修订的《中华人民共和国药品管理法》对中药事业做出了规定，指出"国家保护野生药材资源，鼓励培育中药材"，"中药饮片必须按照国家药品标准炮制；国家药品标准没有规定的，必须按照省、自治区、直辖市人民政府药品监督管理部门制定的炮制规范炮制。省、自治区、直辖市人民政府药品监督管理部门制定的炮制规范应当报国务院药品监督管理部门备案"。除国务院另有规定，"城乡集市贸易市场可以出售中药材"。

（六）地方性政策

与中央相关政策相适应，各个地方也出台了很多政策来支持中医药的发展，形成了中央、省区市、市、县各级一体化政策体系。下面以山西省为例。

山西省2016年8月23日印发的《山西省医疗卫生服务体系规划（2016—2020年）》指出，要"突出中医医院作用，加强中医医疗服务能力，推进中医强省建设"，并对不同级别的医院提出了不同的要求，"三级中医医院充分利用中医药技术方法和现代科学技术，提供急危重症、疑难复杂疾病的中医诊疗服务和中医优势病种的中医门诊诊疗服务。二级中医医院充分利用中医药技术方法和现代科学技术，提供区域内常见病、多发病、慢性病的中医诊疗，急危重症患者的抢救，疑难复杂疾病向上转诊服务。"并对县级区域中医医疗机构建设做出规定，"已设置1所县办综合医院和1所县办中医类医院的原则上不再增加公立医院数量，难以设置中医类医院的县，应当在县办综合医院设置中医科室"。强调了中医药在基层医疗卫生服务中的作用，要求"加强基层医疗卫生机构中医药服务能力，推广中医药综合服务模式，充分发挥中医药在基层医疗卫生机构常见病、多发病和慢性病防治中的作用"。规划目标是到 2020 年，"实现政府在每个乡镇办好 1 所标准化建设的乡镇卫生院，每个乡镇卫生院建好 1 个标准化中医诊疗区（中医馆）"，"每一个社区卫生服务中心建好 1 个标准化中医诊疗区（中医馆）"，"所有社区卫生服务机构、乡镇卫生院和 70% 的村卫生室具备与其功能相适应的中医药服务能力"。为全面推进中医药强省建设，实现中医药振兴发展，山西省政府于 2017 年 1 月 9 日印发《山西省贯彻中医药发展战略规划纲要（2016—2030 年）实施方案》，确定了山西省中医药发展目标，即"到 2020 年，实现人人基本享有中医药服务，中医医疗、保健、科研、教育、产业、文化各领域得到全面协调发展，中医药标准化、信息化、产业化、现代化水平不断提高，中医药在我省经济社会发展全局中的地位和作用进一步凸显，初步建成中医药强省"；"到 2030 年，中医药治理体系和治理能力现代化水平显著提升，中医药服务领域实现全覆盖，中医药健康服务能力显著增强，中医药在治未病中的主导作用、在重大疾病治疗中的协同作用、在疾病康复中的核心作用得到充分发挥"。

2016 年 8 月 22 日，大同市人民政府办公厅印发《大同市深化医药卫生体制改革 2016 年重点工作任务》，以巩固和发展医改成果，推动全市医改工作深入开展，要求市卫生计生委、市财政局、市人力资源和社会保障局、市发展和改革委共同负责"推进公立中医医院综合改革。细化落实对中医医院投入倾斜政策，制定实施差别化的价格调整、绩效考核等政策，建立维护公益性、突出中医药特色优势的公立中医医院运行新机制。加强临床路径推广应用，科学合理调整中医医疗服务价格"。2016 年 8 月 25日，大同市政府印发《大同市中医药健康服务发展规划（2016—2020 年）》，确定"到 2020 年，基本建立我市中医药健康服务体系，中医药健康服务加快发展，使之成为我市健康服务业的重要力量，推动全市经济社会转型发展"，"中医药健康服务提供能力大幅提升"，"中医药健康服务技术手段不断创新"，"中医药健康服务产品种类更加丰富"，"中医药健康服务发展环境优化完善"。2017 年 12 月 15 日印发的《大同市医疗卫生服务体系规划（2016—2020 年）》提出，"注重中医临床专科的建设，强化中医药技术推广应用。到 2020 年，在市级中医院建成 2 个省级领先的中医重点专科，在县级中医院建成 10 个在当地有影响力的中医重点专科"，"加快发展中医医疗服务，完善公立中医医疗机构为主导、非公立中医医疗机构共同发展、基层中医药服务能力突出的中医医疗服务体系，全面提升中医药服务能力。大力发展中医养生保健服务，积极拓展中医药服务新业态，发展中医药健康服务相关支撑产业。加强中药资源保护与利用，促进中药资源可持续发展。加快中医药科技进步，深入开展继承挖掘，为提升维护健康水平和防病治病能力提供理论依据和技术支撑"。"统筹用好中西医两方面资源，提升基层西医和中医两种综合服务能力。到2020 年，力争所有社区卫生服务机构、乡镇卫生院和 70% 的村卫生室具备与其功能相适应的中医药服务能力，积极鼓励中医药健康服务业发展。"

2016 年 9 月 26 日，山西省大同市左云县印发《左云县中医药健康服务发展规划（2016—2020 年）》，确定"到 2020 年，基本建立完善的中医药健康服务体系，健全中医药健康服务政策、规范和标准，中医药健康服务提供能力大幅提升，中医药健康服务技术手段不断创新，中医药健康服务产品更加丰富，中医药健康服务发展环境更加优良，城乡居民多层次、多样化的健康服务需求基本得到满足，健康素养、健康水平得到明显提高"。"加强中医院建设。县中医院建成区域内和辐射周边地区的针灸康复中心和中医药适宜技术示范基地。""加强镇卫生院中医科和中药房建设。到 2020 年，使 70% 的乡镇卫生院规范设置中医科、中药房，80% 村卫生室能够提供中医药服务。""加强县人民医院、县妇幼保健计划生育服务中心中医药科室建设。""大力发展非公立中医医疗机构，鼓励社会力量举办中医医院、中西医结合医院、中医门诊部、中医个体诊所及中医馆、中医坐堂医诊所，以满足人民群众的多元化需求。""推进中医药优质服务到基层。支持县中医医院积极组建医疗联合体，使中医药优质资源下沉，更好地服务广大基层群众。"

二　行业环境

中医药作为一项关系公众身体健康，建设健康中国的重要抓手，与西医药一起构成中国医疗卫生事业。两种医疗卫生体系在相互竞争、比较、融合中发展，构成了特有的中国医疗卫生行业环境。2009 年 4 月出台的《关于扶持和促进中医药事业发展的若干意见》是中国新医改发布以来一项专门针对中医药发展的实质性政策，政策的出台给所有中医药行业带来利好。中医医疗机构和中药生产企业迎来快速发展期。

（一）新问题

中医药是中华民族的瑰宝，蕴含着丰富的哲学思想和自然科学观点，几千年来为保障人民群众的身体健康和促进社会发展做出了巨大贡献。随着经济全球化，科技进步和现代医学的快速发展，我国中医药事业发展环境发生了深刻变化，面临许多新情况、新问题：中医特色优势逐渐淡化，服务领域趋于萎缩；名老中医药专家的很多学术思想和经验得不到传承，一些特色诊疗技术、方法濒临失传，中医理论和技术创新不足；中医中药发展不协调，野生中药资源破坏严重；中医药发展基础条件差，人才匮乏，已严重制约了中医的发展。为了深化医药卫生体制改革，提高人民群众健康水平，弘扬中华文化，促进经济发展和社会和谐，需要大力扶持和促进中医药事业发展。[①]

（二）中医药比重偏低

受清朝后期至解放前中医药遭受打压、发展停滞的影响，现代医学和科学技术得到飞速发展，中医发展却相对缓慢，在整个医疗卫生体系中所占的比重偏小〔从表1—4中医类医疗机构资源及服务占全国医疗资源及服务的比例看，2016年，中医类机构占比23.23%，中医执业（助理）医师占比9.26%，实有床位占比15.41%，诊疗量占比18.63%，出院人数占比14.66%〕，与其中华民族传统瑰宝的地位及重要性极不相称。新中国成立后，国家高度重视中医药的发展，制定了多条有利于中医药发展的政策，而从当前中医药所占比重来看，目前的政策扶持显然还不够。

----

① 《国务院关于扶持和促进中医药事业发展的若干意见》，2009年。

（三）中医西化

1912 年，北洋政府"壬子癸丑学制"确立中国教育的学制系统时"漏列中医"；1929 年，余云岫在民国中央卫生委员会议上提出《废止中医案》；1950 年，余云岫提出《改造旧医实施步骤草案》，参照日本明治维新时期用西医基础医学改造中医的做法而推行"中医科学化"。中医药发展遭受重大打击，同时受近代科学主义思潮[①]的影响，加之 20 世纪以来，西学东渐，不少人认为，西方文化是先进的，中国文化是落后的，中医不如西医，必须用西医改造中医，出现了中医西化现象。中医西化，就是在近代科学主义思潮的影响下，用西医的观念与方法，导致中医基础科学体系与临床技术体系扭曲、解体的做法。当中医的基本概念被扭曲、肢解到"非西非中""似西似中"的时候，中医的基础科学与临床技术体系就被颠覆了。[②]目前，尽管中医药逐渐受到政府重视，但是许多中医院或综合医院中医科室医生在诊疗活动时，很少按照中医望、闻、问、切，审查内外、辨证求因、四诊合参的方法和要求进行辨证施治，而是按照现代医学思路，快速出方开药。这种中医西化现象在县级以下医院尤为突出。现在中医办医完全引进西医模式，中医西化已成为困扰中医界的一个重大问题，医务人员的医学思维和服务能力完全受西医的影响，中医的诊疗出现西化，抹

---

① 所谓近代科学主义，即把首创于西方科学家之手的近代物理、化学的观念与方法，作为评价一切文化科学之是非的至上信条和唯一标准的立场或态度。而所谓近代科学主义思潮，即一定时期内人们对近代科学盲目崇拜的一种普遍的从众心理。

② 李致重：《告别中医西化》，《中国中医药报》2012 年 12 月 12 日。

杀了中医的精髓，使之遭受质疑（严世芸，2015）。[①] 这应当引起全社会足够重视，特别是各级医疗卫生行政部门、医疗机构领导及中医药人员的高度重视。

（四）抗菌药物受限

随着现代医学和科学技术的发展，抗菌药物被广泛应用于临床。抗菌药物在治疗疾病，特别是在对抗细菌感染方面发挥了非常重要的作用。正是由于其针对性强、治病速效的特点，无论医疗机构、医务人员，还是病患，均对抗菌药物产生了依赖。而抗菌药物的滥用给患者造成极大伤害，对整个社会也会带来不可估量的后果。有关数据显示，中国滥用抗菌药物情况较为严重，是世界上使用抗菌药物最多的国家，许多医疗机构对于抗菌药物的使用率甚至达到90%以上。国际医学界呼吁慎用、少用抗菌药物，中国政府也认识到抗菌药物滥用的危害性。2012年4月24日，卫生部发布第84号令《抗菌药物临床应用管理办法》，对抗菌药物临床应用实行分级管理，要求各类医疗机构及医务人员严格按照该办法执行，以"加强医疗机构抗菌药物临床应用管理，规范抗菌药物临床应用行为，提高抗菌药物临床应用水平，促进临床合理应用抗菌药物，控制细菌耐药，保障医疗质量和医疗安全"。在国家严控抗菌药物滥用之际，要规范合理地使用抗生素，更应发挥中医药特色优势。抗菌药物限制令为中医药的发展带来机遇，其带来的留白空间可能使具有抗菌消炎作用的清热解毒类中药获得更广泛的应用。中医药将在保护中国人民乃至世界人民健康，

---

① 严世芸：《中医"西化"已经成为困扰中医界重大问题》，《新闻晨报》2015年1月18日。

建设健康中国中发挥重要作用，同时迎来自身新的发展前景。

（五）中药监管与保护

中医药合法合规发展事关人民群众的生命安全。然而，个别企业和个人受利益驱使，在中药材市场从事非法经营活动，导致中药材质量不稳定、品种混乱、农药残留污染等问题，特别是中药材制假售假、染色、增重、非法加工中药饮片、挂靠过票经营等问题比较突出，严重制约着中药产品质量。卫生计生委、食品药品管理局、中医药管理局等监管部门非常重视对中医药相关行业或机构的监管。例如，2012 年 5 月，国家食品药品监督管理总局开展了中药材专业市场专项整治工作，加强对中药原材料、中药饮片加工生产的监管力度，清理混乱市场，打击了一批伪劣中药材生产的作坊和窝点。各地药监部门也制订了本地整治工作方案措施，打击制售假劣药品违法犯罪行为。药监部门的专项整治工作有效规范了中药材市场秩序，保障了公众用药安全。

对于中药的注册监管，自 2008 年执行《中药注册管理补充规定》以来，新药审批体现出了中药特色，初步解决了过去照搬西药审批的做法，有效遏制了改剂型、仿制中药等低水平重复申报问题。但是，由于对中药化学成分的基础研究重视不足，致使多数中药材的药效成分仍不明确。中药注册管理也未完全体现中药研发自身的规律，如我国可供中药质量控制所需的化学对照品、标准品数量有限，制约了中药质量标准的制定与产品的检测分析，不利于中药创新。

（六）标准体系有待完善

标准体系是否完善是一个行业发展水平的体现。目前，我国中药质量标准工作初见成效，药典标准的形成机制逐步完善，药品标准制订、修订程序逐步健全，药品标准信息化程度逐步提高，中药的质量可控性和有效性得到进一步提升。然而，与发展的需要相比，中国中药质量标准体系还不完善，主要表现在：质量认定标准混乱，中药产品质量参差不齐；中药检验技术、手段较为落后，无法有效认定产品质量；药材种植源头中药材种子种苗的国家标准仍是空白；对处于中药种植管理 GAP 和生产质量管理 GMP 之间中药提取过程的规范化管理缺乏足够的重视；用药方面，现行的中药质量标准与安全性和有效性关联不密切或不明确，结合临床的中药标准化问题尚未受到足够重视；药典尚无中药材替代标准的要求。标准体系不完善，一方面制约行业的纵深发展，另一方面也不利于中药的国际推广。2009 年 5 月 4 日出台的《医疗机构中药煎药室管理规范》标志着新医改下中药标准国际化迈出了第一步，但还有很长的路要走。

三　经济环境

中医药是一个健康事业，也是一个为人们提供医疗卫生服务的行业，处于宏观经济大环境中。经济发展状况在各个方面影响着中医药的发展。

（一）宏观经济

近年来，中国的经济增长稳中趋升，GDP 增长率经过 2016 年 6.7% 的历史低点后企稳回升，2017 年回到 6.9%。2017 年，供给侧结构性改革取得阶段性成果，经济增长积极性因素增多，国内生产总值 82.7 万亿元。经济发展的结构性矛盾仍然存在。

2007—2016 年，全国卫生总费用持续上升，2016 年达到

4.63 万亿元，尽管其增速低于 GDP 增速，但是其占 GDP 的比重不断上升，于 2016 年达到 6.26%。说明卫生市场容量在增大（见图 2—1）。然而，与世界其他国家相比，这一比重还较低。根据世界银行数据，2014 年全世界平均卫生费用支出占 GDP 的比重为 9.9%，美国这一比重为 17.1%，瑞典 11.9%，德国 11.3%，日本和韩国分别为 10.2% 和 7.4%。中国卫生费用支出还有很大的提升空间。从人均情况看，2013—2016 年，人均卫生费用从 2327.37 元增加至 3351.74 元，人均卫生费用占人均可支配收入的比重从 12.71% 跃升至 14.07%（见图 2—2），说明人们对于卫生保健的意愿增强，同时反映出其获得卫生保健服务的可得性提高，当然还有部分原因是"以药养医"导致的药价虚高。宏观经济向好、居民收入增加，以及卫生费用占收入比重的增加，为中医药发展提供了良好的经济环境。

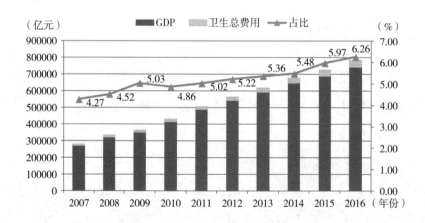

图 2—1　2007—2016 年卫生总费用及其占 GDP 的比重

资料来源：国家统计局。

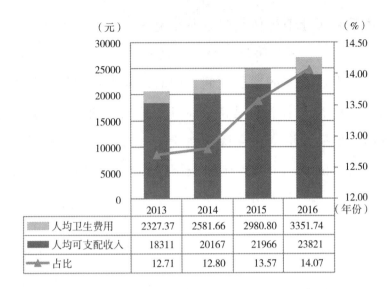

（元）	2013	2014	2015	2016（年份）
人均卫生费用	2327.37	2581.66	2980.80	3351.74
人均可支配收入	18311	20167	21966	23821
占比	12.71	12.80	13.57	14.07

图2—2　2013—2016年人均卫生费用及其占人均可支配收入的比重

资料来源：国家统计局。

　　2006—2017年，医药制造业增加值增长率始终大于GDP增长率，在趋势上与GDP增长率相似。2012年前，尽管存在较大波动，但医药制造业增加值增长率始终保持在大于13%的较高水平，原因在于医药产品的刚性需求以及城镇职工、城镇居民医保扩容带来的市场机遇。随着新医改的推进，医药市场格局变化，行业面临空前挑战，同时医保控费越来越严，医院药占比越来越小，药品招标降价和辅助用药、抗生素、大输液等限制力度加大，特别是随着医保控费的全面展开，打破了医药行业依赖医保扩张的传统增长模式，2012—2015年医药制造业增加值增长率出现大幅下降。① 随着医疗体制改革的持续推进，社

---

　　① 戴小河：《增速仍在探底　医药工业"寒冬"来临》，《中国高新技术产业导报》2016年5月12日。

会保障体系和医疗卫生体系建设基本完成，政府投资从大中型医院向社区医院、乡村医院转变，国家卫生支出比重继续攀升，为医药市场提供了新的增长空间。同时，考虑到我国经济的持续增长和人均收入水平的提高、人口老龄化的加快、城镇化水平的提高、疾病图谱变化、行业创新能力的提高以及医保体系的健全等因素的驱动，预计未来我国医药产业仍将保持快速增长。2015 年之后，与 GDP 增长率相比，医药制造业增加值强势回升（见图 2—3）。

图 2—3　2006—2017 年 GDP 和医药制造业增加值增长率

资料来源：财汇资讯。

（二）筹资结构

随着医药产业和经济水平不断发展，我国卫生总费用不断增加。从支出主体来看，政府支出、社会支出和个人现金支出均持续上涨。而从支出结构上看，社会支出比重上升，政府支出比重平稳，个人现金支出比重持续下降（见图 2—4）。2002

年，我国卫生总费用中个人卫生支出比重高达57.7%，政府预算卫生支出和社会卫生支出分别仅占15.7%和26.6%。① 2016年个人卫生支出的比重下降到28.78%，政府支出和社会支出比重分别提高到30.01%和40.21%。这一支出结构的变化说明我国卫生筹资结构趋于合理，居民负担相对减轻，筹资公平性有所改善，但相对于发达国家政府投入水平还有差距。早在2007年，一些发达国家如美国、法国政府支出占卫生总费用的50%—70%。②

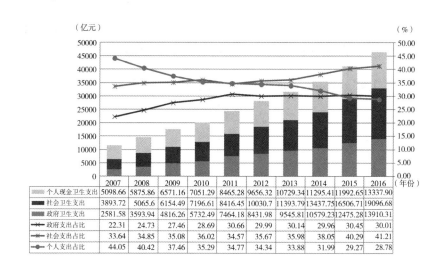

	2007	2008	2009	2010	2011	2012	2013	2014	2015	2016
个人现金卫生支出	5098.66	5875.86	6571.16	7051.29	8465.28	9656.32	10729.34	11295.41	11992.65	13337.90
社会卫生支出	3893.72	5065.6	6154.49	7196.61	8416.45	10030.7	11393.79	13437.75	16506.71	19096.68
政府卫生支出	2581.58	3593.94	4816.26	5732.49	7464.18	8431.98	9545.81	10579.23	12475.28	13910.31
政府支出占比	22.31	24.73	27.46	28.69	30.66	29.99	30.14	29.96	30.45	30.01
社会支出占比	33.64	34.85	35.08	36.02	34.57	35.67	35.98	38.05	40.29	41.21
个人支出占比	44.05	40.42	37.46	35.29	34.77	34.34	33.88	31.99	29.27	28.78

图2—4　卫生费用支出结构

资料来源：国家统计局。

---

① 《卫生部部长陈竺在国务院新闻办举行的发布会上的讲话》，2012年9月17日，新华网。

② 陈琳红、肖云：《我国卫生总费用筹资水平与结构分析》，《西部论坛》2010年第6期。

　　值得说明的是，社会卫生支出持续上升，在很大程度上弥补了政府支出的不足，使得政府支出自2011年以来基本不变的情况下，减少了居民承担的比例。政府在合理财政支出范围内增加卫生支出，个人现金支出在合理增速范围内增长，社会力量作用显现。这种通过调动社会力量投入，在不加重政府财政负担的前提下降低居民卫生负担的卫生筹资结构更加合理，更加具有可持续性。

（三）市场环境

　　1998—2016年，药品产量持续走高，特别是2009年后增速进一步加快。在这个过程中，中成药产量总体上低于化学药品原药产量，自2012年以来，这一情况得到改观，中成药产量始终高于化学药品原药产量，反映了市场对中成药的认可（见图2—5）。

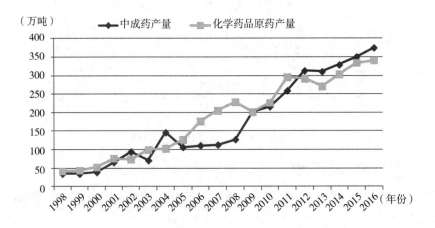

图2—5　1998—2016年药品产量

资料来源：财汇资讯。

从居民消费价格指数情况看，相对于 CPI，医疗保健 CPI 比较平稳，这与卫生医疗刚性需求、供给相对稳定相关。而中药材及中成药的波动剧烈，说明市场对中药材及中成药受供求关系及异常事件的扰动明显，市场本身尚不稳定（见图 2—6）。

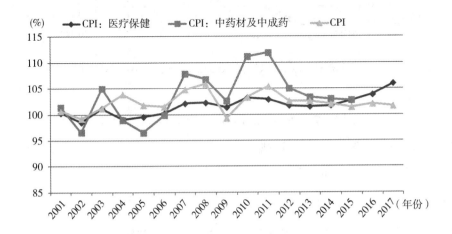

图 2—6 2001—2017 年各类 CPI 变化

注：2016—2017 年中药材及中成药 CPI 无数据。

资料来源：财汇资讯。

从国际市场看，1996—2016 年，中国医药品的出口量和出口额均出现快速增长，说明国际市场对中国医药品需求持续走高（见图 2—7）。从国别看，2009—2017 年，欧盟是中国药品第一大进口国，其次是美国、澳大利亚、德国、法国、韩国、日本（见图 2—8）。

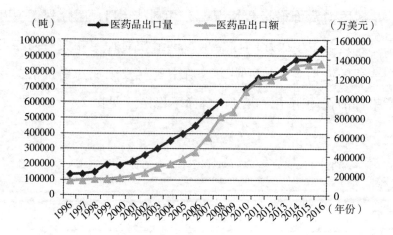

图 2—7　1996—2016 医药品出口量及出口额

注：2009 年医药品出口量无数据。

资料来源：财汇资讯。

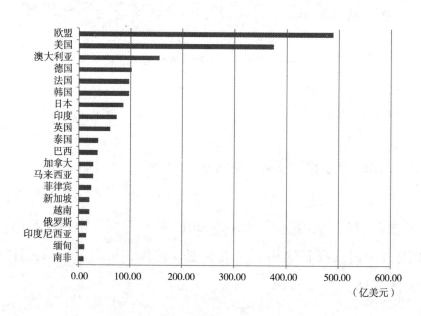

图 2—8　2009—2017 年中国对各国药品出口情况

资料来源：财汇资讯。

1996—2016 年，中成药的出口量及出口额总体上处于波动状态，2012 年以来出现持续下降（见图 2—9）。中成药的出口量和出口额占医药品的比重持续下降，2016 年，出口量、出口额占比分别仅为 1.21%、1.65%（见图 2—10）。

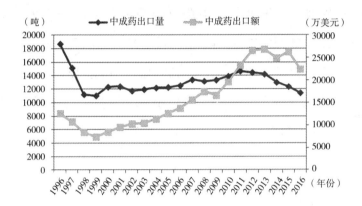

图 2—9 1996—2016 年中成药出口量及出口额

资料来源：财汇资讯。

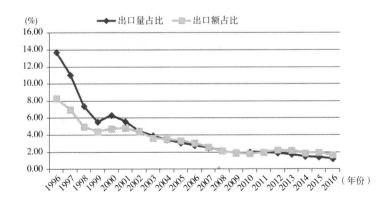

图 2—10 1996—2016 年中成药出口量及出口额占医药品的比重

资料来源：财汇资讯。

　　从中成药产量持续走高，而在国际市场比重持续下降的现象中可以看出，国内需求是中医药行业发展的主要动力，居民卫生费用负担减轻进一步增强了其对中医药的需求。相反，中成药在国际市场上尚不被看好，还有巨大的提升空间。

　　自 2014 年起，中药材及中成药被列为国家海关总署全国重点商品统计范围，当年是中国中药材及中成药出口量和出口额的最高年份，出口量 20.32 万吨，出口额 93.83 亿元。经历 2015 和 2016 年连续下降后，2017 年开始回升，出口量 15.56 万吨，出口额 82.43 亿元（见图 2—11），与中国 GDP 增长率的变动趋势同步。

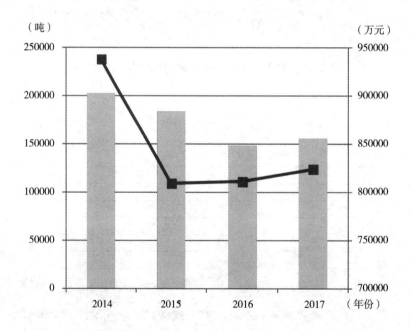

图 2—11　2014—2017 年中国中药材及中成药出口量与出口额
资料来源：国家海关总署。

2016 年，中国进口中药材约 4.56 万吨，与 2015 年持平；进口额 1.39 亿美元，同比下降近 20%。主要原因是甘草进口价格跌幅明显，其进口额同比下降约 19%。亚洲是中国进口药材的最大货源地，占进口额的 50% 左右。中国主要进口货源国包括加拿大、美国、哈萨克斯坦、印度尼西亚等，主要进口品种有西洋参、甘草、乳香、没药、血竭等。①

2016 年，中国中药材及饮片出口总额 10.25 亿美元，同比下降 3.17%；以人民币折算，出口总额 67.69 亿元人民币，同比上涨 2.97%；中药材及饮片出口总量 14.57 万吨，同比下降 18.71%；中药材及饮片平均出口单价 46.43 元/公斤，同比上涨 26.71%。中国中药材资源丰富，出口中药材及饮片品种达数百种。出口金额和出口数量较多的品种依然以滋补养生类为主。中国中药材出口地区高度集中，亚洲依然是最主要的出口地区，中药材出口额约 8.77 亿美元，占中国中药材出口总额的 85.54%。之后依次为欧洲（占比 9.65%）、北美洲（占比 3.40%）、大洋洲（占比 0.96%）、拉丁美洲（占比 0.32%）、非洲（占比 0.13%）。中国中药材及饮片的 10 大出口地区为：中国香港、日本、韩国、中国台湾、马来西亚、美国、德国、新加坡、越南、意大利。我国对这 10 个市场的出口额占全球出口额的 90%。这 10 个市场有 7 个分布在亚洲，多为传统出口市场。②

四　社会环境

医疗卫生事业事关广大居民身心健康，涉及社会各个方面，

---

① 商务部：《2016 年中药材流通市场分析报告》，2017 年 7 月 20 日。
② 同上。

其发展既要应对各种社会问题，适应社会发展状况，又要满足社会发展的需要。当前的社会环境既有中医药发展的有利因素，也存在不利影响。

（一）社会问题

随着人们生活水平的不断提高，对健康的需求日益增长，然而，中国医疗卫生方面存在资源总量不足、结构不合理、分布不均衡、供给主体相对单一、基层服务能力薄弱等问题，维护和促进人民健康的制度体系还需要完善。[①] 此外，中药材保护和发展仍然面临严峻挑战：一是由于土地资源减少、生态环境恶化，部分野生中药材资源流失、枯竭，中药材供应短缺问题日益突出；二是中药材生产技术相对落后，重产量轻质量，滥用化肥、农药、生长调节剂现象较为普遍，导致中药材品质下降，影响中药质量和临床疗效，损害了中医药信誉；三是中药材生产经营管理较为粗放，供需信息交流不畅，价格起伏幅度过大，也阻碍了中药产业健康发展。[②]

（二）卫生费用的人口结构

随着中国社会经济发展，居民人均可支配收入不断提高，消费水平提高，健康保健意识增强，医疗卫生消费能力和意愿提升，会增加对自身健康的投入；居民受教育程度不断提高，增强了对卫生医疗的科学认知，懂得科学就医用药，而不是盲目自处。这将为医疗卫生事业的发展提供良好的人口环境。中国近几年人均卫生费用逐年增长说明了这一点。特别是随着"三农"的

---

① 《"十三五"深化医药卫生体制改革规划》，2016 年。
② 《中药材保护和发展规划（2015—2020 年）》，2015 年。

发展，农村人均卫生费用逐年增加，从 2007 年的 358.11 元上涨到 2014 年的 1412.21 元，涨了近 4 倍。与城市人均水平相比，从 2007 年的 23.62% 上升到 2014 年的 39.69%；与全国人均水平相比，从 2007 年的 40.88% 上升到 2014 年的 54.70%（见图 2—12）。占中国人口多数的农村人口对卫生医疗投入的增加，将创造更广泛的人口基础。

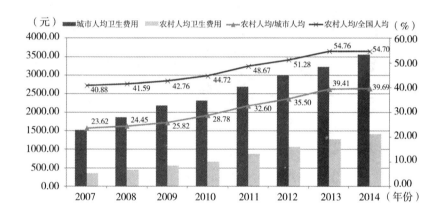

图 2—12　人均卫生费用情况

资料来源：国家统计局。

（三）老龄化

2007—2016 年，中国年末人口总量保持平稳，从 13.22 亿人到 13.83 亿人。其中，中国 65 岁及以上人口持续增加，至 2016 年达到 1.5 亿人，占年末总人口的比重同样持续上升，到 2016 年达到 10.85%。而同期，0—14 岁人口总数、15—64 岁人口总数均在某一年份出现过总量减少，并且占年末总人口的比重呈下降趋势（见图 2—13）。

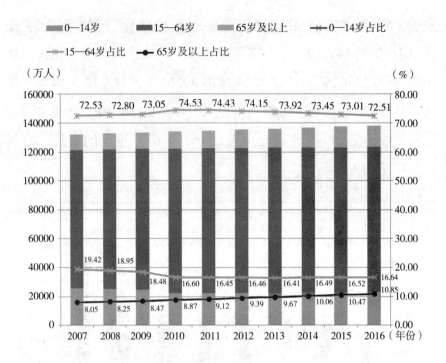

图 2—13　2007—2016 年人口年龄结构

资料来源：国家统计局。

由图 2—13 可以看出，中国人口老龄化程度越来越严重。老龄化伴随的是患病概率的提高。2013 年全国第五次卫生服务调查显示，老年人的两周患病率为 56.9%，老年人的慢性病患病率为 71.8%。1993—2013 年城乡老年人的两周患病率和慢性病患病率持续上升，2003—2013 年的增长均快于前 10 年。①

老年人的患病率，特别是慢性病的患病率较年轻人高。人口老龄化意味着老年群体人数增加，需要治疗疾病的人群增多，慢性病患病率提高，从而增加对医药产品和公共医疗的需

---

① 卫生计生委：《2013 第五次国家卫生服务调查分析报告》，2016 年 10 月 26 日。

求量。老龄化越严重，速度越快，医疗卫生需求和支出就越大，增长越快，从而驱动医疗卫生市场扩容，也为中医药发展提供了机会。

（四）慢性病

慢性病严重威胁着我国居民的健康，已经成为影响国家经济社会发展的重大公共卫生问题。慢性病主要包括心脑血管疾病、癌症、慢性呼吸系统疾病、糖尿病、口腔疾病，以及内分泌、肾脏、骨骼、神经等疾病。随着我国工业化、城镇化、人口老龄化进程不断加快，居民生活方式、生态环境、食品安全状况中的不良因素对人们的健康造成损害，导致慢性病发病、患病和死亡人数不断增多。[①]《中国自我保健蓝皮书（2015—2016）》估计中国居民慢性病患者已超过3亿人，慢性病死亡人数占中国居民总死亡人数的85%。

从国家卫生计生委五次国家卫生服务调查数据中可以看出，2003年后，慢性病病种发生变化，之前的慢性支气管炎、冠心病、咽喉扁桃气管炎、结核病、病毒性肝炎、风湿性关节炎、肝病肝硬变患病率下降，缺血性心脏病、慢阻性肺部病症、泌尿系统结石、前列腺增生、白内障、慢性咽喉炎患病率上升，而高血压、糖尿病、椎间盘疾病、脑血管病、胃肠炎始终是中国居民患病率较高的慢性病。近些年，高血压、糖尿病患病率增加幅度较大，特别是高血压几乎以翻倍的方式增加，2013年的患病率甚至达到2008年患病率的近3倍（见表2—1、图2—14）。

---

① 国务院办公厅：《中国防治慢性病中长期规划（2017—2025 年）》，2017 年 1 月 22 日。

表 2—1　　　　　　　　　　慢性病患病率　　　　　　　　单位:‰

疾病名称	2013 年	2008 年	2003 年	1998 年	1993 年
高血压	142.5	54.9	26.2	13.3	11.9
糖尿病	35.1	10.7	5.6	2.4	
椎间盘疾病	14.8	9.5	5.0	3.8	2.5
脑血管病	12.3	9.7	6.6	4.7	4.0
胃肠炎	12.0	10.7	10.3	12.1	16.2
缺血性心脏病	10.2	7.7	4.6		
类风湿性关节炎	9.7	10.2	8.6	9.6	
慢阻性肺部病症	8.8	8.3	7.5		
胆结石和胆囊炎	5.0	5.1	5.7	4.8	5.6
泌尿系统结石	2.8	2.0	1.8		
前列腺增生	2.4	1.7	1.5		
消化性溃疡	2.3	3.3	3.7	4.0	6.3
肾炎和肾变病	1.8			1.9	2.9
白内障	1.7	1.7	1.7		
慢性咽喉炎	1.6				
贫血		1.6	1.6	2.1	2.8
哮喘		1.6			
肺气肿			1.5		2.3
慢性支气管炎				9.7	13.8
冠心病				4.4	2.0
咽喉扁桃气管炎				2.1	2.4
结核病				1.7	3.0
病毒性肝炎				1.6	
风湿性关节炎					13.5
肝病肝硬化					2.0

注:慢性病患病率是指每百名 15 岁及以上被调查者中慢性病患病的例数。①

资料来源:根据五次国家卫生计生委《国家卫生服务调查分析报告》整理。

------

① 卫生计生委:《2013 第五次国家卫生服务调查分析报告》,2016 年 10 月 26 日。

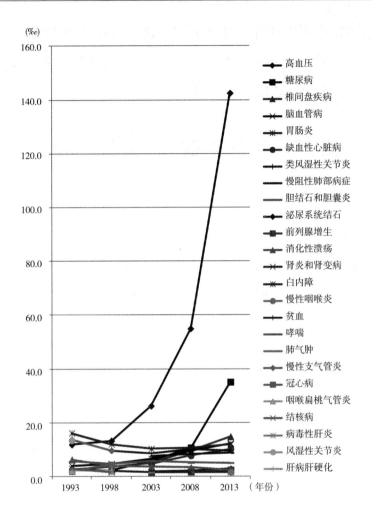

图2—14　中国慢性病患病率变动情况

资料来源：根据五次国家卫生计生委《国家卫生服务调查分析报告》绘制。

慢性病病程长、治愈率低、复发率高，致病因素具有综合性和复杂性，其治疗是长期的、艰巨的。① 慢性病人群增长加速以

———————

① 国务院办公厅：《中国防治慢性病中长期规划（2017—2025年）》，2017年1月22日。

及慢性病患病率的提升，导致人们对医疗卫生服务的需求增加。而中医药的系统性辨证治疗方法将在防治慢性病中发挥更大作用，从而迎来更广阔的发展空间。

第二节　中国中医药发展的国际环境

在全球化纵深发展的当下，中国中医药既面临全球需求，也存在向全球提供服务谋求自身发展的需要。而由于中医药不同于西医药的"科学"表现，因此始终面临难以被全面、充分接受的问题。中医药若要实现全球化发展，必然要受到国际环境的影响和制约。

一　国际经济形势

近年来，全球经济处于持续复苏进程。2017 年，全球经济延续复苏态势，经济持续扩张，增长趋强，全球经济增长速度达到 3%，这是自 2011 年以来的最快增长，全球约有 2/3 的国家的增长速度高于 2016 年，通胀总体温和。美国经济复苏态势强劲，欧元区经济继续改善，英国经济总体稳定，通胀压力加大，日本经济温和复苏。新兴市场经济体总体增长较快，但仍面临调整与转型压力。东亚和南亚仍是世界上最具经济活力的区域。阿根廷、巴西、尼日利亚和俄罗斯联邦经济衰退结束也为 2016—2017 年全球增长率的提高做出了贡献。中国 2017 年对全球的经济贡献约占 1/3。全球贸易反弹和投资环境改善为本轮经济好转提供了支持。非洲、西亚及拉丁美洲和加勒比几个地区经济增长较弱。①

全球多地经济复苏带来短期前景改善，但全球经济仍面临风险，包括贸易政策改变、全球金融环境突然恶化以及地缘政治局势的日益紧张。"黑天鹅"事件频现，使全球经济仍然面临许多不确定性。全球经济还面临较长期的挑战，但宏观经济状况的改善为制定政策以应对这些挑战提供了机会。调整政策以应对这些挑战可加大投资力度，提高生产力，增加就业机会和实现更可持续的中期经济增长。

全球经济发展形势在各方面影响中国中医药发展。全球经济复苏情况影响国际市场需求状况，全球流动性宽松程度造成的全球性通胀水平以及大宗商品价格波动状况影响药企生产成本，国际贸易摩擦将增加中国中医药外贸发展的难度，竞争对手印度、巴西等国家货币贬值将降低中国中医药产品的国际竞争力。

我国中药材出口地区高度集中，亚洲是最主要的出口目的地。2016 年我国对亚洲地区的中药材出口额约为 8.77 亿美元，占中国中药材出口总额的 85.54%，其次为欧洲占比 9.65%，北美洲占比 3.40%。2016 年，中国中药材及饮片的十大出口目的地为：中国香港、日本、韩国、中国台湾、马来西亚、美国、德国、新加坡、越南、意大利。中国对这 10 个市场的出口额占全球出口额的近 90%。② 这些国家和地区的经济复苏和增长，为中医药发展提供了良好的外部经济环境，为中药材及中成药出口、中医服务输出提供良好的出口环境，有助于中医药发展。当然，

---

① 联合国：《2018 年世界经济形势与展望》，2017 年 12 月 11 日。
② 商务部：《2016 年中药材流通市场分析报告》，2017 年 7 月 20 日。

这些国家和地区发展过程中的不确定也会给中医药发展带来不利影响。

（一）美欧日经济复苏步伐加快

美国、欧元区和日本的 GDP 增速普遍提升。2017 年美国 GDP 增长 2.2%，比 2016 年提高 0.7 个百分点。欧元区 GDP 增长 2.1%，比 2016 年提高 0.3 个百分点。日本 GDP 增长 1.5%，比 2016 年提高 0.5 个百分点。其他发达经济体 GDP 增长 2.6%，比 2016 年提高 0.4 个百分点。[1]

美国经济保持较强劲增长，2017 年第三季度实际 GDP 环比折年率初值为 3.0%，维持近两年的高位水平。私人投资提速以及贸易赤字减少成为经济增长的主要驱动力，其中第三季度私人投资环比折年率升至 6.0%，增速较第二季度加快 2.1 个百分点。受飓风影响，个人消费支出环比折年率较二季度下降 0.9 个百分点至 2.4%。通胀率略有抬升，9 月 CPI 同比上涨 2.2%，较 6 月上升 0.3 个百分点。劳动力市场略有波动，9 月失业率为 4.2%，为近 16 年以来新低，薪资数据也超过预期，但受飓风等因素影响，新增非农就业人数下降较多，劳动参与率保持在 63% 左右，比金融危机前低约 3 个百分点。[2]

2017 年 1 月 20 日，特朗普正式接任美国总统。他上任后逐步实施积极的财政政策与大规模的基建投资计划，旨在为美国经济增长提供动力；重启传统能源开采，旨在降低美国能源价格，提供更多工作岗位；放松金融监管，旨在刺激资本投资。特朗普

---

[1]　中金网：《2017 年全球经济回顾》，2017 年 12 月 21 日。
[2]　中金网：《2017 年世界经济形势与明年经济展望》，2017 年 11 月 19 日。

的一系列政策落地，带来美国经济复苏。同时，其经济政策对国际经济形势产生重大影响。在国际贸易方面，特朗普采取保守孤立的贸易政策，主张放弃多边贸易协定转而推进"碎片化"的双边贸易协定，可能直接导致 TPP 协定的流产。特朗普保守的贸易政策很可能导致美国从全球化的引领者，变成"逆全球化"的推动者，对全球贸易和增长的影响是负面的。

欧元区经济保持复苏态势，各经济体普遍出现较强增长，内需尤其是投资成为经济复苏的主要动力。欧元区 2017 年第三季度 GDP 增速为 2.5%。9 月制造业 PMI 终值为 58.1，创近 7 年历史新高。通胀总体温和，9 月综合消费者物价指数（HICP）同比涨幅为 1.5%，第三季度各月核心通胀同比增速均保持在 1.1%—1.2% 的水平，较上半年有所改善。失业率持续下降，9 月为 8.9%，处于欧洲债务危机以来的低位。[1] 尽管欧洲仍然受到英国退欧等政治不确定性因素的制约和影响，但欧元区订单情况已经有所改善，企业家对生产前景的预期相对乐观。

日本经济继续温和复苏，2017 年第三季度实际 GDP 环比折年率初值为 1.4%，第二季度由 2.5% 上升至 2.6%，连续 7 个季度正增长。通胀水平有所改观，连续九个月上升，9 月 CPI 同比上涨 0.7%。[2] 同时，日本债务余额屡创新高，日本国民人均负担政府债务额增加，日本政府整固财政的难度进一步加大。

（二）新兴市场经济体总体增长较快

近年来，新兴市场受到经济增长同步复苏的推动，经济总体

---

① 中金网：《2017 年世界经济形势与明年经济展望》，2017 年 11 月 19 日。
② 同上。

增长较快，2017 年增速达到 4.6%，较前几年均有所提升，① 贸易增长强劲，企业盈利稳健，整个新兴市场平均利率水平维持在低位。② 印度经济受税收改革等因素影响，略有放缓，2017 年第一、第二季度 GDP 增长分别为 6.1% 和 5.7%。③ 得益于强大的个人消费、强劲的公共投资和结构性改革，印度的经济前景依然乐观，但是其私人投资表现疲软。④ 由于石油等大宗商品价格回升，俄罗斯和巴西经济逐步企稳，通胀在得到一定控制后有所下行。在全球总需求增长仍较缓慢、发达经济体货币政策可能转向的背景下，许多新兴市场经济体仍面临外需疲弱与跨境资本波动等潜在风险，面临调整与转型压力。

多数新兴市场国家的股市、债市增长迅速，股市涨幅高于发达经济体，截至 2017 年 9 月末，MSCI 全球指数较年初上涨 15.42%，同期新兴市场指数上涨 25.45%，远高于发达市场指数。巴西、俄罗斯、印度、南非、土耳其、阿根廷、委内瑞拉、墨西哥等新兴市场经济体金融体系稳定性较差，从综合金融指标来看具有较大的货币贬值风险。新兴经济体资本市场和经济对外依赖性大，受美国非常规货币政策退出影响，可能发生流动性收缩和资金成本走高负担。美国率先退出非常规货币政策，起到较强的示范效应，欧洲央行、英国央行紧随其后，导致前期流入新兴市场的流动性加速回流以美国为代表的发达经济体，跨境资本无序流动，新兴市场货币汇率承受较大的压力。非常规货币政策

① 中金网：《展望 2018 年：新兴市场将面临三方面的挑战》，2017 年 11 月 6 日。
② 金奇：《2018 年新兴市场面临严峻考验》，《金融时报》2017 年 12 月 11 日。
③ 中金网：《2017 年世界经济形势与明年经济展望》，2017 年 11 月 19 日。
④ 联合国：《2018 年世界经济形势与展望》，2017 年 12 月 11 日。

的退出还将引发新兴市场资本市场资金外流，可能引发新兴市场资产泡沫破裂。新兴市场经济体债务规模增速高于发达经济体，且高于增速，非常规货币政策的退出可能导致新兴市场债务负担加重。①

（三）东南亚经济体最具经济活力

2017 年，除东帝汶选出新总统外，东南亚各国均未举行涉及政府更替的选举，各国政府得以延续施政方针，相对稳定的政局有利于各国专注于发展经济，这一地区经济发展整体呈现向好态势。联合国《2018 年世界经济形势与展望》显示，2017 年东亚和南亚经济增长占到全球近一半，区域 GDP 增长为 6.0%，高于世界其他区域。仅中国对全球经济增长的贡献就约占 1/3。东亚和南亚仍是世界上最具经济活力和增长速度最快的区域。印度尼西亚、马来西亚、菲律宾、新加坡和泰国这东盟五大经济体 2017 年整体经济增速预计为 4.9%，连续第 4 年快速增长。其中，菲律宾增长率达到 6.6%。缅甸（7.2%）、柬埔寨（6.9%）、老挝（6.9%）3 国则以高增速领跑东盟。东盟经济整体向好，主要源自外部投资增加。中国"一带一路"倡议为东盟国家的经济增色不少。

在适度通货膨胀压力、低利率和健康劳动力市场条件的支持下，东亚经济中个人消费仍是经济增长的主要推动因素。随着政府着手开展大型基础设施项目建设，公共投资依然强劲。有利的外需条件将继续为区域前景提供支持。

在强劲个人消费和稳健的宏观经济政策的驱动下，南亚经

---

① 中金网：《展望 2018 年：新兴市场将面临三方面的挑战》，2017 年 11 月 6 日。

济维持稳定和乐观，有助于持续改善劳动力市场指标和降低贫困率。货币政策立场适度宽松，但财政政策仍然着重强调基础设施投资。区域通货膨胀将保持稳定，并处于相对较低水平。

二　国际中医药格局

经过长期发展，中医药已经逐渐被世界各国所接受和认可。根据国务院新闻办公室 2016 年 12 月发表的《中国的中医药》，中医药已传播到 183 个国家和地区。据世界卫生组织统计，目前 103 个会员国认可使用针灸，其中 29 个设立了传统医学的法律法规，18 个将针灸纳入医疗保险体系。中药逐步进入国际医药体系，已在俄罗斯、古巴、越南、新加坡和阿联酋等国以药品形式注册。有 30 多个国家和地区开办了数百所中医药院校，培养本土化中医药人才。总部设在中国的世界针灸学会联合会有 53 个国家和地区的 194 个会员团体，世界中医药学会联合会有 67 个国家和地区的 251 个会员团体。[①]

（一）海外中医药发展总况[②]

近 20 年来，中医药在海外发展迅速，中医药在西方国家归属于替代医学或补充医学。世界各地的中医药发展并不均衡，总体来看，北美洲、东南亚、大洋洲、欧洲发展较快，南亚、中东、南美、非洲发展相对缓慢。据统计，全球传统药市场共 1730 亿美元，其中中国 800 亿美元，欧盟 420 亿美元，美国 60 亿美元，东

---

① 国务院新闻办公室：《中国的中医药》白皮书，2016 年 12 月 6 日。

② 董志林：《国际中医药发展现状》，2016 年 5 月 29 日，"2016 海外华桥华人中医药大会"。

南亚、大洋洲、南美洲、非洲、中东、俄罗斯和加拿大等共450亿美元。

以德国为代表的部分欧洲国家已将中药并入传统的疗法范围，并开始列入医保。美国等西方发达国家对于中药复方和中药制剂临床实践进行了多年。日本对于中医药研究历史悠久，研究范围也更加广泛，科研水平较高，制造设备及工艺很高。日本中医药产品占据了全球中药市场近80%的市场份额。韩国占据全球中药市场的10%左右。目前中国中医药产品市场中，将近1/3的产品来自韩国和日本。

据不完全统计，海外中医药用品批发商有3000多家。传统药国际市场目前已达900多亿美元，欧盟占全球市场45%，中国只占全球市场1.73%（不包括中国国内市场和出口提取物）。欧美中药颗粒剂市场的80%以上由中国台湾和日本占领，日本针灸针也占领50%以上的欧美针灸针市场。

海外中医医疗服务的对象以当地人为主，涵盖各阶层人士，学历越高者越相信中医。接受中医针灸治疗的疾病以慢性病为主，比如皮肤病、过敏性疾病、忧郁症、痛症和各种各样的疑难杂症。目前中医疗法（含针灸、推拿或使用中药）在海外纳入当地医疗保险的国家还不多，中医治疗费用报销覆盖率相对较低，仅在欧洲部分国家的部分中医治疗费用得到医疗保险公司的报销。

鉴于西医对很多疾病的疗效欠佳或严重毒副作用，世界各国药企转向经过长期临床应用证明安全有效的传统医药。政府和民间大量资金投向对传统医药的研究。如美国政府专门资助建立了数个中医药治疗骨关节炎、过敏性哮喘、肠易激综合征、癌症辅助治疗等研究中心。德国的中药研究机构对中药活性成分的提取、质量检测、体内代谢和制剂特性的研究很有成效。日本有 10 多所汉方医学专业研究机构，44 所医科、药科大学建立了生物研究部门，20 多所综合大学设有汉方医学研究组织。

（二）亚洲中医药发展概况

受传统中华中药文化以及中医药传播的影响，传统医药在日本、韩国、泰国等国发展迅速。随着中医药文化的引进、吸收、借鉴，逐渐形成了相对独特的传统医学理论和医药体系，同时还形成了一定的中医药产业优势。

中国医学在传入日本后被称为汉方医学或东洋医学。汉方的治疗方法以草药为主，但也包括传统的中医治疗手段，如针灸、按摩等。日本汉方药与中国中药极为相似，其原材料主要从中国和其他亚洲国家进口，生产和加工已经完全实现自动化。日本通过大量低价进口我国的粗加工、低附加值原料，经过精加工后，形成达到国际通行标准的胶囊和片剂，以相对很高的价格销往全球市场（包括中国）。日本的汉方药生产体现出制剂集中、品种集中和厂家集中等特点，如西药般走向集约化、规模化、标准化、科学化、处方化的发展道路，而且建立了一整套医、药齐头并进的制度与环境。日本制定了《药品生产质量管理规范》，并严格按照规定的标准执行。日本的汉方药定位于高端，将高质量的汉方药研发作为其发展战略的重要支柱。日本政府非常重视汉方药的研发，每年要花费近 2 万亿日元的经费，结合现代的科技手段，对中医的基础及理论进行研究，并逐渐成为有计划、有政策、有经费支持的政府行为。日本早在 1976 年就设立了汉方药医疗保险适用制度，将汉方药纳入医疗保险范畴。2006 年，日本

"中医学概论"成为医生临床考试内容之一；2008年，将"中医学概论"纳入医生资格考试。

韩医学主要是在传统中医和印度传统医学的基础上学习演化而来的，其治疗方法和技巧基本属于传统中医的范畴。元朝时，韩医开始自成体系。在朝鲜王朝时期，韩医得到了长足的发展。韩医作为韩国的传统医学，在韩国受到人民的普遍认同和信赖。虽然西医药依然是韩国医疗市场的主流，但是韩药近年来取得了良好的发展。韩国为了促进韩药的产业化发展，将医药产业发展和服务业市场发展相融合。韩国政府非常重视韩药的规范化和标准化问题，相继颁布了《韩国药典》《天然药物标准》《药事法》《进口医药管理规定》等标准和法律。韩国中药材中最有名的是高丽参，在国际上享有盛誉。韩国对高丽参实行国家专营、专卖，讲究种植质量。由于韩国采取了种种质量保证和宣传措施，高丽参的价格逐年提高。除了高丽参，韩国中成药按照出口国标准开发，深受当地消费者欢迎。韩国较少进口中成药，但其制药业所需天然药材大多须进口，进口药材主要依靠中国。从1996年7月1日起，韩国政府对进口药材采取更加严格的管制措施，主要是提高药品检测指针，增加抽查比例。韩国非常重视韩药的研发工作，投入力度也很大，如对"四象医学"的理论基础研究，主要理论寻根问源和方症验证两个方面入手，注重动物模型的建立，探讨同条件下合煎的作用差别，尝试从植物中化学提取有效部位群，探讨方剂加减的药效变化。韩国重视韩医教育，"医"大学是与西医科大学相同，采用6年制，即大专2年，本科4年，以及研究生课程。按照《韩国药典》及《天然药物标准》，韩国将部分成方制剂和单方制剂作为药品纳入健康保险，有力推动了韩国制药业的发展。①

　　1992 年新加坡政府开始关注中医药，卫生部成立传统中医药委员会，负责检讨目前新加坡传统中医药界的施诊方式，研究本地中医药界培训医师的制度，并建议提高中医训练水平的方法，找出中医药界施诊时面对的困难及建议保护公众利益的措施。卫生部于 1999 年 12 月公布《过渡时期针灸师注册纲要》，次年即开始对针灸师进行注册。2000 年 11 月 14 日，新加坡国会通过传统中医师法案，成立中医管理委员会和确立中医师（包括针灸师在内）注册制度。2002 年，卫生部委托新加坡中医学院与中医学研究院开办中医进修课程，以便中医执业者参加由中医管理委员会举办的中医统一考试。② 1956 年新加坡与中国开始正规中药贸易。中国是新加坡中药产品主要供应国。③

　　泰国属热带季风气候，风湿病、胃病和皮肤病为地方常见病，糖尿病、高血压、心血管病等多发，这些西医较难治疗的慢性病，为中医在泰国的发展提供了发展空间。2000 年，泰国卫生部长按照 1999 年《传统医学管理法律》第 31 条 "可以批准个人以引进医学行医" 的规定，发布命令：允许符合条件的医师从事中医药行医。中医药在泰国的合法地位得以正式确立。④ 2002 年 7 月 1 日，泰国卫生部负责泰国本土中医生申请注册并颁发行医执照。随后泰国的 "中医热" 不断升温。在泰国曼谷、清迈、普吉

　　① 《中医在国外的发展——韩国》，《中国中医》2010 年 10 月 21 日。
　　② 海外华人中医药群集体：《国际中医药发展和立法情况概览》，《中医药导报》2016 年第 9 期。
　　③ 陈岩、邹建华：《中医药在新加坡的发展现状》，《世界中医药》2013 年第 5 期。
　　④ 王孝蓉：《中医药及泰国传统医药在泰国的发展概况》，《中国民族医药杂志》2010 年第 10 期。

等城市，中医诊所如雨后春笋般出现，药店柜台上中医药的种类也越来越多。[①] 中医院及中医诊所遍布泰国。泰国中药遍布中药店、中医诊所和西药店及各类大型超市。泰国中药制造厂生产的中药多数以中国传统中成药古方为基础，其中一些以泰国传统民间药方为主，主要出品古方蜜丸、粉剂及提煎水剂。泰国卫生部与中国部门合作制定了泰国草药研究计划，从中国引进穿心莲、姜黄、桑叶等数十种中药材。[②]

（三）欧洲中医药发展概况

中医药在欧洲的发展有 800 年的历史，最早的《马可波罗游记》《利玛窦在中国札记》中，都盛赞中医药治疗的奇效，引起了欧洲人对中医的关注。18 世纪以后欧洲人对针灸治疗认识渐多，欧洲各国出版了近 50 种针灸书籍。近年来，中医药在欧洲得到进一步认可，针灸应用相当广泛，欧洲的中医实践以针灸为主体，许多西医医师（多数为神经科、疼痛科、麻醉科以及骨科的医师）在医院或诊所兼任针灸治疗师。中医在欧洲的行医形式主要是开设小规模的诊所。有的国家在一些综合医院设有针灸科和中医科。随着医疗观念的不断转变，欧洲国家越来越注重植物药的疗效和养生保健作用，植物药市场保持了高速发展势头，并且已经超过化学药品的发展速度。欧洲国家开始从法律法规、科研技术支持植物药产业的发展。从整体的消费情况来看，欧洲已经成为较为成熟的植物药市场，其中德国

---

① 海外华人中医药群集体：《国际中医药发展和立法情况概览》，《中医药导报》2016 年第 9 期。

② 王孝蓉：《中医药及泰国传统医药在泰国的发展概况》，《中国民族医药杂志》2010 年第 10 期。

和法国是主要的欧洲植物药市场，其份额占到了整个欧洲市场的 3/4。中医药在欧洲逐步发展壮大，各国政府开始重视中医药。目前已有 20 多个欧洲国家政府与中国国家中医药管理局签订了中医药合作协议。[①]

1991 年德国在 Koetzting 建立了欧洲首座较为完善的中医医院。[②] 德国历来有使用植物药的传统，也是整个欧洲对植物药最为推崇的国家。德国早在 1961 年在第一部药品法令中正式列入植物药。1978 年卫生部内设专门负责审查植物药的委员会，审查修订近 400 条草药及复方制剂的标准条款。[③] 据统计，德国植物药市场份额占欧洲的 40% 左右，将植物药制成药茶、食物、药酒等。作为植物药生产大国，德国有百余家植物药厂，具有非常先进的生产技术和生产工艺。德国在心脑血管、老年痴呆等方面的植物药研制开发上投入了大量精力。植物药研究机构对活性成分的提取、质量检测、体内代谢和制剂特性的研究都很有成效。在植物药生产方面，德国采用先进的现代技术从单味药中提取活性成分或有效部位组方，复方也是采用各植物药的标准提取物或有效成分组方，个别品种还配伍化学药物；德国《植物药药典》是西方各个国家中最先编制的、最为完善、最为成体系的植物药标准，在国际医药学界上享有极高声誉；植物药与化学合成药物的地位完全相同，在法律上完全被看作药品，也被列入处方药与 OTC 药物的范围，管制相当严格。

---

① 郭春彪：《海外华人中医论坛秘书长谈欧洲中医药发展》，中医中药秘方网，2016 年 9 月 5 日。

② 同上。

③ 刘一鑫：《中医药在世界市场中的发展现状》，《医疗保健器具》2005 年第 6 期。

中医药在欧洲发展的态势良好，但是中西方文化和中西医理论体系存在差别，思维方式不同，中医理论翻译有难度，加之大部分欧洲国家未将中医治疗纳入医疗保险范围，阻碍了中医药在欧洲的发展。

（四）北美中医药发展概况

中医药在北美的发展主要发生在美国。19 世纪 40 年代末，随着赴美华人的增多，中医药作为一门学科，系统地传入美国。但是，之后，中医药在美国并未得到好的发展。1972 年美国总统尼克松访华后，中医药在美国的处境才有所好转。20 世纪初期，植物药就与化学合成药物同被列入美国药典，不少美国医药人员和民众开始认识并信服中医药的疗效。[1] 随着中国传统医学越来越被主流医学界和民众认可，中医药在美国迈入快速发展的新时期。中医尤其是针灸在美国认可度很高，目前全美已有 44 个州批准颁发针灸执照。上百所中医针灸学院提供 3—4 年的职业培训，毕业后可授予学士或硕士学位。针灸治疗逐步被纳入美国医疗保险系统，其发展进入稳定增长期。美国政府资助建立了数个中医药治疗骨关节炎、过敏性哮喘、肠易激综合征、癌症辅助治疗的研究中心。美国一些著名大学，如哈佛、斯坦福大学等建立了专门的研究室。美国中医药研究机构的研究内容涉及针灸原理、艾滋病治疗、从中草药中提取化学成分及有效成分。[2] 美国从全世界会集了一批医药精英，长期从事中草药的研究工作。美国非常重视对于天然药物的管理，美国食品药品监管局（FDA）是其主

---

① 刘一鑫：《中医药在世界市场中的发展现状》，《医疗保健器具》2005 年第 6 期。

② 董志林：《国际中医药发展现状》，"2016 海外华侨华人中医药大会"，2016 年 5 月 29 日。

要的药品管理机构，要求所有申请上市的药物必须做临床试验。

北美的天然药物市场以美国为主，市场容量巨大。美国对于植物药的使用要追溯到 18 世纪中叶，美国开始大量栽培和采集西洋参并将之出口。由于缺乏统一的文化影响，长期以来，美国的植物药发展不快。直到 20 世纪 90 年代《食品补充剂及教育法案》的出台，将包括中草药在内的植物药列为一种介于食品与药品之间的特殊产品，并鼓励这个产业的发展，美国的植物药市场才出现转机。相关统计资料显示，2005 年，美国的植物药销售额达到 50 亿美元以上，并且保持 15% 左右的年增长率。美国自产的植物药多在他国加工生产，其产品也多销往国外市场，仅西洋参一种产品每年对我国的销售额就将近 1000 万美元。美国的植物药分为处方草药、非处方草药及为食品添加剂和食品补充剂的草药，根据药物类型的不同，其生产和使用也有相应的规定。

中医药在加拿大的发展开始于针灸，对人们的治疗也主要是中医针灸医疗。中医针灸医疗主要以私人诊所的形式开展，中医针灸诊所遍及加拿大各省。此外，各省都有中医针灸学术组织，这些组织在维护行业利益、推动加拿大中医针灸事业发展方面起到了组织与领导作用。加拿大卫生部将中药归入"天然药品"范畴进行监管。

产业发展篇

第三章 中国中医药产业的发展现状和演进趋势

第一节 中国中医药产业发展现状

对中医药产业的发展现状进行研究分析，首先应该对中医药产业有一个明确的界定。国务院发展研究中心、国家中医药管理局和国家科学技术部共同完成的《中药现代化产业推进战略研究报告》中对医药产业的界定为：中药产业是指在国民经济中，在中医理论指导下从事中药的经营和研究及其相关经济活动的部门。该部门以中药为专业范围，围绕人们对中药的各种需求进行分工和合作，通过一系列活动将各种资源进行组合，产生能满足人们需求的产品和服务，本书采用此定义范畴。

从中药产业链的角度分析，中医药产业体系构成包括：中药原材料、中药工业、中药商业和中药相关的知识经济（见图3—1）。本书重点选取中医药产业链中的关键环节进行分析。

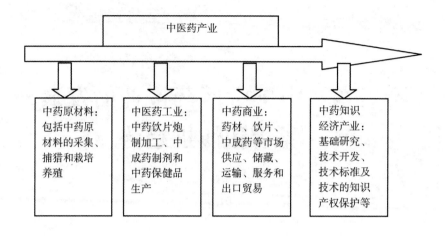

图 3—1　中药产业链

资料来源：屈援：《基于 SCP 分析的我国中药产业创新能力提升研究》，博士学位论文，2007 年。

一　中药材（中药农业）发展现状

中药在我国拥有悠久的历史，中药资源丰富。我国现有中药资源 12772 种，其中包括 11118 种药用植物（占比 87%），1574 种药用动物（占比 12%），80 余种药用矿物（占比不足 1%）。其中药用动物、植物资源是我国中医药发展的基础和保障。中药材资源的变化将直接影响整个中医药产业的市场结构，从而影响产业的发展和绩效。

中药材资源中将近 80% 来源于野生资源。由于没有合理开发和利用中药资源的规划和理念，长期以来，对于中药资源采取违反自然发展规律的过度采收、捕猎。从而导致野生动、植物药材的生长环境遭到破坏，很大程度上抑制了中医药资源的再生能力，从而造成资源的减少甚至枯竭。据相关统计显示，在我国处于濒危状态的近 3000 种植物中，植物药材占到将近70％。目前，在常见的近400种动物、植物药材中，已经有将近100种药材资源出现急剧下降的趋势。例如：冬虫夏草、暗紫贝母、梭砂贝母等野生资源的破坏程度十分严重，正沿着"越贵越挖，越挖越少，越少越贵"的恶性循环而走向衰竭。人参、厚朴、杜仲、黄柏、黄芪、天麻、黄连等野生个体濒临灭绝，当归、川芎、三七、北沙参等野生个体已很难发现。[①]

在我国1000多种中药材中，人工也种植的品种超过200种。由于对于中药资源的种植、养殖没有规范的统计，据搜集到的零散数据，我国中药材种植面积受中药材价格等因素的影响，近年来波动较大。1—3年生的中药种植面积每年约500万亩，2001年的种植面积将近600万亩，接下来两年因种植面积较大，丰收后难以销售，2003年种植面积开始出现大范围的下降，种植面积低于400万亩。加之国家对于农业政策的调整，减免农业税，鼓励粮食生产，导致中药材种植面积逐年递减。从2008年开始，这种局面开始发生转变，中药材的价格上涨和需求的加大，农民对于中药材的种植意愿高涨，种植面积也开始大幅度提升。特别是随着国家和各省市相继出台"十三五"时期中药产业发展规划，将中医药的发展定位于绿色支出产业，中药材种植面积逐年上升，2015年全国中药材种植面积达到5000多万亩（见图3—2）。

---

① 邹大光：《传统中药产业发展影响因素研究》，博士学位论文，沈阳药科大学工商管理学院，2012年。

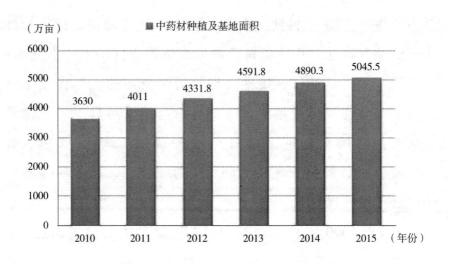

图3—2　2010—2015年我国中药材种植及基地面积情况

　　为了保证我国中药材的质量，只有不断推进中药材规范化、现代化和国际化进程。为此，我国从2002年开始实施中药材生产质量管理规范，也就是通常所说的GAP。在GAP框架下，实行中药生产的全过程监控，并不断推广中药材的基地化、规范化、规模化生产。目前，我国中药行业中下述现象较严重：无序开发导致中药资源生物多样性受到严重破坏，中药材大量采挖导致生态环境受到严重破坏。传统中药发展必须建立在保护野生药用动物、植物资源的基础上，需要注重三个平衡。首先，做到中药开发与保护中药资源生物多样性之间的平衡。大力发展名贵药材的栽培、养殖，通过人工养育及科学管理，逐步形成半野生栽培状态的资源群，满足生产需要。其次，做到中药开发与保护生态环境之间的平衡。大力发展中药产业的同时，须重视中药材种植对环境造成的影响，加大对资源的保护力度，保护应以大力发展人工种植与保护栖息地的生态环境相结合。最后，做到中药材种植与规模化生产之间的平衡。对适合规模化种植的大宗品种鼓励规模化、基地化种植，而东北人参等中药材有其独特的适宜生长区域，不适合规模化种植。

二　生产环节

（一）我国中医药生产的总体情况

改革开放以来，我国医药制造行业发展迅猛，逐步成为国民经济中发展最快的行业之一。而中医药制造业的增长势头更为强劲。2016 年及 2017 年上半年，中药行业收入规模持续增长，行业增速高于医药工业整体增速；中药饮片行业在诸多行业红利影响下，发展增速超过中成药行业，在行业中的地位进一步提升；受政策红利、人口老龄化、城镇化等因素影响，预计未来中药行业仍将保持良好发展态势，行业整体风险较小。根据工业和信息化部公布的数据，2013—2016 年，中药饮片加工行业和中成药制造行业的主营业务收入均呈逐年增长趋势，年均复合增长率分别为 15.81% 和 9.76%，中药相关行业主营业务收入在医药工业中的占比稳定保持在近 30%。2016 年，中药饮片加工行业实现主营业务收入 1956.36 亿元，同比增长 12.66%，增速较上年同期提高 0.17 个百分点；中成药制造行业实现主营业务收入 6697.05 亿元，同比增长 7.88%，增速较上年同期提高 2.19 个百分点；中药饮片加工行业和中成药制造行业的主营业务收入合计占比达到 2016 年医药工业主营业务收入的 29.20%，其中中药饮片加工行业主营业务收入占比 6.60%，中成药制造行业主营业务收入占比 22.60%（见图 3—3）。

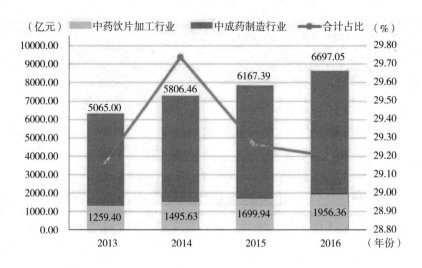

图3—3　2013—2016 年中药相关行业发展情况

资料来源：工业和信息化部。

2017 年上半年，中药饮片加工行业实现主营业务收入
1047.88 亿元，同比增长 21.33%，增速较上年同期提高 8.30 个
百分点；中成药制造行业实现主营业务收入 3339.72 亿元，同比
增长 10.95%，增速较上年同期提高 2.79 个百分点；中药饮片加
工行业和中成药制造行业主营业务收入合计占比达到 2017 年上半
年医药工业主营业务收入的 28.65%，其中中药饮片加工行业主
营业务收入占比 6.84%，中成药制造行业主营业务收入占
比 21.81%。

中医药制造业按照国家统计局的分类标准，分为中成药制
造业和中药饮品的加工业。中成药制造业主要是指在我国传统
中医药理论的框架下的对于传统中药的加工生产，主要产品和
药物形式有：丸剂、冲剂、糖浆、片剂、针剂、注射液、膏药、
口服液、胶囊、散剂、栓剂、药酒、清凉油等；中药饮片的加

工业主要是指对已有的动物、植物中药材按中医药理论及制造方法加工后，便可直接用于中医临床治疗的中药。因此，中药饮片加工业包括了中药切片（包括切段、块、瓣）的加工制造，以及原型药材饮片和经过切制（在产地加工的基础上）、炮制的饮片的加工。

（二）中成药行业发展现状

中成药作为我国中医药产业的支柱产业，近年来发展迅猛。近年来，在整个医药行业销量平稳增长的情况下，我国中成药产业仍然保持着快速增长态势，新医改的推进及国家相应的扶持政策是它销量仍然上升的原因，再加上我国对中药的偏好，所以使得中成药在大环境不好的情况下仍然能快速增长。

2014年12月中国中成药产量为33.35万吨，同比增长1.73%。2014年1—12月中国中成药累计产量367.31万吨，同比增长18.29%（见图3—4）。2015年1—6月，规模以上医药工业增加值同比增长9.9%，增速较上年同期下降3.6个百分点，较一季度环比下降1.2个百分点，较全国规模以上工业增加值增速（6.3%）高3.6个百分点。中成药制造主营业务收入2796.02亿元，同比增速为5.2%，2014年同期增速为14.09%，增长最慢（见表1—2、表3—1）。

随着居民消费水平的提高，越来越多的人开始关注养生保健，各类中成药需求在不断增大。经过中成药企业多年的运作，中成药在国际上的知名度日益提升。但是，中成药仍未被多数国家认可，中成药想突破海外市场需要健全的法规、积极的宣传等，而制定中成药生产过程中的标准化操作尤为必要。目前，我国中成药中有效成分每天的服用量还没有明确的规定，为我国中成药行业健康快速发展设置了障碍，宜制定相关使用细则，规范化中成药产业发展，促使其"有理可依"。

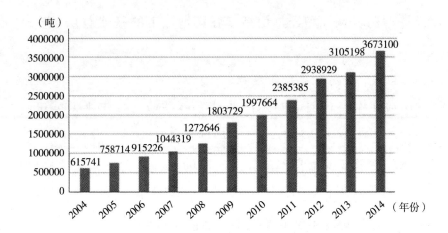

图3—4　2004—2014 年我国中成药产量情况

表3—1　　　　　2014 年全国中成药产量分地区统计

地区	12 月 （万吨）	1—12 月累计 （万吨）	12 月同比增长 （%）	1—12 月累计同比 增长（%）
全国	33.35	367.31	1.73	18.29
北京	0.46	4.45	5.8	9.03
天津	0.06	0.82	10.66	5.38
河北	0.61	6.24	29.47	20.01
山西	0.14	1.34	12.35	16.75
内蒙古	0.07	1.01	−8.61	−3.31
辽宁	0.25	3.08	−9.13	10.03
吉林	3.13	39.91	14.02	−31.44
黑龙江	0.41	4.18	−24.61	−23.63

续表

地区	12 月 （万吨）	1—12 月累计 （万吨）	12 月同比增长 （％）	1—12 月累计同比 增长（％）
上海	0.08	0.73	6.49	-8.75
江苏	0.21	2.19	26.33	13.04
浙江	0.25	2.59	-0.78	10.39
安徽	0.47	4.40	-16	-6.18
福建	0.19	1.72	45.76	-6.06
江西	1.32	11.06	5.82	7.91
山东	2.31	18.27	5.18	11.48
河南	2.97	29.33	31.26	14.26
湖北	7.36	86.85	-7.95	3.92
湖南	2.33	18.53	-3.03	-2.66
广东	2.45	24.22	11.09	7.59
广西	2.46	26.04	12.22	9
海南	0.01	0.09	13.31	0.32
重庆	0.63	9.27	-20.23	13.58
四川	3.11	51.71	-17.48	20.54
贵州	0.88	7.68	5.74	19.36
云南	0.49	4.56	29.95	18.52
西藏	0.02	0.15	283.01	-10.05
陕西	0.49	4.91	19.44	11.6
甘肃	0.13	1.31	7.82	1.35
青海	0.02	0.21	-8.79	8.7
宁夏	0.01	0.06	-5.18	-23.69
新疆	0.04	0.40	3.49	3.07

资料来源：国家统计局。

表 3—2　　　2010—2015 年我国中成药行业发展总体情况

年份	规模以上企业数（家）	总产值（亿元）	资产总计（亿元）	销售收入（亿元）	利润总额（亿元）
2010	1540	2288.86	2589.76	2153.60	223.89
2011	1328	3542.11	3105.81	3378.67	372.44
2012	1420	4264.92	3706.93	4079.16	436.48
2013	1506	5283.82	4512.99	5064.98	538.43
2014	1549	6057.50	5409.30	5806.46	597.93
2015 年上半年	1576	3050.96	5528.24	2796.02	302.22

资料来源：国家统计局。

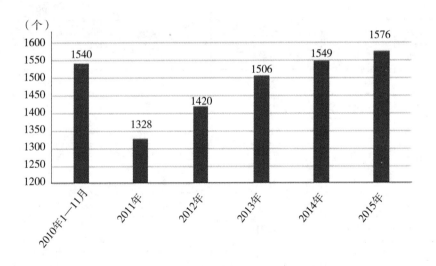

图 3—5　2010—2015 年我国中成药规模以上企业数量

资料来源：国家统计局。

　　总体来看，中成药在我国中医药产业中的地位还无法撼动，其工业产值及市场份额不断增加。从趋势来看，其发展表现出以下几个特点：（1）向现代化方向发展；（2）向药用消费品领域延伸；（3）逐渐成为美容保健市场新宠；（4）进入OTC拥有广阔发展前景。

（三）中药饮片行业发展情况分析

中药饮片行业供需整体平衡；受行业集中度低影响，行业产能利用率较低；行业发展的主要问题集中在药品质量；预计未来，中药饮片质量控制将日趋严格、市场集中度有望提高，优势企业向创新剂型方向发展，有利于获得更多利润空间，众多中小型企业将面临被淘汰或者兼并的风险。

产能和产量方面，根据智研咨询发布的《2016—2022年中国中药饮片市场供需态势及投资前景评估报告》，2015年我国中药饮片加工行业产量约335万吨，行业产能约482万吨（见图3—6），根据预测，2016年我国中药饮片行业产能约为500万吨。整体看，中药饮片行业产能利用率较低，主要是行业内企业集中度低，单个企业实力有限，无法占据足够市场份额所致。预计未来，受下游需求增长影响，中药饮片产能和产量将保持增长；随着行业集中度的提升，行业产能利用率有望提升。

从下游需求来看，中药饮片的下游行业应用广泛，可用于药品、保健品、食品、化妆品等，应用的行业包括医疗、美容、餐饮等，一般的销售渠道主要包括中成药厂、医院（中医院和中医科室）、零售药店、终端消费者等。受益于广泛的应用行业和使用用途，近年来，中药饮片的需求量逐年增长。根据智研咨询发布的《2016—2022年中国中药饮片市场供需态势及投资前景评估报告》，2015年我国国内中药饮片需求量约320万吨，较上年增

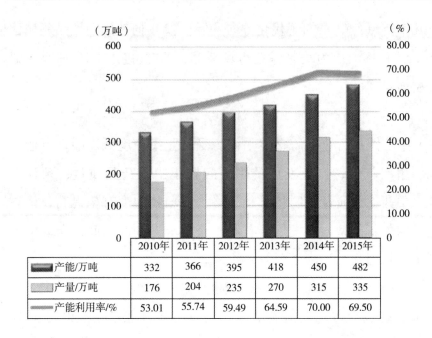

	2010年	2011年	2012年	2013年	2014年	2015年
产能/万吨	332	366	395	418	450	482
产量/万吨	176	204	235	270	315	335
产能利用率/%	53.01	55.74	59.49	64.59	70.00	69.50

图3—6　2010—2015年我国中药饮片行业产能情况

资料来源：智研咨询。

长6.67%（见图3—7）。根据预测，2016年，中药饮片的需求量在350万吨左右。预计未来，主要受政策红利影响，中药饮片需求量将有较大幅度增长，主要中药饮片生产企业收入规模有望增长。

从行业集中度情况来看，中药饮片行业受产业化时间较短、药材的产地较为分散、市场准入门槛低等因素的影响，行业集中度一直处于较低水平，目前行业依然以低水平、重复生产的中小型企业为主。根据《2017年中药饮片行业发展研究蓝皮书》，截至2016年年底，中药饮片行业企业数量为1754家，行业内企业资产及收入规模差异较大。目前行业龙头康美药业可生产中药饮片1000多个种类，超过20000个品规，但行业市占率仅为2%左右。

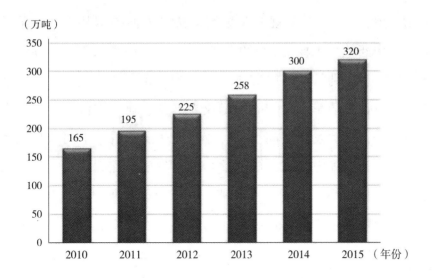

（万吨）

图3—7　2010—2015 年我国中药饮片需求情况走势

预计未来，随着国家对中药饮片质量控制的日趋严格，规模小、竞争力弱、管理不规范的生产厂商将逐步被市场所淘汰，具备核心竞争力的生产企业将不断增加市场份额，同时，随着部分企业赢利能力的提升，未来并购整合的趋势将越来越明显，我国中药饮片行业的市场集中度也将逐步提高，规模大、工艺水平高、质量管理过硬的中成药企业可能占据更大市场份额。

从行业存在主要问题来看，2016 年，中药饮片行业的突出问题集中在饮片质量管控方面。中药饮片领域由于中药材产地众多、饮片规格种类较多，且其炮制方法和加工工艺等多种多样，很难进行统一监管，目前中药饮片质量执行《中国药典》《全国中药饮片炮制规范》、各省市中药饮片炮制规范三级标准，但标准之间并不完全统一，国家标准与地方标准之间、地方标准与地方标准之间在基源、名称（俗名、地方习惯用名的存在使得同名异物现象很多）、炮制规格及炮制方法等方面差别甚大。多重标准导致中药饮片市场乱象丛生，假冒伪劣事件屡见不鲜。预计未来，国家对中药饮片的质量监管将更加严格，"飞检"将成为常态，行业饮片质量风险加大，行业内不良企业将被淘汰，优质企业有望获得更大发展空间。从行业发展热点来看，中药饮片正在从传统饮片向配方颗粒、破壁饮片方向发展。配方颗粒方面，由于其具有体积小、方便服用的特点，近年来发展迅速。2016 年，配方颗粒销售规模近 120 亿元，较 2006 年的 2.3 亿元，年均复合增长约 50%。自 2001 年起，依据《中药配方颗粒管理暂行规定》，中药配方颗粒纳入中药饮片管理的范畴，并在全国采取试点生产制。2016 年之前仅有 5 家企业先后获得试点生产资质，分别为上海家化子公司江阴天江药业、红日药业子公司康仁堂、华润三九、培力（南宁）药业有限公司以及四川绿色药业科技发展股份有限公司。面对近年来中药配方颗粒的应用范围不断扩大，中药配方颗粒的产能有待扩充的局面，2015 年 12 月，国家食品药品监督管理总局下发征求意见稿，规定：中药生产企业只需经过所在地的省级食药监部门批准，并在企业的药品生产许可证生产范围内增加中药配方颗粒，再按照《中药配方颗粒备案管理实施细则》的要求，向所在地省级食药监部门提交备案资料，即可生产。2016 年 3 月 1 日，《中药配方颗粒管理办法（征求意见稿)》结束向社会公开征求意见，显示配方颗粒的试点限制有望被放开。2017 年，先后有广东、广西、浙江等 7 省份开展中药配方颗粒试点，吉林敖东、神威药业、康美药业等企业纷纷获得省内试点生产资格。对于原有的 6 家试点企业来说，试点放开意味着配方颗粒将不仅仅被限制在二级以上中医医院使用，可以进入诊所、药房进行销售，市场需求量有望大幅增加，但同时，行业竞争者增加将导致行业竞争加剧。破壁饮片方面，由于破壁技术对传统中药饮片的形态和应用方式进行了创新，煎煮时间只需几分钟，药材有效成分溶出率达到90%，吸收率提高到近100%，近年来市场增长率大幅提升，以中智药业为例，其生产的草晶华破壁草本2012—2016年销售收入年均复合增长超过70%。预计未来，随着配方颗粒和破壁饮片生产技术的进一步提高、居民收入水平的提升以及对于使用便利性需求的提升，饮片颗粒及破壁饮片市场前景良好，拥有相关先进技术的中成药企业成长空间较大，整体信用风险较小。

（四）中医药制造业产业政策分析

1. 政策红利

医药产业政策作为一整套政策的总和，旨在影响我国医药产业发展进程，进而实现国家或特定区域产业结构调整。医药产业政策已经成为国家医药行业宏观调控的重要手段。国家医药产业政策作为一项综合的政策体系，不是一成不变的，而是根据经济社会发展的需要动态调整的。

近年来，我国逐步出台了大量的医药行业产业政策，其中就包含专门对于中医药产业制定的相关政策（见表3—3）。这些产业政策的出台，极大地推动了我国中医药产业的发展。首先，结合中医药产业的发展规律，优化中医药产业结构，不断提高我国中医药产业的技术水平和发展层次，提高其产业竞争力。其次，出台干预重要产业市场结构和市场行为方面的政策，逐步建立规范的中医药市场秩序，从而提高了中医药市场的效率。再次，医药产业政策实现了我国中医药产业空间布局，逐步提高了医药资源的配置效率，实现区域平衡发展。最后，医药产业政策的制定不断引导、促进中医药行业的技术进步和新产品开发，制定相关标准，规范中医药产业的生产、流通、研发各个环节。

表3—3　　　　　　2016—2017 年我国中药制相关产业政策

政策名称	主要内容	政策影响
2016 年 2 月 26 日，国务院发布《中医药发展战略规划纲要（2016—2030 年）	七大重点任务：切实提高中医医疗服务能力、大力发展中医养生保健服务、扎实推进中医药继承、着力推进中医药创新、全面提升中医药产业发展水平、大力弘扬中医药文化、积极推动中医药海外发展。两大发展目标：到 2020 年，实现人人基本早有中医服务；到 2030 年，中医药治理体系和治理能力现代化水平显著提升	从国家层面上确定了对中医药行业的发展规划，明确了未来十五年我国中医药发展方向和工作重点，有利于促进中医药行业健康发展
2016 年 8 月 11 日，国家中医药管理局正式印发《中医药发展"十三五"规划》	明确提出国内中医药产业的发展目标，即到 2020 年，实现人人基本享有中医药服务，搭建完善的中医医疗服务体系。具体体现在五个维度：人民群众获得中医药健康服务的可及性显著增强、中医药发展支撑体系更加健全、中医药健康产业快速发展、中医药发展更加包容开放、中医药治理体系和治理能力现代化快速推进	落实了国家发展中医药的指示精神，是推进中医药现代化，推动中医药走向世界，全面振兴发展中医药事业，发挥中医药在促进卫生、经济、科技、文化和生态文明发展中的独特作用的重要指导
2016 年 10 月 26 日国务院印发《"健康中国 2030"规划纲要》	提出要提高中医药服务能力、发展中医养生保健治未病服务、推进中医药继承创新、推进中医药与养老融合发展、大力发展中医药健康旅游、加强中医药国际交流与合作	充分肯定中医在治疗方面的独特优势，有利于中药行业的普及发展与推广应用

续表

政策名称	主要内容	政策影响
2016 年 12 月 6 日,国务院新闻办公室发布《中国的中医药》白皮书	从中医药的历史发展脉络及其特点、中国发展中医药的国家政策和主要措施、中医药的传承与发展、中医药国际交流与合作等方面对我国中医药的发展情况进行了概述	系统地总结了中医药发展的脉络,并体现了中医"治未病",强调个体化、"简、便、验、廉"等特点。白皮书的发布,表明了国家对中医药的态度,把中医药与西医药摆在同等重要的位置,将中医药发展上升为国家战略
2016 年 12 月 25 日,《中华人民共和国中医药法》正式出台;2017 年 7 月 1 日正式实施	分为"中医药服务""中药保护与发展""中医药人才培养""中医药科学研究""中医药传承与文化传播""保障措施""法律责任"等 9 章,共 63 条,于 2017 年 7 月 1 日起施行	明确了中医药事业的重要地位和发展方针,为继承和弘扬中医药、促进中医药事业健康发展提供有力法律支撑
2017 年 1 月,《中医药"一带一路"发展规划(2016—2020)》发布	明确到 2020 年,中医药"一带一路"全方位合作新格局基本形成	与沿线国家合作建设 30 个中医药海外中心,颁布 20 项中医药国际标准,注册 100 种中药产品,建设 50 家中医药对外交流合作示范基地
2017 年 6 月,《"十三五"中医药科技创新专项规划》发布	形成不少于 50 项药典标准和 100 项行业标准,实现 20—30 个中成药品种在 EMA 或者欧盟成员国作为传统药物注册,完成 5—10 个中成药品种在欧美等发达国家作为药品注册;建立一批中医药研究中心与联合实验室,加强与"一带一路"沿线国家的合作	完善中医药国际标准,加强与"一带一路"沿线国家的合作
2017 年 10 月发布的《关于深化审评审批制度改革鼓励药品医疗器械创新的意见》	经典名方类中药按照简化标准审评审批,可仅提供药学及非临床安全性研究资料,免报药效研究及临床试验资料。随后,中药经典名方的遴选规则、注册审评管理规定等相关信息陆续披露	强化相关企业的信息披露

资料来源:根据公开资料整理所得。

2. 基药目录调整红利

2017 年 2 月 23 日，人社部公布 2017 年版《国家基本医疗保险、工伤保险和生育保险药品目录》（以下简称"基药目录"），2017 年版基药目录增加了 339 个药品，其中中药和民族药增加了 206 个，远远高于新增西药品种的 133 个。具体来看，2017 年版基药目录中含中成药 1150 个，较 2009 年版目录增长约 16.51%，民族药 88 个，较 2009 年版目录增长约 95.56%，显示出国家对中药产业大力扶持的态度（见表3—4）。中药饮片部分未作调整，仍沿用 2009 年版药品目录的规定。

表3—4　　　　　2009 年和 2017 年基药目录变化情况　　　单位：个、%

项目	西药	中药	民族药	总数
2009 年版	1164	987	45	2196
2017 年版	1297	1150	88	2535
增幅	11.43	16.51	96.56	15.44

三　流通环节

药品流通行业作为关系到国计民生的中药行业，越来越受到国家及相关部门的重视。近年来，逐步建立了药品流通领域的法律框架和相应的监管体制，形成了多元化经营模式互补，覆盖城乡的药品流通体系。鼓励中药企业优势资源整合，建设现代中药产业制造基地、物流基地，打造一批知名中药生产、流通企业。

中医药中的部分品种，例如中药材、中药提取物的流通不同于一般的药品，有其自身的特点，主要表现为：（1）中药流通过程中，要严格保障质量；（2）中医药种类繁多，物流管理相对复杂；（3）部分中药材、中药提取物有其生长特性，要求较高的物流管理水平；（4）部分中医药的管理要符合国家相关规定。

（一）整体规模

2016 年药品流通市场销售规模稳步增长，增速略有回升。商务部药品流通统计系统数据显示，全国七大类医药商品销售总额18393 亿元，扣除不可比因素，同比增长 10.4%，增速较上年上升 0.2 个百分点。其中，药品零售市场 3679 亿元，扣除不可比因素，同比增长 9.5%，增速同比上升 0.9 个百分点（见图 3—8）。

截至 2016 年 11 月底，全国共有药品批发企业 12975 家；药品零售连锁企业 5609 家，下辖门店 220703 家；零售单体药店26331 家，零售药店门店总数 447034 家。

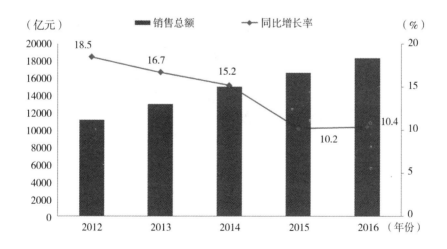

图 3—8　2012—2016 年药品流通行业销售趋势

（二）销售品类与渠道结构

按销售品类分类，西药类销售居主导地位，销售额占七大类医药商品销售总额的74.4%，其次为中成药类占15.0%，中药材类占3.0%，医疗器材类占3.3%，化学试剂类占1.2%，玻璃仪器类占0.1%，其他类占3.0%。

随着国家相关产业政策的扶持，我国各省开始建立一批起点较高，规模较大的具有现代化水平的中医药物流基地，重要现代商业体系的步伐也不断加快。包括安徽亳州中药材交易中心、河北省安国中药材专业市场、江西樟树中药材市场、广州市清平中药材专业市场等一批中医药的专业市场和交易中心开始发挥其优势，中医药流通业的"大网络"已是开始显现。

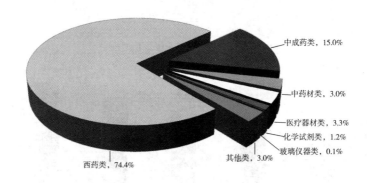

图3—9　2016年全行业销售品类结构

对于中医药而言，药品的流通环节具有自己的特点，可以分为中药材、中药饮片；中成药的物流。中药材和中药饮片有一定的相似性。而中成药的物流和西药的物流方式基本一致。本部分重点分析中药材和中药饮片的流通环节。

近年来，我国中药材市场的现代化、集约化和规范化趋势明显，经营理念和经营结构不断提升。配套机构完备，既包括相对规范的中药材交易中心，还配套了中药的仓储和物流配送中心，形成了逐渐完备的一体化中药物流体系。现代化中药材专业市场的不断发展，为中药材物流发展提供持续动力。

表3—5　　　　　　　2016 年中成药类区域销售统计

单位：万元、%

地区	中成药类销售总额	区域销售占比
北京市	2632239	9.56
广东省	2580320	9.37
浙江省	1984686	7.21
江苏省	1731317	6.29
天津市	1632728	5.93
上海市	1621184	5.89
山东省	1583993	5.75
重庆市	1404957	5.10
安徽省	1369822	4.97
湖南省	1077491	3.91
河南省	1040114	3.78
陕西省	1010938	3.67
湖北省	897096	3.26
云南省	781586	2.84
辽宁省	730061	2.65
四川省	674737	2.45
河北省	641231	2.33
黑龙江省	599192	2.18

续表

地区	中成药类销售总额	区域销售占比
江西省	562598	2.04
山西省	559719	2.03
广西壮族自治区	513286	1.86
贵州省	448714	1.63
新疆维吾尔自治区	306972	1.11
福建省	255855	0.93
甘肃省	243918	0.89
吉林省	227400	0.83
宁夏回族自治区	157023	0.57
海南省	142627	0.52
内蒙古自治区	70778	0.26
青海省	59363	0.22

表3—6　　　　　　　　**2016年中药材类区域销售统计**　　　　单位：万元、%

地区	中药材销售总额	区域销售占比
浙江省	568645	10.28
上海市	565697	10.23
湖南省	333152	6.02
江苏省	239437	4.33
四川省	225834	4.08
河南省	200972	3.63
河北省	128764	2.33
甘肃省	125556	2.27
山东省	119112	2.15
陕西省	110466	2.00

地区	中药材销售总额	区域销售占比
广西壮族自治区	81158	1.47
云南省	79282	1.43
安徽省	68097	1.23
辽宁省	67089	1.21
福建省	65747	1.19
湖北省	54817	0.99
天津市	46595	0.84
贵州省	45813	0.83
江西省	41844	0.76
宁夏回族自治区	41286	0.75
黑龙江省	39955	0.72
山西省	30361	0.55
吉林省	30079	0.54
内蒙古自治区	9332	0.17
青海省	7821	0.14
海南省	6561	0.12
新疆维吾尔自治区	2302	0.04
西藏自治区	0	0.00

　　我国现有的药品批发企业主要由三种类型，国有大型药品批发企业、医药快批型企业和药市批发企业。

表 3—7　　　　我国药品批发企业种类、特点及典型企业

药品批发企业种类	企业特点	经营模式、特点及业务	典型企业
国有大型药品批发企业	企业主体是国有体制,历史悠久,人员稳定,渠道和网络覆盖广,在利用政策方面有优势	目前基本完成了供应链的整合,在批发、零售、代理、物流等方面全面开展业务	国药集团、北药股份、南京医药
医药快批型	以民营企业为主,做快批快配,发展迅速,抢占了较大市场份额	企业资金雄厚、网络扩张快,服务理念先进,是大型国企的有力竞争者	九州通、科伦医贸、京新龙、海王潍坊、东盛英华
药市批发企业	目前这类业态呈萎缩态势,究其原因,主要是底价批发模式与大部分厂商的市场规范与管理要求不符合	安徽太和、广东普宁、江西樟树	

数据来源:依据相关资料整理所得。

第二节　中国中医药产业在世界中医药产业格局中的地位和作用

一　全球植物药市场总体情况分析

我国中医药历史源远流长,并具备发展中医药产业的得天独厚的优势,因为我们拥有丰富的中药材的资源。按照来源来划分,中医药资源主要分为 3 种:药用植物、药用动物和药用矿物。近年来,我国中医药产业发展速度较为迅猛。但是,不可否认的是,从全球层面来看,我国中医药产业的发展不容乐观。我国医药资源丰富,但是天然药物仅占全球天然药物市场的 4% 左右,比重极低,中药出口额约占全球市场的 10%,难以进入国际医药和保健品的主力市场,并且经济效益低下。

我国中医药企业的数量、规模、运营方式等因素决定了我国中医药产业的国际竞争能力。我国中医药企业众多，占到全球中医药企业的80%左右。但是与国外巨型制药企业相比，企业规模普遍较小，集中度低，难以实现规模经济。加之我国中医药企业的创新能力、科研水平处于较低水平，导致我国中医药企业的国际地位不高。我国中医药产业的主要竞争对手包括日本、韩国、德国和东南亚各国等，与此同时，这些国家也是中药的需求大国。日本对于中医药研究历史悠久，研究范围也更加广泛。加之其科研水平较高，制造设备及工艺很高，在世界中医药市场极具竞争能力。

据相关资料统计，全球长期从事中药（天然药物）研发的企业和研究机构超过200家，并且在研究方法和相关产业政策的方面已经开始向中医药倾斜。例如，以德国为代表的部分欧洲国家已将中药并入传统的疗法范围，并开始列入医保；美国等西方发达国家对于中药复方和中药制剂临床实践进行了多年。在我国传统中医药文化的影响下，日本的汉方制剂中，基本上所有的处方都来自我国的中医典籍，其中药的主要原料都是从我国进口，并大量低价进口我国的中医药粗加工、低附加值原料。日本、韩国按照国际通行标准，将经过精加工胶囊和片剂以相对很高的价格销往全球市场，当然也包括中国市场。令我们汗颜的是，日本中医药产品占据了全球中药市场近80%的市场份额，韩国占据10%左右。现在我国中医药产品市场中，有将近1/3的产品来自韩国和日本。

作为中医药的发祥地，近年来，每年将近10亿元人民币中药材、中成药、中药保健品和中药提取物从我国出口到世界各国。

据相关数据统计，全球中药总贸易额达到 40 亿美元，而我国中医药产品只占到全球总贸易额的 6%—8%，日本和韩国总贸易额超过 1/2。更重要的是，超过 90% 的中医药研究和中医药专利是由国外的公司和研究机构研发的。在这样的情况下，对于主要国家中医药发展进行研究是十分必要的。

二　世界主要天然药物市场及代表国家分析

天然药物在世界很多国家都使用。我国称之为中药，印度称之为阿育吠陀，日本称之为汉方药，欧美称之为植物药。据统计，全球每年的天然药交易额达到 400 亿美元，并且 2017 年保持了较高的增长速度。从全球药品市场的格局来看，天然药物市场的增速明显高于整个药品行业的发展速度，特别是欧美市场，增长速度很快。

世界主要天然药物市场基本包括三个区域：亚洲市场、欧洲市场和北美市场。

（一）亚洲市场

受传统中华中药文化的影响，加之有大量华人的存在，日本、韩国、新加坡、中国香港等国家和地区一直大量使用中草药，随着中医药文化的引进、吸收、借鉴，逐渐形成了相对独特的中医学理论，这几个国家和地区一直是我国中医药的传统出口国，并形成了一定的中医药产业优势。

日本：日本汉方药与我国传统医药最为相似。目前，日本的汉方药生产企业近百家，在日本，比较有名气的汉方药生产企业包括津村顺大堂和钟纺株式会社。其原材料主要从中国和其他亚洲国家进口，生产和加工已经完全实现自动化。日本的汉方药生产体现出制剂集中、品种集中和厂家集中等特点（见表3—8）。在质量控制方面，日本就制定了《药品生产质量管理规范》，并严格按照规定的标准执行。日本的汉方药定位于高端，将高质量的汉方药研发作为其发展战略的重要支柱。可以说，对于质量的严格控制，是日本汉方药占据很大国际市场份额的重要原因。此外，日本政府非常重视汉方药的研发，为此，每年要花费近2万亿日元的经费，并结合现代的科技手段，对中医的基础及理论进行研究，并逐渐成为有计划、有政策、经费支持的政府行为。在研究人员方面，日本制药企业的科技人员占全国科技人员总数的60%。

表3—8　　　　　　　　　　日本汉方药制剂的分类　　　　　　　单位：个

制剂分类	处方数量	处方来源及相应的特点
医疗用汉方制剂（PD）	146	大部分与一般汉方制剂相同，但剂量的规定更加严格，生药作用较强，不利于患者直接使用，需有医师监督指导使用
一般用汉方制剂（OTC）	210	基本来源于《伤寒论》及《金匮要略》等经长期临床使用，安全有效，使用的生药作用相对缓和
药局制汉方药	185	可作煎剂及散剂，对剂量表示作了严格的规定。大部分与一般用汉方制剂相同，细节可能有所差别

　　资料来源：可晓梅：《我国中药产业国际竞争力提升对策研究》，硕士论文，2010年。

　　韩国：韩国也是我国主要的中药出口国。虽然西医西药依然是韩国医疗市场的主流，但是韩药近年来取得了良好的发展。韩国为了促进汉方药的产业化发展，将医药产业发展和服务业市场发展相融合。长期以来，韩国政府非常重视韩药的规范化和标准化问题，并相继颁布了《韩国药典》《天然药物标准》《药事法》《进口医药管理规定》等标准和法律。此外，韩国海非常重视韩药的研发工作。韩国现有 11 所韩医药大学，500 多名专门医师，4500 多名教职员工，2000 多名硕士、博士研究生，1000 多名本科生。

（二）欧洲市场

近年来，随着医疗观念的不断转变，欧洲国家越来越注重植物药的疗效和养生保健的作用，植物药市场保持了高速发展势头，并且已经超过化学药品的发展速度。与之相配套的是，这些国家开始从法律法规、科研技术支持植物药产业的发展。从整体的消费情况来看，欧洲已经成为较成熟的植物药市场，从一定程度上看，未来对我国中药消费有巨大的市场空间。其中德国和法国是主要的欧洲植物药市场，其份额占到了整个欧洲市场的 3/4。

德国历来有使用植物药的传统，也是整个欧洲对植物药最为推崇的国家。据统计，德国植物药市场份额占欧洲的 40% 左右，并将植物药制成药茶、食物、药酒等。在植物药研发方面，德国投入了大量的精力在心脑血管、老年痴呆等方面的植物药研制开发。德国的十余个植物药研究机构对活性成分的提取、质量检测、体内代谢和制剂特性的研究都很有成绩。在植物药生产方面，作为植物药生产大国，德国具有非常先进的生产技术和生产工艺。德国有百余家植物药厂，舒瓦贝是德国最古老、最有成就的制药公司。总结德国植物药发展的经验，可以归结为以下三点：（1）先进的技术。德国采用现代技术从单味药中提取活性成分或有效部位组方，复方亦是采用各植物药的标准提取物或有效成分组方，个别品种还配伍化学药物，这种新药的开发模式值得借鉴。（2）完善的药典，德国《植物药药典》是西方各个国家中最先编制的最为完善、最成体系的植物药标准，在国际医药学界享有极高声誉，该药典对植物药的化学组成、生物活性成分、适应证、禁忌证、不良作用、与化学药物的交互作用、剂量范围、服用期限、药理学等均有明确规定。（3）严格的管理，在德国，植物药与化学合成药物的地位和享有的政策完全相同，在法律上完全被看作药品，亦被列入处方药与 OTC 药物的范围，管制相当严格。

（三）北美市场

北美的天然药物市场以美国为主，市场容量巨大。据相关统计资料显示，2005 年，美国的植物药销售额就已经达到 50 亿美元以上，并且保持 15% 左右的年增长率。其明显特点是，其自产的植物药多在他国加工生产，其产品也多销往国外市场，仅西洋参一种产品每年我国的销售额就将近 1000 万美元。美国的植物药物资源并不丰富，自给自足 20% 左右，其余全靠进口。美国对于植物药的使用要追溯到 18 世纪中叶，美国开始大量栽培和采集西洋参并将之出口。作为一个移民国家，由于缺乏统一的文化影响，长期以来，美国的植物药发展不快。直到 20 世纪 90 年代《食品补充剂及教育法案》的出台，将包括中草药在内的植物药作为一种介于食品与药品之间的特殊产品，并鼓励这个产业的发展，美国的植物药市场出现转机，近年来，发展势头良好（见表 3—9）。

美国的植物药市场主要由当地的传统草药组成，也包括其他许多国家和地区的传统草药，如印度草药、拉丁美洲草药以及中草药等。①

表3—9　　　　　　　　美国植物药类型及使用生产规定

类型	生产、使用规定
处方草药	处方草药以与合成药同样要求进行注册，只有凭借医生开出的药方才能获得，主要在药店销售，药费可在不同程度上由国家和保险公司偿付
非处方草药（OTC 草药）	经过一定的注册手续，这类药可标明并宣传其医疗功效，因而其经销渠道广泛，可在健康食品店销售，也可在卫生用品商店销售
作为食品添加剂和食品补充剂的草药	这类草药没有安全性限制，也不对其进行安全性评审，但也不能表明或宣传其"功效"，这类药可以通过健康食品店销售，也是占大多数比例的一类草药

资料来源：依据可晓梅相关资料整理所得。

美国非常重视对于天然药物的管理。FDA 是美国主要的药品管理机构。在植物药研发方面，美国中医药研究中心就是其专门的植物药研究机构，由美国斯坦福大学设立。在研究人员方面，从全世界汇集了一批医药精英，长期从事中草药的研究工作。此外，在植物药材种植方面，加利福尼亚大学走在了前面，专门开辟了植物药种植园圃，种植将近 200 种常用的植物药材。

---

① 可晓梅：《我国中药产业国际竞争力提升对策研究》，硕士学位论文，2010 年。

三 我国中医药传统优势及国际影响力分析

（一）中医药文化

2009 年 4 月下发的《国务院关于扶持和促进中医药事业发展的若干意见》明确指出："中医药作为中华民族的瑰宝，蕴含着丰富的哲学思想和人文精神，是我国文化软实力的重要体现。"中医药作为我国优秀的不可替代文化遗产，经过长时间的历史文化积淀，形成了一整套完整的系统，并且其理论内涵深邃、博大精深。近年来，随着我国经济社会的不断进步，现代科学技术的应用发展，中医药理论的前沿性越来越得到人民的认可。中医药与现代科学技术的不断融合发展，定会推动我国中医药产业的快速发展，进而对人类生命健康整体水平的提高发挥巨大的作用。

（二）资源优势

我国是中药材王国，有丰富的天然药物资源，据 20 世纪 80 年代全国最大的一次药物普查，全国有中草药 12807 种，其中植物药 11146 种，动物药 1581 种，矿物药 80 种，这为我国中成药的研究和生产提供了丰富的药源。同时，我国拥有大量的处方资源，在二次开发和研制现代中药方面具有独特的优势。中医药浩瀚的经典医籍，是人类生物信息的巨大宝库。中医药现存古典医籍 8000 余种，记载着数千年来中医药的理论和实践经验。这是绝无仅有的尚未被充分开采的人类生物信息的宝库。

（三）人才优势

中医作为我国的传统文化瑰宝，长期以来，我国一直重视对于中医药人才的培养。目前，我国中医药的教育模式主要包括三种：（1）院校教育；（2）师承教育；（3）继续教育等。这种多层次、多形式、多途径的教育体系，很大程度上促进了我国中医药人才数量的增加和人才素质的提高。截至 2009 年底，我国拥有2700 多所中医医院，50 多家中高等中医学校，近 200 家中医药研究机构和中药新产品生产机构，3 万多名中药专业技术人才。

（四）中医药国际交流不断深入，国际地位不断提升

中医药国际地位体现的一个层面是中医药国际交流合作层次的提高和范围的扩大，在这方面，中医药产业这几年有了长足的进步和发展。据相关资料统计，目前，我国已经和近 80 个国家和地区签订了中医药合作框架协议，中医药的传播范围不断扩大，已经传播到 140 多个国家和地区。近年来，我国与 6 个国家签订了中医药双边合作协议，拓展了与政府间在传统医药法制建设、市场准入、标准化建设等方面的交流与合作。同时，与世界卫生组织的合作进一步加强。

（五）从中药材资源大国向中医药产业强国转变

我国作为全世界中药材资源最为丰富的国家，却只占全球中成药市场份额的 5%。究其原因，中医药的原材料优势没有转化成市场和产业优势，我国中医药产业处于产业链的上游环节。反观日本、韩国、美国等天然药物强国，绝大多数药物原材料都是从我国进口，精加工成中成药后占据了全球中药市场 80% 以上的份额。而转化能力差，科技含量低，标准体系缺失，加工方式落后，有害残留超标，正是阻碍我国中成药出口的主要原因。依靠科技创新，将主产向主导转变。加大投入，推广规范化、标准化的种植模式，同时在植物药的提取方面，借鉴国际先进技术的基础上，不断研究开发具有国际知名品牌的中成药产品，将资源优势转化成产业优势。与此同时，对接国际标准，实现产业腾飞。

第三节　中医药产业的发展趋势分析

一　中医药国际化步伐不断加快

伴随着"回归自然""自然疗法"等理念在全球的兴起，中医药在世界范围内发展迅速，也越来越被国际社会接受和认可。目前，中医药已在 160 多个国家和地区得到发展，120 多个国家 170 多家公司致力于中药研发，我国的中医药企业和产品正在走出国门，走向世界，有的国家甚至通过立法形式认可了中医药的地位。中医药国际化步伐在逐步加快。

中医药得到了国际组织和社会的广泛认可。2009 年，第 62 届世界卫生大会发起《传统医学决议》，敦促各国将传统医学纳入卫生体系；2009 年国际标准化组织成立了中药技术委员会（ISO/TC249）；2010 年，世界卫生组织首次将以中医药为代表的传统医学纳入国际疾病分类（ICD－11）；世界针灸学会联合会和世界中医药学会联合会的总部设立在中国，60 多个国家和地区的 200 多个团体会员加入了该组织。越来越多的国家和地区主动要求与我国加强在中医药领域的合作和交流，根据中国的卫生事业白皮书得知，现在已经有 70 多个国家与中国签订了包含中医药内容的政府协议或专门的中医药合作协议。

如果说中医药产品和服务的出口属于中医药国际化的初级阶段，那么中医药企业在国外建立生产和营销网络，中药产品被主流医药市场接受则是中医药国际化的更高层次。目前我国的中医药产品进出口已取得很大的发展，一些优秀的中医药企业正在走出国门，迈向更高的国际化发展平台。现在的国际化越来越呈现出下列特点：

（一）中医药逐渐得到国外立法承认，参与国际注册及认证的企业逐渐增多

立法是对中医的最高认可，是中医药进入世界主流医疗体系的基础。澳大利亚是在海外第一个正式宣布对中医进行立法的国家。2000 年 5 月，维多利亚州通过了中医法案，这也是世界上第一部中医法案。加拿大在 2004 年实施的《天然健康产品管理法规》中，首次将天然药、植物药纳入了天然药品的管理范畴，在立法上正式确立了中药等此类产品的合法地位。此外，我国中药企业的产品也陆续在一些东南亚国家、古巴、俄罗斯等国获准注册。例如，新加坡规定，中成药的进口和销售必须注册登记，而且，在东南亚国家中，新加坡的注册条件也最为严格。绿谷集团的双灵固本散 2005 年就已经在新加坡获准注册，之后，我国不断有中药企业在新加坡获准注册。

一些企业主动申请国际高端认证，例如澳大利亚 TGA 认证。TGA 是澳大利亚药物管理局（Therapeutic Goods Administration）的简称，TGA 认证是澳大利亚政府的 GMP 认证。澳大利亚被公认为是世界上药品管理严格、市场准入难度较高的国家之一。通过 TGA 认证表明公司在质量体系上不但获得澳大利亚政府的认可，同时也得到与澳大利亚同在 PIC/S 的二十多个国家的认可，标志着企业与国际标准的全面接轨。所以，通过澳大利亚 GMP 认证对于企业开发国际市场具有重大的战略意义。我国不断有企业通过 TGA 认证打开国际市场的大门，例如，中新药业、美罗药业等先后获得澳大利亚的认证。在未来，随着国际化的深入，会有越来越多的企业通过国外注册和认证的方式开拓国际主流医药市场。

（二）中医药企业走出国门，建立国外营销网络

随着中国药企实力的增强，我国中医药产业开始走出国门，在全球范围配置资源。2002 年，天士力成立了"天士力南非分公司"。2003 年，天津天士力投资认购了荷兰神州医药中心有限公司，成立荷兰神州天士力医药集团有限公司，为进一步打开欧洲、北美洲市场奠定了基础。天士力还在欧盟和一些发展中国家建立了独资公司。1993 年，同仁堂开始在香港开办分店，后来发展到澳大利亚、新加坡、韩国、马来西亚等多个国家。如今，同仁堂的 66 家海外分店已经遍布世界 17 个国家和地区。在开办分店的同时，同仁堂还向海外零售店派遣了多名经验丰富的中医师，同时宣传和推广中医保健养生知识。虽然走出国门的中医药企业只是少数，但是对推进中医药国际化，推广中药文化做出了很大贡献。

（三）中医药企业加快发达国家医药市场药品注册步伐

近年来，一些优秀的中药企业不断加大科研创新的力度，努力把自然研制的中药产品打入欧美市场。2008 年，天士力集团的复方丹参滴丸和柴胡滴丸获得了加拿大卫生部签发的天然药品注册许可证书。这两种药物可以进入加拿大当地的药店、超市、专卖店等渠道进行销售，甚至可以纳入当地的商业保险报销体系。2010 美国 FDA 认可天士力复方中药制剂产品复方丹参滴丸 II 期临床试验在统计学及临床上的显著性，圆满完成 FDA II 期临床试验，是美国 FDA II 期临床试验成功的首例复方中药制剂。临床试验已进入 III 期，完成试验后，这种药品就可以批准上市。2012 年 3 月 21 日，由成都地奥集团生产的"地奥心血康胶囊"以治疗性药品身份在荷兰健康保护检查局成功注册，获许在荷兰上市，进

入欧盟主流市场销售并将启动在欧盟其他成员国的互认可程序。

为了推进中医药国际化建设，国务院出台了《关于促进中医药服务贸易的若干意见》，相关部门也出台很多扶持中医药贸易服务的政策，内容涵盖中医药贸易标准制定、贸易人才的培养、示范基地建设等。例如，商务部和中医药管理局出台的《关于开展中医药服务贸易重点项目、骨干企业和重点区域建设工作的通知》指出，将通过财税、金融和进出口等相关扶持政策，建设一批中医药服务贸易骨干企业。可以看出，国家对中医药国际化的支持是不遗余力的。

民间组织也在采取多种方式，通过各方努力为我国中医药现代化贡献力量。例如，中医药世界联盟就是一个在政府指引下由企业和科研机构共同参与的合作组织，该组织下设药品注册与技术研究中心、国际市场营销服务贸易中心、中医药国际化产业基金、中医医疗服务中心，对中医药国际化企业走向国际市场起到了很大的助推作用。

二　中医药现代化水平不断提高

中医药标准化是中医药事业发展的重要组成部分，是推进中医药现代化的迫切要求，经过多年发展，我国中医标准化建设也取得了很大的进步。近年来，中医药标准体系建设步伐明显加快，在中医基础、技术和管理等领域，制订修订中医药国家标准27项、行业或行业组织标准450多项。

在国内中医药标准建设取得长足发展的同时，我国还积极主动参与中医药国际标准化活动，推进我国中医药标准化成果向国际标准转化，中医药标准的国际化迈出了坚实的步伐。中国科学院上海药物所中药现代化中心建设的"中药标准技术国家工程实验室"，致力于质量控制技术和标准研究，建立系统的中药质量标准评价体系。2011 年，实验室制定的中药丹参质量标准成功通过美国药典会的系列评审，被美国药典采纳，为中药标准的国际化做出了突出贡献。2009 年国际标准化组织成立了中医药技术委员会（ISO/TC 249），秘书处设在中国，ISO 中医药技术委员会的建立，为中医药进入 WTO 认可的国际标准化体系铺平了道路，这是中医药国际标准化建设史上的里程碑。

为了提高中医药标准化建设的步伐，政府也加大政策支持和经费投入。为了调动相关研究人员参与中医药标准研究制定的积极性，国家中医药管理局下发了《关于中医药标准项目享有科研课题待遇的通知》，通知指出技术标准研制和标准化关键技术问题研究将作为重点领域支持。

三　中医药行业兼并重组日趋活跃，行业集中度大大提高

近年来，中医药行业兼并重组步伐不断加快。例如，李嘉诚旗下的和记黄埔公司与同仁堂组成"同仁堂和记投资有限公司"。其中同仁堂占51%的股份，和记黄埔占49%的股份，全面介入同仁堂的所有实体项目，从药品制造、药材生产直至在国内外开设零售药店。广州药业合并白云山启动，广州药业是以中药和商业为主，白云山则是以西药为主、中药为辅，双方业务范围还是存在一定的重叠。若成功重组，将有利于广州药业和白云山避免同业竞争，协同作战，进而提高效率。

目前，我国中药产业集中度不高，产业研发和技术创新能力受到限制，行业整体质量管理水平有待提高。通过整合行业资源

和技术，可以增强产业核心竞争力，扩大产业规模，提升产品质量，形成优质龙头企业，充分发挥中医药企业的品牌、文化、研发、生产等方面的优势，使得产品结构好、市场潜力大的企业不断发展壮大。兼并重组是提升企业竞争力的重要方式，通过兼并重组，可以促进资源的最优配置，提升产品质量，提高产业集中度和知名度。中医药行业的兼并重组，是对整个市场的重新洗牌，质量标准会更高，中医药产业会向规范化、标准化和品牌化发展，有利于促进中医药产业整体实力及市场竞争力的提升。可以预见，在市场发展趋势的作用下，在政策红利的刺激下，未来中医药企业的兼并重组活动方兴未艾。

四　中医药产业链不断延伸扩展

中医药产业具有较强的产业带动能力，产业链条向农业、消费、健康服务业延伸，不但可以带动第一、第二产业的发展，同时可以带动研发、物流、零售等第三产业发展。现代中医药已和现代药学、生物技术及其他先进技术和工艺等有机结合，应用范围不断扩大，产业链不断延伸扩展。

以中药制造业为例，中医药产业除了中成药、饮片工业、中药注射剂、中药配方颗粒，产业链还包括植物提取物、保健食品、中药化妆品、中药农药、中药消毒剂、制剂辅料等。其中保健食品、中药化妆品等产业规模甚至已超过了中成药业。

保健食品是一类介于普通食品和药品之间的特殊食品，是我国保健品行业的主导产品。我国保健品产业发展十分迅速，而基于中草药原料生产的保健食品已经成为本行业中极具活力的产业领域。尤其是在 2003 年"非典"后，人们的自身保健意识大大加强，使保健品的年销售量上升了30%—50%，中药类保健品销量也大幅增加。目前美国、日本、欧盟等发达国家和地区都已允许植物药作为食物补充剂，用中草药制成的保健品在国际市场上也会被更多地接受。

适应人们健康的生活理念和方式，中草药快消品行业发展迅猛，使得传统中医药在人们的生活中大放异彩，中药化妆品、中医药饮品市场等发展迅猛。中药化妆品是从中草药及天然植物中提取有用成分制成，顺应"绿色"及"人类回归自然"的潮流。中草药面膜、纯天然中药洗发水、纯植物美白精华已经为大众所接受。随着全球低碳、绿色环保理念的推进和人们生活水平的不断提高，化妆品的环保性、安全性、天然性会越来越受到重视，"天然""无添加"的化妆品风潮，无疑给中草药化妆品一个实现飞跃发展的机遇。此外，中医药饮品市场发展迅速，例如市场上常见的凉茶品牌加多宝、王老吉、和其正、霸王等，已经占据了饮料市场的一席之地。伴随着中草药快消品行业的发展，与中医药相关的保健养生、科研开发、文化、信息等服务产业也会蓬勃发展。

五 政策扶持带来的中医药产业升级

基于中医药的"简便廉验"等优势，国家对中医药产业进行了有力的政策扶持，但中医药要想真的发挥这样的优势，结构性调整也是不可避免的。医疗服务端的国家强制性政策支持，在中医药的消费端奠定基础，生产端的重要标准化和现代化，为产业升级打下基础。具体来说，中药配方颗粒行业在替代中药饮片和政策利好的情况下，预计行业未来五年增速仍然超过30%，但市场准入放开导致的竞争加剧或在未来 3 年内初显。中药注射液行业在规范度提升，和再评价政策的推动下，将经历阵痛期、大浪淘沙和投资机会涌现的过程，安全性高的注射制剂更具发展潜力。

第四节　中国中医药产业发展存在的问题

虽然我国中医药行业在近年来取得很大的成就，产业规模不断扩大，中医服务水平不断提高，中医药产业还是存在一些严重问题，比如，中医药监管存在的漏洞，中药知识产权保护不当造成的负面影响，科技创新力度不足、进出口结构不合理等。

一　监管上存在的问题

（一）多头监管存在的监管漏洞

我国中医药管理体制实行的是多头监管。国家发改委、科技部、卫生部、社保部、农业部、国家中医药管理局、国家食品药品监督管理局等多个部门都涉及对中医药行业的管理。首先，中药材和食品一样是分段监管，从种植到初加工、精加工、流通以及到了医疗机构，都有着不同的部门监管，比如种植是农业部管理，进出口是商务部管理。其次，中医药生产过程也存在多头管理的问题，工信部、农业部、林业部、国家质检局等部门负责中药生产的行业管理，国家食品药品监督管理局负责中药生产、流通、使用的行政监督和技术监督，国家发展改革委、科技部、国家中医药管理局负责中医药的科研创新和人才培养。

全国范围内缺乏系统性的中药管理体制。国家虽设立了国家中医药管理局，但省级及其以下的管理机构不健全，有的省里有厅级中医药管理局，有的设有中医药处，有的根本就没有中医药管理机构。卫生部副部长、国家中医药管理局局长王国强曾向媒体感慨道，中医药管理是"高位截瘫"，中央与地方上下不对口。

多头管理造成的后果首先是政策制定、实施责任主体不明确，特别是缺乏对中药产业整体的长远战略规划，缺乏对关系产业乃至行业持续健康发展的整体性、全局性、难点性问题统筹规划；其次，因职能分割，各个部门依据本部门职责各行其是，政策协调难度较大，有关部门间政策不配套，政策衔接不畅，部门间存在职责交叉，造成管理上的重叠及盲区。国家近年来出台了很多对中医药产业的扶持政策，但由于政策缺乏协调和统筹，资金缺乏整合和管理，造成一个不理想的结果就是政策最终落实的效力低下。

（二）地方保护主义影响监管效力

2013年6月，环保组织绿色和平在北京召开《药中药——中药材农药污染调查报告》新闻发布会，报告称其在中国不同市场上购买的65个常用中药材样品中有48个含有农药残留，占全部样品数的70%，其中就包括同仁堂、云南白药等著名企业。这一事件使得舆论哗然，同样也使得中药材农药残留问题凸显。现在，国家药典委员会正着手起草2015年版药典，起草中的新版药典将大幅增加农残检测种类。虽然新版药典有利于促进标准的严格把关，但是药材市场监管执行环节仍然要面对一个很大的问题，就是地方保护主义。因为对于一些地方政府来说，中药材就是当地的支柱产业，是财政增收之道，政府往往存在监管动力不足的问题，甚至在中央部门检查监管时，地方政府提前通风报信乃至和企业串通，间接地阻碍监管的效力。还有些地方的中药材市场，云集了大量本不应销售的食品、药品和中药饮片，价格低廉，质量参差不齐。由于中药材不像西药有统一的标准，而且中药材具有地域特征，短时间内很难建立一个统一的中药材的监管模式，多头管理可能会长期存在，再加上地方保护主义，中医药监管任重道远。

（三）管理不当造成传统中药秘方泄露和失传

现在中药管理的很多标准的执行按照西药标准，中医界甚至有不少人用西医理论修正中药，按照西药标准设置准入，要求中药新药明细化学结构和组成成分，同时用现代药业标准来公布中药配方。我国缺乏相关知识产权法规对中药秘方的保护，这样做的结果就是许多秘方被泄露。除此之外，还存在生产过程中管理不当造成技术机密泄露的风险。例如，炮制是中药传统制药的核心技术机密，但是外商投资设立饮片加工厂使得这一核心技术有泄密的风险。虽然国家早在1995年就把传统中药炮制技术列为禁止外商投资产业，但是由于利益的驱使，在具体的执行过程中这个规定没有被严格执行。

缺乏对民间秘方、偏方的保护。中医药偏方和一些祖传秘方疗效非常显著，是劳动人民在日常生活中不断积累探索出来的，并且世代相传。但是近年来，大量民间偏方散落在各地，不少被拒之医学研究门外，还有很多宝贵的民族药方遭遇开发难题，导致我国宝贵的一笔财富逐渐失传。造成这种现象的原因很多，其中有一个很重要的原因是对民间传统医学的管理不当。比如一些疗效独特、不外传的秘方或偏方是掌握在一些所谓的土郎中手中，这些人由于不具备执业医师资格，只能转行，导致很多偏方、验方失传。国家对于这些民间秘方应该制定特殊的管理手段和政策来保护。

二　中药材价格暴涨暴跌对药材生产产生不利影响

中药材价格上涨造成的是制药企业的成本压力，中药材价格的暴涨暴跌，对中药材生产尤其不利。

药材价格暴涨导致游资囤积居奇，大量买入，推高价格，然后抛售获利，羊群效应导致各路资金纷纷仿效，由于缺乏药材储备管理，市场上这种追涨杀跌行为更进一步加剧了药材价格的波动。药材暴利催生各种急功近利的方式。由于某些药材价格急剧上涨，一些地方政府就将中药材种植视为当地重要项目，盲目跟风，跑马圈地扩大种植面积。中药材价格上涨造成中药企业的生产成本增加，使得一些中成药企业会直接参与中药材种植，由于暴利的吸引，有些企业甚至放弃主要的制药业务，转而开始贩卖中药材，为中药行业埋下了巨大的隐患。由于利益驱动，有些药农在中草药种植的过程中大面积施用农药、化肥提高产量，甚至采用硫黄等化学物质熏制中草药，这些行为极大地损害了中草药的品质。

与涨价时一哄而上扩大种植面积形成鲜明对比的是，在产能严重过剩和疗效神话破灭后，中药材价格又会暴跌。价格暴跌造成"药贱伤农"，种植户又一哄而下缩减种植面积，药材供应的紧张又会导致新一轮的暴涨。中药材价格的快速下降和快速上涨对产业发展的损害都很严重。

三　知识产权制度不完善

（一）中药专利技术现状

近年来，我国对中药的知识产权保护系统基本建立。例如，1993 年施行的《中药品种保护条例》对中药的知识产权提供特殊保护，专利法对药品进行专利保护，此外，《反不当竞争法》第十条规定的侵害商业秘密的行为对"祖传秘方"这一特殊形式进行保护。中医药作为传统知识还适用于国际上对传统知识的保护形式。2008 年国务院批准东阿阿胶制作技艺列入第一批国家级非物质文化遗产扩展项目名录，就是利用国际法保护传统知识的最好案例。在中药知识产权保护体系不断完善的同时，也存在很多问题，表现在以下几个方面：

首先，遭遇专利申请审查标准难题。中医药具有辨证施治和复方用药等特点，带有经验性，因此无法建立一个统一的标准。中医药的很多名称不规范，例如，中药材由于产地和环境的差异，同一种药材在不同地区名称不同，造成申请人在申请专利时，药名书写不准确，权限要求不清楚，导致专利审查不易通过。中医药大多是复方，制作过程中成分有时会发生改变，所以很难确定其成分，在国际上缺乏认可的标准，导致专利保护范围难以确定，研发者很难获得知识产权保护。还有专利申请需要有明确的申请人，中药这种传统知识从权利主体上具有群体性，甚至有的是口头传授，造成权利主体不明确。

其次，现代知识产权制度难以保护传统中药。现有专利制度是由发达国家针对化学药品而建立的一套保护体系，中医药知识产权保护制度建立较晚，加上中医药实践性强、理论自成体系，处方、制剂工艺特殊，现有的保护中药知识产权的规章制度很难为中药的知识产权提供充分的保护。特别是对中医药饮片、煎剂、汤剂、处方等缺乏具体保护措施。还有一些保密配方属于国家机密，对外不能标注真实具体的成分和含量，导致标识说明和实际检测结果不一致，这一问题凸显了"中药保护品种"这一知识产权保护方式与专利保护存在的法理冲突。

中医药属于传统知识，而我国对传统知识的保护体系仍然很不健全，对大量千百年形成的中医药知识、经验、诀窍，如传统炮制、制药特殊工艺、临床经方验方缺乏有效的保护手段。西方国家倡导和推行的知识产权制度，只对新的发明给予保护，其所保护的产品应具备的特征为"新颖性"和"创造性"。中医药已形成一种独特的医药知识体系，创新很少，具有很高文献化程度，使得中医药知识进入"公知领域"。而按照现代知识产权制度的标准，以商业为目的、对所谓"公知领域"传统知识的不恰当占有和利用却是合法的。甚至有些中药，是我们千百年来祖祖辈辈一直在使用的，某家公司或个人经过开发之后申请专利，把传统的公共财富变成了私人所有。

（二）遭遇国际竞争

由于中医药自身特征与现代知识产权制度不符，很难在国际市场获得保护，一些发达国家的医药公司就仿制中药，有些甚至恶意注册，中医药知识产权在国际上被不当占有的案例比比皆是。例如：1972年，日本厚生省从张仲景的《伤寒杂病论》和《金匮要略》中筛选出210条经典古方作为非处方药批准使用；2001年3月，美国耶鲁大学在中国和美国申请了"草药组合物PHY906及其在化疗中的应用"专利，而所谓的PHY906，正是来自我国《伤寒论》的黄芩汤。此外，现在国外在我国申请中药专利的趋势呈现逐年上升之势，来我国申请中药专利的不但包括日本、韩国等亚洲国家，还包括美国、德国、意大利、加拿大等欧美国家。

四　缺乏科技创新，产品附加值低

近年来，我国中医药科技创新有了很大提高，国家大力扶持中医药事业发展，政府也有多项政策和措施来促进中医药科技创新。虽然国家越来越重视中医的科研投入，但由于目前我国缺乏与市场经济相适应的科技创新和资源配置机制，以企业为主体的产、学、研创新机制尚未形成。

产业集中度低，小企业创新能力弱是造成中医药行业科技创新瓶颈的主要原因。中医药产业目前已经占到了整个医药产业规模的近1/3，但是与中医药产业规模急剧扩大形成对比的是，目前中药产业的集中度依然不够。长期以来，我国医药行业整体一直处于"小、散、乱、差"的格局中。工业化发达国家的医药商业集中度都在90%以上，对比国际，我国中医药行业集中度较低。以中成药市场为例，我国中成药占到10%以上市场份额的企业几乎为零，前十名企业市场份额总和仅占23.7%。产业集中度低造成很多问题：不利于集约化运营和降低生产成本和市场有序竞争。由于规模不大，大多数中药企业没有形成完整的产业链，缺乏规模经济效益，产品同质化严重。由于新药研发投入多、周期长、风险大，中小制药企业没有能力开展研发工作。所以，中药行业企业散、规模小等局面也是造成我国大部分中药企业自主创新能力弱、医药科技竞争力水平较低的主要原因。虽然有部分优秀的中药企业坚持科技创新，但因为投入捉襟见肘、资金使用分散、成果转化艰难等，中药产业科技创新又显得十分乏力。

由于缺乏科技创新，我国中药产品的附加值低，在国际上不断受到洋中药的冲击。绝大多数洋中药都是从中国廉价卖出的中药材经过深加工后，高价返销到国内。日本在我国六神丸的配方基础上，通过科技创新开发出了救心丹，价格高达200元/瓶（20粒），德国每年以低廉的价格从中国大量进口银杏叶，经过高科技提取后生产出的产品返销国内市场，经过这一出一进，价格翻了十多倍。国外生产的中药之所以能在中国的市场上迅速地占有一席之地，原因就是科技含量高、制作考究，市场定位明确，这些恰恰是我国中药产业的短板。

五　中药对外贸易结构不合理

首先，中药出口以原材料型产品为主。虽然我国中药对外贸易金额快速增长，但是存在出口产品结构不合理的问题。我国出口的中药产品中，中成药产品的比重在逐年降低。2001年，中成药产品的出口额占中药出口额的21.1%，到了2011年，中成药产品的出口占比下降为9.9%。而中药材和植物提取物等原材料型产品出口逐年增长，并占据了绝对的主导地位。2011年，植物提取物出口金额为11.3亿美元，占整个中药出口金额的48.5%，中药材及饮片出口额为7.7亿美元，占中药出口额的33%。[①] 中成药是最能代表我国中医药文化的产品形式，然而很多时候中成药产品在国外仅作为食品、膳食补充剂或其原料使用。随着国际

---

① 数据来源于中国医药保健品进出口商会。

贸易的深入，靠出口原材料换来的贸易增长方式是不可持续的。

其次，创新不足和知识产权管理不完善导致在国际市场上的弱势地位。虽然我国中药进出口规模不断增加，作为中医药的发源地，我国的中药制剂在国际市场上的份额只有3%—5%，绝大部分市场由日本和韩国把持。此外，中国天然植物药进口额快速增长，中成药市场的进口量已远远超过出口量，贸易逆差不断扩大。外国企业利用中医药知识产权管理上的缺陷，抢先注册专利，有些甚至恶意占有知识产权，并且利用自身的技术创新优势，研发出高科技含量的洋中药，并进入中国市场大量销售。有些外商钻了我国对中药偏方、秘方管理保护不善的空子，大量低价收购我国宝贵的民间秘方、偏方，经过研究改良之后再申请专利，利用知识产权的保护变相侵占了我国宝贵的财富。诸如此类的案例比比皆是。例如，韩国制造的牛黄清心丸，源自我国的传统中成药牛黄清心液，由于韩国早在中国申请了发明专利，以后我国要生产这种药物的改进产品需要征得韩国的同意。青蒿素是从我国民间治疗疟疾草药黄花蒿中分离出来的有效单体，虽然是我国自主研发的药物，由于缺乏知识产权保护的法规和意识，当时在没有申请专利保护的情况下就将青蒿素的成果技术公开发表，导致"不具备创造性"而不能再行申请专利，青蒿素也因此失去国际专利权保护。从2006年起，世界卫生组织对青蒿素单体制剂提出"耐药警告"，主张采用复方制剂。而诺华公司却拥有世界卫生组织认可的复方制剂，现在，中国企业的青蒿素到海外销售必须通过诺华公司。

第四章 中医药的产业化及国际化战略

第一节 中医药的产业化发展

一 中医药产业化的必然

中医药的发展繁荣需要产业化。中医药是中华民族文化的精华和瑰宝，也是我国医疗卫生事业的重要组成部分。全国很多方面都在积极探索和实践着中医药的产业化，有的把中医药作为突出产业来发展；有的把其列入了地方经济的发展规划；有的立足健康产业，结合旅游产业发展，建设中医理疗康复中心和中医药预防保健服务机构等。

同时，许多国外相关行业早已发现我国巨大的医疗保健市场潜力，力图利用西方的医疗理论和价值观占领国内保健市场，因此发展壮大我国中医药民族医药产业，提高产业总体实力，转变服务理念，才能在行业中发展和竞争。我国的中医药行业目前刚刚摆脱计划经济的模式，有关中医保健业发展，规模小，竞争力不足，服务水平低，一些不良品种或者夸大品种功能的产品给行业带来了很多负面问题，影响整个行业的发展。整个中医医疗行业不论在产业规模结构，经营管理和市场竞争经验上，还是在服务理念，社会化和产业化的程度上，与发达国家相比都有相当大的差距。

为此，中医药事业振兴和发展不应该只是消耗国家资源，而应该以"集医疗、保健、康复、医药、营养、健康教育于一体"的中医药产业为支撑。中医药医疗保健服务应尽快推向市场，加大竞争机制是中医药产业化的必经之路。要充分利用财政、金融、行政、立法等政策来引导中医药产业的发展方向，实现对中医药产业的指导和调节。通过以中医药思想为指导组建新的医疗机构、医药集团，培养规模大效益好、具备核心竞争力、高贡献率的支柱产业的中医药集团，并逐步形成与国际接轨的中医药产业主体，应对国际竞争和推进中医药国际化。

由于中医药产业渗透于第一、第二、第三产业，其发展壮大会产生巨大的经济效益，全国不少地方政府近年来先后推出了诸多地区的《中医药产业发展规划和指导意见》，有的地方直接引入了"现代中医药产业"概念，推出了他们自己的"现代中医药产业发展规划"，并掀起了"现代中医药产业园"建设和发展热潮。此外，中医药事业的发展也为中医药产业现代化发展，提供了坚实的基础和发展动力。

二　中医药产业化的方向与需求

产业化是现代社会生产的基本方式，它有规模化、标准化和现代化的特点。要实现产业化，是一个复杂的系统工程。要规范化，必须营造一个大市场，必须有现代生产技术的支持，必须有先进管理体制的调控；实现标准化需要专业的理论指导、方法保障和认证机制；规范化则要求保护知识产权、激励创新，优化产权结构、加强企业治理，完善质量标准并制定有效标准防止掺假造假的发生。中医药产业化是中医药现代化的基本标志的前提，它的实现将使中医药转变为真正的现代医药体系，而传统的中医药需要现代的思路和理念，二者将相互促进。

（一）中医药产业化的主要方向

1. 规模化

规模化是产业化最表面的现象和最基本的特征。它有两方面的含义：其一，有普遍的社会需求，市场总容量巨大；其二，生产企业能够进行大规模生产与营销，生产成本低、质量稳定的强竞争力品牌。中医药产业规模化要注意以下几点。

（1）市场发展培育

中医药产品主要包括中药及保健食品和诊疗器械两大种类，以中药和保健食品所占比重为大。对人类保健行为产生最重要影响的因素有两个，一是实际发生功效，二是心理所带来的感受。因此提高产品功效是最根本的解决方案因素，这不仅要求企业生产出优质产品，而且要求建立在中医药理论基础上的临床医生正确使用。除此之外，心理感受也很重要，从正面正确宣传中医药，并树立中医药现代良好形象，同时消费者方便使用，使之适合人民群众的心理需求和生活方式。目前人们对中医药的需求是呈增长趋势的，市面上的众多产品，尤其是保健食品或食品，虽然具有一定的保健功效，却夸大本身的功效成分，将产品包装成药品，甚至是万灵药，包治百病去欺骗消费者。但真正功效好、使用方便、价廉物美的产品却很少，由于利润的趋势或停产或市场占有率份额少，或由于宣传营销方式有问题，消费者没有在市场上广泛购买。不少传统品牌也举步维艰，面对西医药和食品添加剂类的西方保健食品冲击，这些中医药产品几乎无抵抗之力。造成这种情况的原因有二，一是没有道德底线，二是法制不全，因而无法形成健康有序的市场机制。另外，医药管理部门、有法不严、执法不力也是造成目前局面的重要因素。

（2）改善中医药教育和服务体系

这是培育中医药市场的关键一环，中医药的专业性要求强，通过有中医药教育背景，从而更专业地为公众服务，也对市场和销售起到促进作用。他们的行为和思路直接影响中医药产业发展。在校教育强化中医理念，加强中医药技能、才能使学生在就业后用学到的理论联系实际，掌握新的知识更适应市场对中医药人才的需要。建立良好的在校培训实习机制，如学生在校实习就在中医院或制药企业，以训练为主，加强就业后能力和专业技能；再如在实习时注重中西医分开培训的机制。

（3）正确、积极地宣传中医药知识

中西方医药的区别并不是简单的在于现代模式与传统模式，而是对于生命、健康、疾病的认识不同，导致的处理方法差异。西方医药并不是生来就"现代化"，中医药也不可能永远是"古老传统"。它们源于不同的文化氛围和社会环境，目前正在互动和融合，终将有一个现代化中医药的新医学系统。在这种大环境下，需要向公众进行合理的科普宣传，使公众得以做出科学的选择。科普宣传必须从多方面、多层次入手，可以从学校、企业、学协会公众媒体以及政府机构等方面灵活进行。必要时可提出特别法案。

（4）运用现代科技成果和管理体制发展中医药

中医药的产业化发展离不开现代科技成果和管理体制。特别是管理体制，在企业管理中现代化机制正在发挥日益强大的作用。主要有三方面内容。一是更新管理理念，全面引入现代企业制度，根据具体情况可以实行股份制改造，为企业的长期健康发展奠定基础。二是建设人才队伍，先进技术依赖于强大的人才队伍，才能真正转化为成果和产品。人才队伍建设可以通过自主培养、引进人才、合同外包等模式。三是筹措资金。中医药企业多面临资金不足的问题，对此，除了自力更生发展以外，可以选择出让股权进行资本重组的方式，或者挂牌上市进行公众化发展。在股份化改造和社会募资方面，地方政府可以发挥巨大的作用，比如对没有发展潜力的国有中小型企业甚至国有大中型企业，应允许其破产，不应包装后上市转移负担：这污染整个中医药资本市场环境，造成巨大的潜在损失；对于发展潜力充分、机制运作良好，但缺乏资金的企业，应通过构建合理的投融资环境进行扶持，保护民族工业的健康发展；对于必须进行资本重组的国有企业，政府以及相关行业协会应发挥必要的调节和监督作用，一方面防止损害职工国家利益的不法行为，另一方面监督契约保障投资方的合法权益。

2. 标准化

中医药的传统理论与方法的现代化形态不足，特别是数理化水平偏低，使得难以利用传统中医药理论作为制定产业标准的依据。虽然在国内可以通过建立针对中医药的特殊规则和标准，但这种特殊化既不利于中医药的长远发展，也不利于中医药开拓国际市场进行国际贸易，因此必须建立符合统一医药标准的中医药标准化体系。目前，中药很难以药品的身份进入国际市场，往往是以食品或者功能食品的名义进行销售。中医药标准化建设问题的根结，在于建立一套可以清晰表达，严谨定义，同时可以进行量化分析的中医药理论和方法。

（1）中医药理论与技术现代化

中医药理论现代化是中医药行业全面现代化的核心，也是中医药现代化中最为艰巨的任务，需要数代研究者付出长期的、方向明确的努力。目前中医药的理论体系还处于古典形态，没有完成现代化和数理化转变，没有完整的基于实证与量化分析的方法学体系，因而没有可普遍采用的检测方法和指标；又因为中药的成分复杂，不是单一化学成分的制剂，因而没有统一的标准品和检测指标，这给中医药的产业化带来极大的困扰和阻碍。因此，应加快发展中医药的理论建设，建立一套信息化、数据化、标准化中医药现代理论与技术体系，为中医药的产业化提供强有力支持。

在中医药理论现代转化没有完成之前，主要有两个过渡形式，其一是中医药西制，其二是中医药中制。前者尽力适应西医药的标准，生产现代化中成药，最大限度地将中医药产品推向国际市场，并实现早期的资本积累；后者是在一定程度上适应西医药标准的同时，强调中医药的独特性，与西医药的标准进行碰撞，在补充医疗与替代医药方面形成一个缓冲地带，以扩大中医药的国际市场。

（2）中医药标准认证机制需要科学化、法制化

中医药标准化建设离不开合理的认证机制和信用体系。国家中医药主管部门和产业发展主管部门应结合市场、企业与学术实

际状况，制定出科学可行的认证标准和体系，并严格法制化、制度化，并在不同阶段逐步完善，因时随势不断调整，从而实现各阶段的过渡，直到全面实现中医药标准化建设。

3. 规范化

中医药产业化必须规范中医药的市场和企业行为，在这方面有一系列工作要做：

（1）保护知识产权、激励创新

创新是产业存续与发展的核心推动力，医药产业具有高风险、高成本的特点，中医药产业也不例外。因此，必须对创新进行强有力的保护与支持。中医药知识产权的保护是中医药产业发展的重要的方面。如果知识产权不能得到有效保护，企业将丧失创新的积极性，产业的创新能力将难以提高。中医药产品主要有三个来源，一是采用传统名方验方，二是科研机构与企业研究开发出的新型中医药产品，三是民间的秘方偏方验方。因此中医药的知识产权保护应全面包括这三种形式。传统名方的生产流程，特别是炮制工艺具有商业秘密性质，同样的原料不同的炮制手段对于药效影响很大。虽然传统名方的配方和成分不具有知识产权，但应保护遵照烦琐严谨炮制工艺、拥有制造工艺商业秘密、生产优质药品的企业，严格质量标准和工艺检测，防止劣质药品进入市场。科研机构与企业开发的新产品，应严格按照专利制度实施保护，对侵权行为严厉打击。同时，完善中医药的专利保护制度，合理的认定什么样的中医药产品是创新产品，解决对传统配方进行修改完善的创新性如何认定等问题。民间验方方面，需要综合采取专利和商业秘密的方式，探索有效的保护模式，促进民间丰富的中医药资源产业化。

（2）优化产权结构、加强企业治理

在激烈的国际竞争中，必须从宏观上对整个中医药产业结构进行调整，才能保障中医药产业的健康发展。主要有两个方面，其一是运用法律手段，对有严重问题的企业进行关停；其二是通过资本重组手段，对企业进行合理的转变。总之，中医药产业需要通过减少企业数量、提高企业质量、优化资本结构、调适区域分布，形成一批能够朝国际化、公众化、品牌化方向发展的中医药企业。

（3）完善质量控制、杜绝假冒伪劣

中医药的质量控制涉及企业内部管理和市场外部环境两个方面，这两个方面互相联系，密不可分。一方面，部分企业因技术能力弱、资本基础差、管理制度不健全等，产品质量无法保证；另一方面，中医药市场不规范，比如地方保护主义等因素，也会放任质量低下的产品进入销售，以保障就业、纳税和地方经济指标的达成。另外，中医药原料市场的混乱，原材料质量没有保障，也是中医药产品质量不稳定的重要原因。要树立消费者对中医药产品的信心，就必须创造出有序的市场与社会环境，逐步对全部中医药企业，以及中医药原料提供商进行认证，提高准入门槛和违法成本；而且，应加强设立行业协会作用，加强企业自律；还可以加强和鼓励消费者与协会的监督工作，防微杜渐等。

（二）中医药产业化的主要需求

1. 制定和完善发展中医药产业的政策和措施

中医药产业的相关政策是中医药产业发展的依据和导向之一。合理的制定中医药产业政策，是中医药产业健康发展的基本条件。政府可以通过制定和完善政策来规划引导中医药产业。相关学协会及专家学者可以从培育产业的角度提供政策建议，加强中医药产业发展规律的研究，积极进行政策创新。总之，要充分利用财政、金融、行政、立法等手段来鼓励中医药产业发展。

2. 培育和完善市场体系

中医药产业的健康发展和壮大，离不开对中医药市场的培育。培育市场主要从影响市场形成和发展的因素着手，首先把易于形成产品的中医药服务推向市场，是中医药产业化的必由之路。广义的中医药集医疗、保健、康复、医药、营养、健康教育于一体，具有广阔的市场潜力，与人民群众日益增加的健康需求联系密切，应该成为国民经济可持续发展的新增长点之一。

3. 整合优化现有中医药资源，发挥规模效应

目前我国中医药产业的资本格局中，国有中医药经济总体规模大、比例高，形成了整个中医行业"大一统"的局面，并且存在各地重复建设、资源效率低下等问题。在中医医疗方面，可以资本为纽带，按照规模化经营的要求，组建中医药医疗集团。在重要产业方面，要以市场为主导，打破条块分割和行业壁垒，加快中医药产业的结构调整和资产重组，增强中医药产业的整体实力和竞争力，提高产业集约化程度。另外，可以重点培育规模效益好、贡献率高的中医药企业，以及具有核心竞争力的中医药医疗集团，逐步形成与国际接轨的中医药产业主体。

4. 动员社会力量，鼓励中医药产业多元化投资

中医药产业的健康发需要多元化的资本结构和运作模式，这不仅仅是产业发展的融资需求，也是产业发展中管理模式发展的重要途径。因此，要打破垄断，充分利用外资和社会资本发展中

医药产业，形成不同经济成分并存的市场竞争格局。要进一步放开私人或私立医疗卫生机构许可，对非公有制的中医药产业主体，从市场准入、医保报销、政策待遇等方面，与国有单位一视同仁。同时，可以鼓励社会资本与国有资本联姻，进行多种模式的尝试。

5. 培育和发展中医药服务合作组织

随着政府职能的转变，政府要退入后台，这就亟须培育和发展中医药服务合作组织，建立完善各种形式医药合作和中介的体质，鼓励创新和研发力量，鼓励中小医药研组织（CRO）的建立和发展。充分发挥中医药服务合作组织桥梁纽带作用，引导按照市场规律，开展中医医疗研发、策划、注册、咨询、信息服务、行业自律等服务。

6. 加强中医药人才的培养

人才发展是中医药产业关键部分。目前发展中医药产业最缺少的是技术管理人才和管理策划人才，也就是缺乏既懂中医又懂管理的复合型人才。要推进中医药产业人才培训和项目引进，就要改进人才管理和用人制度，建立规范性的人才保障制度和人才自由流动引进制度。

7. 推进中医药体制改革

政府的职能应转到对基层公共卫生的服务和中医药产业的规划、指导协调、监督及管理上来。进一步剔除制约中医发展的体制性障碍，建立科学合理和灵活高效的中医药管理体制和经营制度。中医医疗机构要按照现代企业制度要求，进行规范公司制改革，通过联合、兼并、重组等方式组建大型医疗集团，采取合作合资、租赁承包、股份制和托管等形式，搞活中小型中医医疗机构。深化中医药事业单位内部人事制度、分配制度改革，转变经营和管理方式，健全激励和保障机制，探索富有经营活力的微观运行机制。

第二节　中医药产业的国际化战略

一　中医药产业国际化发展战略的理论依据

（一）比较优势理论

比较优势理论源于英国古典经济学家大卫·李嘉图的"国际分工和比较生产费用学说"，它是在亚当·斯密绝对优势理论的基础上发展形成的。该理论认为，各国的产业或产品存在着相对或比较的效率差异，为提高效益，取得比较利益，各国进行专业分工，从事自身比较优势的产业或产品，并与其他国家进行贸易交换，可以从中取得比较利益。该理论诠释了国际贸易给贸易双方带来的好处，但并没有说明国家比较优势的来源。于是在20世纪初，赫克歇尔和俄林发展了李嘉图的比较优势理论，提出了"要素禀赋论"（简称 H－O 理论）。H－O 理论从一国生产某种商品所需的各种生产要素结合起来考察一国的比较优势，它认为，每个国家或地区应利用它相对丰富的生产诸要素（土地、劳动力、资本等）从事商品生产，就处于比较有利的地位。比较优势缘于各国要素禀赋的差异，要素禀赋是贸易产生的基础，决定了贸易的类型。

（二）竞争优势理论

迈克尔波特的竞争优势理论阐述了一国竞争优势的内涵以及一国应如何保持竞争优势，它涉及的是各国间同一产业内的国际交换关系，体现的是各国相同产业生产率的绝对优势。而比较优势涉及的主要是各国间不同产业、产品之间的国际交换关系，体现各个国家间不同产业之间劳动生产率的比较和相对优势。因此，竞争优势理论可以作为分析一国某一具体产业在国际竞争中的地位及发展的工具。

波特的国家竞争优势是指一个国家使其公司或产业在一定的领域创造和保持竞争优势的能力。波特认为，一个国家的竞争优势实质上就是企业和产业的国际竞争优势，也就是在生产力发展水平上的优势。一个国家的产业能否在国际上具有竞争力，取决于该国的国家竞争优势，而国家竞争优势形成的关键在于国家是否具有适宜的新机制和创新能力。

二　中医药产业国际化的背景

（一）我国中医药产业国际化发展的现状

我国中医药产业在世界不同国家具有不同的接受程度，可分为三种情况。一是地理位置接近、华人分布较多、中医药文化较易进行传播的国家，如东南亚各国的日本、韩国和越南等，中医药较好地融入了这些国家。在这些国家，中医药获得了政府的支持，如日本的汉方药被列入了医保体系，也能够获得社会民众的认可。此外，日本和韩国加工和研发中药所需的中药材主要从我国进口。二是与我国地理距离较远、文化差异较大的西方国家，如澳大利亚、加拿大和德国等国通过立法的形式承认中药的合法地位。三是有些欧洲国家，如希腊和瑞典等国对中医药持中立态度，除非出现医疗事故，中医药在这些国家不受干涉。但即使中医药在有些国家具有合法身份，但也仅属替代医疗，无法具有与西医药同等的地位。虽然我国多年前就提出了中医药国际化这一口号，但是中医药也大多是被国外的华人所使用，不能真正融入当地主要医疗市场。本章接下来从中药、中医的国际化及中医药国际服务贸易三方面分析我国中医药国际化的现状。

1. 中药的国际化发展现状

我国从很多年前就提出了中医药产业国际化的口号，中医药产业国际化的进展却十分缓慢。我国虽然是中医药大国，但是中医药的国际市场份额主要被日韩占领（约占世界市场份额的90%），我国所占的国际市场份额不到10%。中药主要包括中药材、中药饮品和中成药，从中药出口结构来看，我国主要以中药材和中间体等低附加值的中药原料出口为主，具有高附加值的中成药的出口额较低。近年来，我国的中药材出口到日韩等国家后，出现了在当地利用先进的科研技术加工成成药后再返销我国的现象。目前为止我国的中医药尚未进入欧美国家的主流医药市场，没有任何一个中药制剂以药品的身份通过美国的 FDA 审查，虽然有三个中药制剂①获得了美国 FDA 的临床研究申请，但是尚未启动在美国的临床试验。

2. 中医的国际化发展现状

同中药在国外发展状况类似，中医在东西方各国的融入程度不同。中医在新加坡、马来西亚、泰国、越南和日本等亚洲国家受到认可程度较高，发展较快。对新加坡来说，中医具有重要地位，成为当地群众医疗保健不可或缺的要素。当地的中医医疗机

① 分别是天士力集团生产的复方丹参滴丸、上海杏灵科技的杏灵颗粒及杭州康莱特药业的康莱特注射液。

构有三十多家，中医诊室一千多家。马来西亚也支持中医的发展，中草药议案在 20 世纪 80 年代就得到了政府的批准，中医药具有合法地位，当地的中医诊室较多，但中医师不能在马来西亚注册，不过这也不影响其行医。当地的中药店有常坐中医师，中医院的私人诊所也多用中医药、针灸进行诊疗。中药店在越南的数量也很多，尤其是中小药店。并且越南也是我国中成药的主要进口国，当地的中药材资源也较丰富。日本的汉方药发展速度较快，汉方医药的医务人员、研究人员及科研院所和研究机构数量均较多。并且汉方医药（包括汉方制剂及针灸等）已经进入了日本的医保体系，并积极地推动汉方医药的教育，如世界第一所正规的针灸大学在日本的文部省成立。

中医传入英国也有 400 多年的时间了，传入后的 100 多年后被当地人们所接受，受崇尚天然潮流的影响，中医在近 10 年来才在英国较快地发展起来，中医师人员接受的教育程度及技术素质不断提高。当地政府对中医药的态度出现了缓和，并逐渐放开，由原来的对中医药的限制歧视转为默许。并且中医药得到了当地民众甚至皇家的推崇和信任。正是在此情形下，中医药在英国快速发展起来，中药店在当地有三百多家，每年有上千种中药材及一半以上的中草药来源于我国，当地每年采用中医治疗方法的人次有 200 多万。德国对中医药文化了解较多，普遍较喜欢我国的中医和针灸。德国的中医师（如针灸医师）大多基于自身对中医的热爱来接受高等医学教育，或者通过自学成为中医师。德国中医师人数大概有 50000，同英国类似，每年有大约 200 万人次接受中医治疗。虽然中医得到了当地民众的认可，但中医药在德国仍未被列入医保体系，不具有与西医药同等的地位。受针灸在美国合法化的影响，中医在美国得到了较快的发展。从事针灸的医生（并且一般为本科以上毕业）数量有 8000 多人，有数百家中医诊所。使用针灸治疗的疾病有数十种。并且通过国际性学术交流推动了针灸的发展。目前中医针灸在美国被民众及医学界的接受程度得到了提高，并且带动了中药在当地的使用。中医针灸诊所在加拿大主要是私人性质的，并主要由当地的华侨开办。中医医师在当地的诊疗效果较好，也得到了当地民众的欢迎。中医药在加拿大也未被列入医保体系，但是不影响患者采用中医疗法。

3. 中医药国际服务贸易的发展

（1）中医药国际服务贸易的主要内容及模式

一般来讲，中医药服务贸易指国家或地区间发生的以中医药服务为主的国际贸易。

中医药服务贸易的主要内容有：以提供中医药养生及康复旅游为主的专业性服务；有关中医药产品的新产品、新工艺的研发服务；与中医药相关的工艺学术、翻译、展览、会议广告、市场调研、管理咨询、印刷出版及摄影等其他服务；教育服务指与中医药相关的高、中、初等学历教育、继续教育、特殊教育、短期培训、国际考试和访问学者外派时的服务交往等；中医药医疗的健康及社会服务，如中医远程诊疗服务；与中医药旅游相关的住宿，餐饮及药膳服务等；以中医药为主题的娱乐（如气功表演）、文化出版、期刊、图书馆、博物馆（参观中医药博物馆）及体育服务。

根据服务贸易的一般分类，我国的中医药服务有四种模式：跨境交付、境外消费、商业存在和自然人移动。国家对中医药产业发展重视，我国拥有较多的中医药教育及科研机构，并储备了较多的中医师及中医药专业教职人员；国外对中医药逐渐认可，我国入世以来所积累的服务贸易经验等，均为开展中医药国际服务贸易提供了条件。

（2）中医药国际服务贸易的发展现状

目前我国的中医药对外服务正在如火如荼地开展。每年都有许多国外居民在来华旅游期间接受中医药服务。中医药在我国历史悠久，我国具有开发中医医疗旅游的优势，各省份正将中医药产业与旅游结合起来，形成中医药旅游地。甘肃省作为我国中医药的主产区，具有开展中医药旅游的资源及文化优势，建成中医药旅游生态园，并尽量形成以中医药理念为主的养生旅游基地，来吸引各国游客。对于与国外相邻的省份，则可以有针对性地开展以邻国患者为特点的中医药医疗服务。如与黑龙江省相邻的俄罗斯，由于当地气候以严寒为主，俄罗斯居民患骨风湿病的较多，黑龙江省各边境县的中医院针对这一特点，特别开设了有关骨风湿病的医疗服务，并针对俄罗斯居民康复保健的医疗服务需求，开设了针灸、刮痧和拔罐等医疗服务。上海也在大力开展有关中医药服务贸易的工作，推动从点到面的中医药服务贸易的发展，建立中医药服务贸易平台及促进中心，并出台相关政策措施，从经费、法律及人员培训等各方面保障中医药服务贸易的发展。我国与发达国家开展的国际合作项目 20 余项，签订合作协议 80 多项及合作建立临床研究应用及理论研究中心，并且通过国际政府合作形式，通过国家中医药管理局向周边国家派遣中医药专家对当地的中医师的管理与注册工作、中医师的资格认定及诊所的开设等提供帮助与支持。开展国际中医药教育，包括高等学历教育或者技能培训等，培养中医药留学生（并且中医药专业的留学生人数是所有专业中最多的)，提供国际中医医疗服务 (年创收 6300 余万元)。随着信息技术的发展，国外机构或居民接受中医远程诊疗服务的数量逐渐增加。国外对中医药的逐渐认可，我国的中医师人员也以各种形式在国外为当地居民提供中医药医疗或教育服务。中医药服务贸易的发展已经具有了一定的基础。

入世对中医药国际服务贸易的发展既带来了机遇，也带来了挑战。入世为我国中医药产业带来了更广阔的全球市场，面临的国际贸易机制及规则更加稳定、透明和规范，这有利于我国中医药事业的长远发展。医疗服务市场的开放在为我国引进技术先进的医疗设备的同时，也带来了更科学合理的管理模式及更多的资金流入，这有利于中医药企业通过多种形式对现有的中医医疗机构进行完善和改造，促进中医药企业的国际公平竞争，获得发展机会，在面对国外医疗服务市场竞争及更高的产品需求时，我国将更有动力提高中医药产业的技术。但是在享受入世带来的利益的同时，由于我国中医药的政策法规、经营理念和方式与国际规则不符，也会对我国中医药的国际服务贸易带来不良影响。但是我国的中医医疗体系长期在封闭条件下的发展带来了卫生资源的错配，医疗收费的不合理，医疗行业的进入门槛高。所以在开放中医医疗服务市场，国内外中医医疗机构同时竞争时，我国的公立中医医疗机构处于不利竞争局面，对中医医疗系统的稳定性产生影响。

产业国际化大致包含以下三层含义：首先，产品进入了国际市场；其次，这一产业在世界范围内的建立；最后，主导产品在世界范围内得到接受。该产业企业应具有产品生产国际化，企业经营国际化，生产经营规模化、集中化，市场竞争格局国际化的特征。科技部副部长刘燕华认为中药产业的国际化有两层含义：一是要广泛地走向世界；二是要在全球范围内配置优势资源，包括与跨国公司的竞争与合作。目前来看，我国的中医药产业国际化主要处于第一层次，即主要向世界各国提供中医药产品或服务。

（二）我国中医药产业国际化发展的有利条件

我国中医药历史悠久，已经有5000多年的发展历史，积淀了较深厚的中医药文化。具有丰富的中药动物、植物和矿物等资源。在中医药的发展过程中，积累了丰富的临床实践经验，这也为中药新药开发奠定了基础。此外，我国的中医药处方、秘方等有30多万个，具有完善的中医药理论体系，能生产不同大类和剂型的5000多种中成药。我国的中医药知识产权保护虽然存在一定的问题，但是近年来我国也逐渐意识到中医药知识产权保护的重要性，加强对中医药的知识产权保护。我国的中医药院校、科研院所和研究机构也是世界最多，并培养了大量的中医药人才。可见，我国是中医药大国，具有中医药产业的比较优势。

从需求条件来看，化学药品研发成本及难度的加大及西药导致的医源性和药源性疾病的增加；人类疾病谱的变化，慢性病的增加，普遍的亚健康状态，由此导致的医疗费用开支的上涨；发展中国家医疗水平不断提高，人口老龄化、生存环境的恶化、生活方式的改变及人口规模的扩大等；这些均使得人类对药品的认识更加深刻，对中医药的需求也更多。人们越来越意识到健康的重要，并更多地倾向于采用天然药物，不断追求绿色自然产品，这与中医药所提倡的人与自然和谐统一的理念相一致。中医药所提倡的"治未病"理念及养生保健功效受到包括我国在内的世界各国人民的青睐。世界各国通过立法等形式推动中医药的发展，并开展国际交流与合作等，对中医药的需求也不断增加。

（三）我国中医药产业国际化发展的必要性分析

1. 提高中医药产业的国际竞争力，应对国际竞争

我国作为中医药大国，但是中药的国际市场销售额占比极低，以低附加值的中药材原料出口为主。我国作为中药资源大国，目前却沦为中药原料药基地。日韩所需的中药原料药80%从我国进口，然后再高价销往世界各地，其销售额占90%以上。与此同时，世界其他主要发达国家却越来越重视中药的研发，发达国家通过从我国进口中药材，利用其本国先进的研发技术，加工高附加值的中成药产品，并销往世界其他国家。如德国通过每年从我国大量进口银杏叶，再利用科学技术加工成银杏制剂后出口国外。可以看出，我国中医药产业面临的国际市场竞争形势严峻，为了在国际市场竞争中占据争取到有利地位，我国中医药产业要积极主动研究中医药产业国际化的战略，并改变当前中医药产业所处的不利局面。

2. 获取生存发展的空间

我国中药产业规模较小，中药的种植、生产加工、包装和流通等环节主要以传统方式进行。虽然日本、韩国和德国等国不具有中医药资源的比较优势，但其国内的生产方式均参照标准化的程序，对于生产各环节均有细致的规定。中医药产业的发展没有完全脱离计划经济模式，产业规模小、市场化程度和市场竞争程度低，服务意识和水平低。可见我国中医药产业的生存与发展的层次较低，无论从生产、管理还是服务等各方面均与发达国家存在较大的差距，缺乏国际竞争力，与当前的经济结构及国际市场需求不符。为更好地获取国际生存发展的空间，我国要结合当前

国际现实，改变不合理的传统中医药发展方式，结合当前世界各国的需求，有针对性地开发能够解决疑难杂症的中医药产品，并进入国际市场。

3. 带动中医药产业的技术进步

技术进步是产业持续发展的动力源泉，而开放的国际市场环境，充分的国际信息交流为产业技术进步提供了条件。我国虽然具有丰富的中医药临床经验和完善的中医药理论体系，具有明显的先天优势，但在中医药现代技术方面却不如日本、德国和韩国等国家。尤其是近年来，世界其他各国也加强了对中医药的研究，不断增加研究经费和研究人员的投入，还设立了有关中医药的研究机构。对中药有效成分筛选方面取得了一定的成果，并开展了对中药复方的研究。如美国研究从中草药中提取抗癌活性成分；俄罗斯也加强了对中草药的研究，对中草药有效成分、药理药效等均开展了相关研究，并取得了高水平的科研成果；除此之外，欧洲等其他国家，如英国、法国和意大利等均开展了中医药治疗肿瘤的研究，也对中药有效成分提取的研究取得了一定的成绩；日本的中药提取技术也较先进。虽然中医药在我国历史悠久，但不意味着我国是中医药研发先进国家，对于中医药的研究和技术进步，不能"闭关锁国"，要与时俱进，应推动中医药企业通过不断参与国际交流、技术合作和跨国经营等方式获取发达国家先进的现代工艺技术。

4. 推动我国的经济发展

医药产业不同于一般产业，对保障人民健康起着重要作用，同时也是各国产业体系的重要组成部分，是带动经济发展的重要力量。尤其是当今老龄化，人口规模的扩大，生活方式的改变等及疾病谱的改变，也使得人们对医药的需求增加。各国在重视自身医药产业发展的同时，也要面对其他国家的激烈竞争。中医药产业作为我国特色和具有比较优势的产业，应在全球市场中，充分发挥我国的比较优势。尤其是全球经济一体化的发展，使得各国在世界范围内优化资源配置，获取经济效益。我国要推动中医药在全球市场的销售，在世界主要和潜在的中医药需求国家建立营销网络和渠道，带动经济发展。

5. 促进文化交流

中医药产业不同于西医药，也不同于一般的产业，中医药产业所提倡的辨证论治、君臣佐使、阴阳五行等学说的文化内涵不易被西方人理解。东西方文化及思维方式的差异导致中医药在西方国家的接受程度有限。因此了解世界各地的文化体系，通过在当地培训中医师，进行中医药的教育等方式来传播中医药文化，使当地人民能更好地了解中医药文化，进而推动中医药的国际化发展。

三　我国中医药产业国际化发展的影响因素分析

我国中医药国际化的程度较低，综合来看，影响我国中医药国际化的因素既有我国自身内在的因素，也有外在的客观环境因素。中医药产业国际化发展过程中的主要影响因素有以下几方面。

（一）法律因素

中医药在国外不具有合法地位，澳大利亚是第一个承认中医药合法地位的发达国家，中医药在新加坡和韩国也具有合法的社会地位。除此之外，绝大多数国家不承认中医药的合法地位，中药仅以食品或保健品的形式进入国外市场，如在日本和美国，中医师均没有合法的地位。中医药立法在国外不被许可，在当地受到歧视，中医无法行医，甚至因"无牌行医"被拘捕。不允许中药公开出售，中医药不能纳入医疗保险。对中医药的限制较多，不能使中医药发挥应有的疗效作用。

（二）资金因素

由于美国 FDA 对药品审批及注册的法规体系完善，且审批标准能被世界医疗机构及消费者认可。因此中药进入国际市场，通常首选通过美国 FDA 的认证。但是目前为止，尚未有一例中药通过了 FDA 的认证。通常来说，需要花费5—8 年的时间和 5 亿—6 亿美元才能通过 FDA 三期临床试验，并且 FDA 认证门槛越来越高。除此之外，我国的中药企业对国外的法律法规及具体的认证程序不够了解，这也导致无法跨越欧美等发达国家的注册门槛。包括天士力生产的复方丹参滴丸在内，目前我国共有 3 种中成药获得了美国 FDA 一、二期的临床研究申请，但是若进入三期临床，则所需费用及面临的风险均大幅度增加，并且绝大部分药物止于二期临床试验阶段，能全部通过三期临床试验的药品比例十分低（仅1/15 左右）。

（三）标准（质量）因素

随着人们保健意识的增强及对天然药物需求不断增加，为保障自身在中成药国际市场的利益，发达国家对中药的进口设置各种贸易壁垒。我国在药材的生产、加工过程不严格按照相关标准和规范来操作，如中医药企业的种植阶段不按照 GAP 的标准执行；生产阶段不严格执行 GMP 标准，中医药产业的技术及管理水平低，导致中药制剂中含有毒害物质及带来重金属、农残超标等问题，容易遭致国外的贸易壁垒限制。据统计，由于绿色壁垒问题，我国60%中药产品出口受阻。为规避该问题，我国的中药企业应熟悉国外对中药产品设置的重金属及农残的标准，在中药材的种植、生产、包装和销售等过程均进行严格的控制。除此之外，我国也要掌握中药产品相关标准的制定权和话语权。

（四）文化因素

中医药与西医药分属于不同的文化体系，具有不同的逻辑和思维方式。中药成分复杂，不像西药主要为单一化合物。因此，如果没有文化的认可，国外不能较好地了解中药，中药也不易进入西方市场。北京同仁堂在推广中医药时即考虑到文化的重要性，并以文化传播作为中医药进入国外市场的基础。同仁堂与孔子学院合作，与在国外的孔子学院联合办学，通过中医药专家在当地进行讲学等，使中医药获得当地民众认可和信任。在传播中医药文化的同时，国外市场对中医药的需求增加了，同仁堂在当地开设的分店数量也更多了。

（五）市场因素

即使中药在欧美成功注册，但是也并不意味着中药在国外具有较大的市场，能获得较高的利润。所以中药产业国际化不仅仅指的是产品成功在国外上市。通过美国FDA认证不是中药产业国际化的唯一选择，中药产品应根据实际情况选择多元化的国际发展路径。在这一方面，比较典型的例子仍然是同仁堂。同仁堂产品进入不同国家采取了不同的策略，如进入东南亚各国即以药品注册的形式进入；对于美国，则采取食品补充剂的形式进入。北京同仁堂在国外的市场规模也不断扩大，并且当地消费者所占比例也有所增加。

（六）知识产权保护因素

知识产权保护问题是我国中医药国际化过程中的重要影响因素之一，如果不进行中医药知识产权保护，我国的中医药市场就会被国外占领，也就谈不上中医药的国际化。我国中医药企业由于知识产权保护意识淡薄，我国的中医药秘方和处方中传统知识正被发达国家抢先申请专利，目前国外在我国的中医药专利申请占比达到了90%。除了抢先申请专利外，通过跨国收购、兼并等国际交流和合作的方式间接地获取我国中医药的传统知识也是我国中医药传统知识流失的途径。不注重中医药的知识产权保护问题阻碍了我国中医药产品进入国际市场，如发达国家通过从我国进口中药原料药，利用我国中医药秘方或处方中的传统知识并结合先进的工艺技术等，制成高附加值中成药产品。日本和韩国中成药产品的国际市场营销额占比接近90%，并有较大比例的中成药返销我国。我国吉林省产的人参蜂王浆被在美国抢先注册专利，而我国产的人参蜂王浆被挡在国际市场的大门之外；韩国对我国中药产品"牛黄清心丸"进行改造后，研制出"牛黄清心液"，使得我国类似产品出口必须获得韩国的许可。日本利用我国中医药的传统知识对我国中药"六神丸"二次研发基础上制成的"救心丸"大销国内外市场，并获取上亿美元的年销售额。

（七）中医药人才的培养因素

我国中医药产业要参与国际市场竞争，中医药的人才是获取产业竞争优势、产业国际化的关键因素和核心动力，中医药人才的开发与培育决定了中医药国际化的前景。不同于一般的生产要素，人才作为一种特殊的生产要素成为产业创新的源泉。我国作为中医药大国，中医药人员数量居世界前列，但中医药人员的质量不高。中医师人员的培养重视理论知识的教育，中医药院校的评价指标和体系以西医药院校的为标准；在校教研人员只重视课题申请和论文发表，不重视师徒传承的培养模式，这导致许多培养的中医师缺乏临床经验。目前，中医药虽然在世界各国被逐渐接受，但绝大多数国外的中医药教育发展缓慢，并且国外的中医药院校大多不正规，如在美国的中医药大学大多为私立性质，创办中医药大学的以朝鲜人为主，并且创办大学主要不是为了传播和推广中医，而是为了赚钱。此外，国外的中医药学校的教学质量水平不高，这不仅与当地以西医为主的医疗体制及语言和文化的差异有关，更重要的是当地缺乏接受正规教育和临床经验丰富的中医师。这对中医药文化的国际传播及中医药在国外的推广会产生不利影响。因此培养合格及技术水平过硬的中医师人员不仅有利于解决我国当前的中医师人员教育培养所存在的问题，而且有利于推动中医药的国际化，在国外开展中医药教育及推广。

四　我国中医药产业国际化发展的战略

保证国内中医药产业发展，发挥好中医药在保障人民健康的作用，并以此为基础，对我国中医药产业的国际化发展制定正确的战略步骤。总的来说，我国应从以下几方面开展中医药的国际化发展：入世为我国中医药国际服务贸易的发展带来了较好的机遇，我国要大力开展中医药的国际服务贸易；我国要改变当前以中药原料药出口为主的局面，提高中药产品的质量和技术含量。加强对中药产品的研发，尤其对于当前西医不能解决的疑难杂症且需求较大的药物，要加大研发力度，以满足国内外市场的需求。没有研发创新就没有技术进步，就不能突破当前中医药产业发展存在的问题，中医药产业的国际化离不开国际研发合作；各国的经济水平及文化习惯具有一定的差异，各国的医药市场及医疗体系也不同，我国要结合各国的实际情况，采取灵活多变的措施来开发国际市场。对中医药接受程度较高和文化背景相似的国家，则以药品的形式进入对方国家；对于以西医体系为主的欧美等国，可以采取以食品或保健品的形式进入，待中医药得到了较普遍的接受和认可后，再通过药品的形式进入；实现以医带药，中医的跨国交流与合作，以及我国中医师在当地提供的医疗服务，可以积累较丰富的临床经验，并能了解当地居民对中医药的需求信息，我国可以据此进行有关中医药产品的研发；市场的开放对我国的中医药人才提出了更高的要求，我国需要培养高水平的中医药人才；我国中医药产业的国际化也离不开中医药文化的国际传播；最后加强中医药产业的知识产权保护。具体的政策措施有以下几方面。

（一）促进中医药国际服务贸易的发展

入世后，我国的国际贸易，包括服务贸易均按照 WTO 的有关规则进行，这就要求我国政府的相关行为、政策法规等均要与WTO 相一致。我国具有发展中医药产业的比较优势，因此要争取对有关中医药产业标准和规则制定的主动权。充分利用 WTO 的有关规则，采用合理的措施（如反倾销、反补贴等）对中医药产业进行保护。中医药的相关监管部门要熟悉当前由中医药经营与管理的多样化等带来的相关问题；掌握 WTO 的相关规则与条例；并建立完善的法规体系，以提高中医药产业的现代化及国际化水平，积极参与国际市场竞争。

（二）加强国际研发合作，进行有针对性的国际市场开发

医药产业作为研发密集型的产业，具有研发不确定性的特征。尤其是我国在中医药产业方面的研发投入上不足，与日韩等研发实力较强的国际中医药企业相比存在较大差距。我国在中医药产业方面具有资源及人员优势，要在此基础上加强与国际大型中医药企业集团的研发合作，组建国际研发联盟。对我国传统复方制剂的二次研发和与西药标准接近的基于有效成分的单方制剂的研发可作为我国中药研发的两个具体的方向。这是因为复方制剂虽然不易明确其有效成分及作用机理等，但其有长期的丰富临床实践，毒副作用小。并且不仅在我国进行广泛的使用，也在东南亚各国（地区）拥有较大的市场，中药复方制剂具有较大的商业价值。要重点对复方制剂组方进行优化，结合先进技术对传统剂型进行改良，基于大量的临床经验研究中药复方制剂的疗效和毒副作用。除了加强对复方制剂的研发之外，单方制剂的研发投入也不能忽视。单方制剂以中医药处方为基础，有效成分及临床功效明确，与复方制剂相比，能较容易地规范生产工艺和统一检验标准，与西医药的体系较一致，受到西方发达国家的认可，国际市场前景较好。如日本的汉方药大多以单方制剂为主，具有标准明确、临床实践数据准确的特征，生产过程以现代科技为主，产品的外观和品质均要比我国优秀，并大量销往国际市场。因此在对复方制剂研发的同时，也要注重对与其相关的单方制剂的研发，复方制剂与单方制剂产品的研发要相互促进。对于中草药有效成分的提取与分离技术的研发是发展中药现代化与国际化重要组成部分，也是研发新药和新剂型的基础。在提取出有效成分单体的基础上进行改良，可研制出新的具有更好疗效和更低毒性的药

品。在提取单体有效成分的基础上，成功研制出的新药包括能进行抗癌的紫杉醇、具有抗疟疗效的青蒿素和具有多种用途的银杏叶制剂。日本、韩国和德国等在这方面的经验丰富，技术也较先进，我国要进行借鉴和学习。

中药复方与单方制剂的研制及中草药有效成分的提取分离，要与市场需求相结合。我国要与针对当前西医药在处理疑难杂症时体现出不足的情况，重点开发具有中医药优势的产品，同时中医药要结合各国实际需求进行有的放矢的研发。美国希望中医药能在治疗艾滋病、癌症和心血管病等慢性疾病方面发挥疗效；西欧对于有关皮肤病、妇女病、风湿关节炎和神经性疾病的中草药需求较大，我国可在现有中医药治疗相关疾病的基础之上，进行更深层次的二次研发。如乌鸡白凤丸作为我国治疗妇女病的传统中医药，可结合国外市场的需求进行二次研发。因此，我国不能盲目地进行中医药产品的研发，要把握住多变的市场需求。对于市场空缺产品要加大研发力度，如冠园颗粒在日本的成功销售，就是因为日本目前的汉方药中没有类似于该药的处方，属于市场空缺产品；对于需求量大的产品也不能盲目跟进，要开发出疗效明显改进的新产品。为更好地促进中医药产业的持续快速增长，我国要有针对性地根据国际市场的需求进行中医药产业的研发。

（三）扩大国际市场渠道

美国 FDA 作为食品与药品认证的国际权威机构，对药品的研发认证具有严格而规范的程序。虽然美国通过了有关植物药的法规（《植物药研制指导原则》），但从植物药的种植到临床研究及最终的药品上市等均有相应的标准，能最终通过 FDA 认证的比例不足10%。对此，我国除了要不断熟悉 FDA 的相应准则，并照此规范中药的种植、生产、临床研究等过程，还要根据不同的产品类型和不同的市场特征采取差异化的国际市场进入战略。对于有效成分较难确定的复方制剂的中药产品，为规避贸易与技术壁垒，可先以保健品的形式进入国际市场，并逐渐显示出产品的有效性，将来也较容易获得药品注册批准。而对于药物有效成分比较单一的单方制剂产品可以争取以药品的形式进入国际市场。对不同的国际市场，要采取不同的国际市场进入策略。对于中医药认可与需求程度较高的亚洲国家，可以在维护现有市场的基础上，扩大对亚洲各国附加值含量较高的中成药的出口；对于市场规模较大，但是中医药认可度低的国家，要在加强对此类型市场各国的中医药文化宣传的基础上，充分挖掘其市场潜力；对中医药认可度较高，但是由于经济水平较落后或人口规模较小导致的中医药市场规模较小的国家，如澳大利亚和非洲虽然都在一定程度上认可中医药，但是澳大利亚的人口规模小，非洲由于经济水平落后导致医疗条件差，两国的中医药市场规模均不大，对此类型市场国家，只能在维持现状的基础上待出现好时机。对于南美洲等中医药认可度与市场规模均小的国家，主要以中医药的文化宣传为主。

（四）实行以医带药

鸦片战争后，西医通过传教士带到了我国，不仅改变了我国使用中药的传统，还使西药从此占领了我国绝大部分的市场。从西医传入我国的历史经验来看，中医药产业的国际化离不开中医的推广带动，即离不开以医带药。具体可以通过在国外开办中医诊所或者中医医疗机构、中医药学校及科研机构等形式。可在几个西方发达国家开办示范性的中医医疗机构，如在德国、英国和美国等集中主要力量建立大型中医医疗机构示范中心，促进中医药服务出口集中化。虽然国外的中医师从无到有，并且数量也在增加，但是大多未接受过正规的中医药教育。与此同时，国内接受过正规的中医药教育，并有临床经验的中医师却无法在国外获得中医师的执业资格。国外合格中医师的缺乏不利于中医药的推广，我国可通过在国外大力创建中医药学校，在当地培养合格的中医药人才，以此促进中医药在国外的合法地位。另外，推动中医在国外提供诊疗服务也是以医带药，促进中医药国际化的途径。建立中医服务体系的标准，并以此为基础，短期内促进个体中医师进入国外医疗服务体系；中长期建立以中医本地化为基础的中医医疗网络体系；长期内促进中医融入当地主流医疗服务体系，并被广泛地认可接受，成为国外当地医疗体系的主要组成部分，为中药的国际化奠定基础。

（五）培养高水平的中医药人才

人才问题是中医药产业国际化的核心问题，我国的中医师队伍在经过多年的发展后出现了后继乏人的现象，因此我国要培养高水平的中医药人才，为中医药的国际化奠定基础。中医药人才培养要结合中医药本身的特征，不仅要注重中医药理论课程的设置，还要加强临床培训，掌握中医的真正技能。中医药人才的培养离不开中医药院校或科研机构的建设，因此要扩大中医药大学和科研机构的规模。目前的中医教育有的与西医教育相结合，甚至以西医教育为主，不具有完全独立的教育体系。重视中医药人才的师徒传承的培养模式，对于当前大量存在的民间中医进行合理的整顿和规范，以保障中医师队伍的合法、正常化。

（六）促进中医药文化的传播

东西方文化背景的差异及中西医理论体系的差异使得国外对中医药文化不了解和认可，这也成为阻碍中医药国际化的软约束，因此为更好地实现中医药的国际化，应加强中医药文化的传播。中医药由于其理论体系的特殊性，很多时候我们也较难理解其含义，更别论与我国存在语言差异的其他国家，语言的差异导致中医药文化传播的困难。为此我国应对有关中医药古籍进行翻译，使其能被较好地理解，并在此基础上传播中医药文化。借参加或举办中医药国际展览会的机会来多宣传中医药文化，并向国外民众介绍中医药产品，讲解中医药的相关理论等，让更多的国外民众接触到中医药产品与知识。借助期刊、杂志及网络等相关媒体渠道向国外具有不同市场需求的人群合理地宣传中医药的文化，可对我国当前有名中医师，使用好药方来成功医治患者的案例着重进行介绍。此外，政府部门也应在中医药文化的国际传播中起推动作用。政府部门在对中医药文化国际传播进行策划及组织协调的基础上，通过定期会话或协商的形式向国外相关政府部门介绍整个中医药产业链的相关制度和标准，并可成立有关中医药文化传播的基金。积极参与国际合作与交流也是宣传我国中医药文化的渠道之一，同时还能借鉴国外先进的技术与研发经验。

（七）加强中医药的知识产权保护

针对我国当前中医药知识产权保护存在的问题，进而导致我国的中医药市场份额被"洋中药"占领的情形，为实现中医药的国际化，我国要加强中医药的知识产权保护。使用中药原料制作中成药，需要经过炮制达到去毒的作用，或改变其药性，因此中药炮制技术作为我国特有的制药技术，集中体现了我国的中医药制药技术。虽然我国出台了相关保护政策，如将中药饮品炮制技术列为我国的禁止出口、限制出口技术目录，同时也是禁止外商投资的项目。但是在执行过程中，尤其与外资合作的企业，并未意识到问题的重要性。因此要对中医药生产企业宣传知识产权保护的重要性，并提高知识产权保护的意识。当前我国的中医药企业主要使用国内的相关法规对相关研究成果进行保护，如中药品种保护、新药保护等。利用国内法规对中医药进行相应的保护，虽然具有一定的优势，但是与国际通行的专利保护制度不接轨。因此我国中医药企业要摒弃不合理的保护方式，对中医药相关成果与技术进行专利申请，加强知识产权保护。

产业园区篇

第五章 产业园区与中医药产业发展：理论和政策

第一节 产业园区促进产业发展的理论基础

一 产业园区与产业集群

定义产业园区（industrial park），首先要定义产业集群（industrial cluster）。产业集群的概念，由美国哈佛大学教授迈克尔·波特首先在 1990 年提出，指一定地理空间内与某一（或某些）产业相关的、具有交互关联性的企业、专业服务供应商和行业协会等组成的群体。专业服务供应商包括金融机构、研发机构、法律服务机构和售后服务机构等。承载产业集群的地理空间就是产业园区。产业园区按其类型，可分为物流园区、科技园区、文化创意园区、总部基地园区和生态农业园区等。

产业园区的形成方式，从理论上可以归纳为三种：自发形成、自下而上和自上而下。"自发形成"指完全由市场自发形成的产业园区，政府只提供最基本的公共服务。这类产业园区被认为是"历史的偶然"，现实中少见。"自下而上"是"需求诱致型"，指在集群已具备一定雏形的基础上，譬如基于独特的资源优势已经集聚起一定数量的中小企业等，政府顺势而为，对该集群加以引导和规划，有意识地出台相关政策，创造良好的外部环境，使其成为严格意义上的产业园区。例如，我国安徽亳州地处暖温带和北亚热带两大气候带的过渡区，生态环境优越，中药材资源丰富，具有中药资源171科410种，明代时期就是中国的四大药都之一。安徽省政府根据亳州的优势，出台扶持政策，已经将亳州打造成我国首屈一指的集中药材种植、加工、交易和研发于一体的现代化产业园区。"自上而下"是"政府主导型"，指由地方政府有意识地建立，完全由政府主导规划而来，并在政府的积极扶持下不断发展，通过各种制度供给吸引企业，最终形成产业园区。"自上而下"产业园区，实际上是政府产业政策的一种工具。

产业园区最早被用来促进高新技术产业的发展。高科技园区的创立是在工业区开发的基础上产生的。第二次世界大战以后，世界各国致力于工业区的开发建设。至20世纪70年代，由于全球"滞胀"的冲击和第三次产业革命的兴起，传统工业逐渐被淘汰，高科技产业发展迅速。于是，西方各国纷纷设立高科技产业园区，将之视为吸引高科技企业、促进经济发展的重要手段。当然，高科技产业园区在各个国家的具体名字有差别，譬如美国叫"研究园区"（Research Park），英国叫"科学园区"（Science Park）或"技术园区"（Technology Park），意大利和法国叫"科技城市"（Technology/Science City），韩国称作"高科技工业园区"（High‐Tech Industrial Park），等等。美国最早的高科技产业园区于1951年创立，叫斯坦福研究园区（Stanford Research Park），俗称"硅谷"。英国最早的科学园区于1969年兴建，叫作剑桥科学园区。

产业园区被我国中央政府和各级地方政府广泛用于促进特定产业的发展。我国运用产业园区促进产业发展的典范是中关村科技园。中关村科技园位于北京市海淀区，起源于 20 世纪 80 年代初的"中关村电子一条街"，被誉为"中国硅谷"。国务院 1988 年 5 月批准成立中关村科技园区的前身——北京市高新技术产业开发试验区，1999 年 8 月更名为中关村科技园区，中关村科技园区管理委员会作为北京市政府派出机构对园区实行统一领导和管理。目前，中关村科技园区，已经聚集以联想、百度为代表的近 2 万家高新技术企业，形成了新一代互联网、移动互联网和新一代移动通信、卫星应用、生物和健康、节能环保、轨道交通六大优势产业集群，已经成为中国创新发展的一面旗帜，已被科技部确定为冲刺世界一流高科技园区的 6 家（另外 5 家分别是张江、深圳、西安、成都和东湖）试点园区之一。

中医药领域产业园区的典型有中国（许昌）中医药产业园。河南省许昌市、中国市场学会、中国中药协会等 9 个单位根据国务院《关于扶持和促进中医药服务贸易发展的若干意见》精神，于 2016 年 1 月成立了中国（许昌）中医药产业园。中医药产业园选址于许昌市市城乡一体化示范区，定位为"两基地、三中心、四平台"。"两基地"指中医药现代化制造基地、养生养老基地，"三中心"为高端中医药企业总部中心、医药研发中心、服务贸易展览中心，"四平台"为中医药研发创新平台、综合贸易平台、标准化平台和教育培训平台。该产业园发展目标是具有国际水平和中国特色、对中医药产业具有引领和示范作用的国家级中医药生产贸易基地、中医药产业创新高地和绿色健康产业示范区。该产业园区规划面积 20 平方公里，起步区规划面积 3.9 平方公里，先期拟安排三甲医院、中医药博物馆、中医药研发中心、五星级酒店等 10 个项目，计划总投资 40 亿元。该产业园选址于许昌的动因除了许昌位于中原腹地、交通方便外，还与许昌悠久的中医药历史和中医药产业发展基础良好有关。许昌下辖的禹州市是中国"四大药都"之一。许昌下辖禹州市因为地理环境和自然条件独特，盛产药材达 1000 余种，道地药材禹南星、禹白芷、禹白附、豫西丹参被列入历代本草典籍，闻名海内外。自古至今，许多禹州人以采药为生，代代相传。早在远古时代，华夏始祖轩辕黄帝曾在许昌下辖禹州市率众臣研究医学，教民众疗治百病，与岐伯共创中医"岐黄之术"。我国古代名医扁鹊、张仲景、华佗都在禹州悬壶济世。"药王"孙思邈在此行医采药，著书立说，度过一生的绝大多数岁月，不仅留下医学百科全书《千金方》，也留下了"药不经禹州不香，医不见药王不妙"的佳话。明朝周定王朱橚长期在这里采集中药标本，著述《救荒本草》，又编撰《普济方》，创下医方之最。早在春秋战国时期，禹州就诞生了区域性的药材交易市场，元朝时发展成为药材汇集之区。明朝时，朱元璋诏令全国药商集结禹州，使禹州真正成为全国中医药文化和中医药交流中心，奠定了禹州"药都"的历史地位。禹州药材交易到清代时进入鼎盛时期。据禹州《十三帮创始碑记》，从清朝乾隆二十七年（1762 年）开始，禹州每年在夏、秋、冬三季举办药材交易会，盛况空前。又据清代《禹州志》记载："（药材交易）内至全国 22 省，外越西洋、南洋，东极高丽（今朝鲜），北际库伦（今蒙古国首都乌兰巴托），皆舟车节转而至。"长期的药材交易形成了以药材经营门类和地域划分的商帮，有丸散帮、甘草帮、怀药帮等 20 多个。如今，禹州城内的"怀帮会馆""十三帮会馆""山西会馆"等古建筑依然存在，成为禹州作为中华药都的重要标志。禹州独特的中药炮制技艺已于 2008 年被列入河南省非物质文化遗产名录。1985 年，禹州恢复"药交会"，建成中药材专业市场。1996 年，禹州被国家中医药管理局、卫生部和国家工商行政管理局批准为全国十七个中药材专业市场之一。2002 年又投资 2 亿元建成了占地 400 亩的新中药材专业市场——中华药城，入驻经营商户 600 余家，经营品种 2600 多种，年交易额达 20 亿元，居全国第三位。从这一年起，传统"药交会"被注入了更多的文化内涵，演变为"药王孙思邈中医药文化节暨中医药交易会"。2006 年，禹州道地药材禹白芷、禹白附、禹南星、豫西丹参获批国家原产地保护。2008 年，"禹州药会"跻身国家级非物质文化遗产名录。

二　产业园区与产业发展

产业园区是政府的一种产业政策工具。迄今为止，学术界在产业政策的定义上还未达成共识。芮明杰归纳了学术界存在的各种产业政策定义。哈佛大学著名经济学家丹尼·罗德里克（Dani Rodrik）认为，产业政策指推动经济结构调整的政策，其目的是推动经济活动的多样化，以催生具有比较优势的新领域。关于产业政策对产业发展和经济增长的作用，学术界一直存在争论。支持者认为政府需要实施产业政策的主要理由是存在下述"市场失灵"：技术具有静态或动态的外部性，故用于技术研发的投资低于社会最优水平。根据他们的观点，产业政策能促进技术进步。反对者虽然同意有关产业政策合理性的理论观点，但认为产业政策实施过程中的"政府失灵"比"市场失灵"更严重，故达不到政策的预期目标。2016 年年底，北京大学两位著名的经济学家林毅夫教授和张维迎教授就产业政策存废问题展开了辩论，在全国学术界和政策制定界掀起了有关产业政策有效性的新一轮大讨论，影响极广。虽然有关产业政策的学术争论有着悠久历史，且至今仍是热门话题，但是，产业政策被世界各国广泛用来追求本国的经济增长和发展。在 16、17 世纪，受重商主义思潮的影响，英国为了促进本国工业的萌芽，实施了包括促进出口、限制进口、保护性关税等在内的产业政策。18、19 世纪，为了避免来自英国的进口货物的冲击，德国和美国在发展本国工业时，实施了与英国工业萌芽阶段类似的产业政策。"二战"后的日本为了振兴本国经济，将产业政策运用到了极致。丹尼·罗德里克教授在《相同的经济学，不同的政策处方》中指出，在过去的 20 年中，产业政策十分流行，没有一个国家不是在稳步推行产业政策变革的各项议程。

如前所述，产业园区是产业集群的外在体现，产业集群是产业园的本质特征。因此，产业园区对产业发展的拉动作用，主要体现在产业集聚对产业发展的拉动作用上。波特认为，产业集聚是提高产业竞争力的关键，表现在三个方面：一是提高集群内各公司的生产能力，二是促进创新，三是有助于集群内新企业的形成；王方华认为，地理上的集聚，可使集群内各企业具有"特殊管道、紧密联系、较佳信息、强烈动机"的优势。李俊丽和张振华通过对晋江运动鞋产业集群的分析，提出产业集聚度高，会从以下几个方面拉动产业的发展：快速推广运用新技术、汇集人才资金与技术等创新资源以提高企业创新能力、通过专业化分工与协作降低交易成本和企业风险。孟祺以高科技产业为研究对象检验产业集聚与新兴产业之间的关系，发现集聚程度对产业成长具有正面作用，但作用大小因产业而异。

以上研究表明，无论从理论还是实践，产业集聚都会对产业的发展产生一定的推动作用，这种推动作用可以总结为以下几点：一是地理层面的产业集聚可以通过将企业的部分内部优势资源外部化而为产业带来资源共享，这种资源包括人才、资金、环境、技术、政策等各方面，可降低企业生产成本、研发资本、投资风险，进而增强市场竞争力；二是产业集聚有助于提高产业的专业化分工优势，进而在集群内可形成规模化经营，生产和服务效率得以提高。

医药产业集群通常由若干医药企业和相关机构组成，它们在地理上相互邻近，以医药产业为核心，内部有水平或垂直的相互联系，具有一定的共性和互补性。由于生物医药产业是典型的技术、知识密集型产业，产生于疾病的发现、治疗以及新药的研发、生产等过程中，因而其具有高投入、高风险、高技术、以及产业化周期长的特点。目前，我国的医药产业面临着众多发展瓶颈，表现在以下几个方面：第一，自主创新能力弱。我国的医药产业起步晚，现阶段的生产以仿制药为主，具有自主知识产权的产品稀缺。虽然研发投入在不断增加，但与发达国家相比仍有较大差距；第二，生产水平低，重复建设严重。目前，我国的医药企业以中小企业为主，规模小，产值小，同种产品的重复生产导致产能过剩和恶性竞争，进而导致利润低，研发资本不足，陷入不断仿制难以创新的恶性循环，不利于医药产业的长远发展；第三，产业结构不合理，产业集中度低。近年来，我国医药产业发展速度较快，但90%以上为中小企业，产业集中度低，这种散乱的产业布局，导致我国的医药产业无论是产品生产还是供应链和物流，都难以产生规模效应。

综上所述，医药产业具有其自身的特殊性，其研发周期长，生产过程是众多不同环节的整合，想要突破目前的发展瓶颈，仅靠某一企业或企业自身难以实现。在这一背景下，医药产业园对医药产业发展的拉动和促进作用显得尤为重要和明显。

第一，资源共享，优势互补。在集群内，往往聚集了大量的医药企业、高校或研究所等科研机构、金融机构、政府组织以及相关的中介服务公司，各组织紧密联系，均可以接近专门性资源，如原料、人力资源、技术成果、制度、信息等，各组织成员可以将内部优势外部化，最大限度地实现优势互补。而这种资源的集聚，又会吸引更多的人才与资金，在园区内产生更进一步的产业聚集效应。此外，产业集群不仅可以实现资源共享，还可以将原本处于闲置状态，无法组织利用的各种要素进行重组，同时避免重复建设，增强整体的市场竞争能力。

第二，集中优势，推动创新。医药产业集群可将新药研发所需的各技术平台根据逻辑关系组成创新链，并可联合各企业及机构共同研发，降低风险。并且，由于医药产业集群的构成主体往往是大量的中小企业，与大型医药企业相比，其创造性较强，灵敏度较高，易于发现新品种，而集群的联合作用，可以将中小企业的优势充分发挥，激发其创新潜能，短期内成长效果明显，有助于产品创新。

第三，降低损耗，参与增值。集群内部各组织，通过空间上的集聚与职能分工，可极大降低市场交易的消耗，提高经济效益，企业可在集群内部找到原料药的中间体，负责生产和销售；

科研机构提供技术支持，相关的中介服务机构提供运输与金融等服务。这种集群内部各组织功能的互补性可使参与合作的各企业共同参与产业链的全部增值活动。

产业园区还能带动区域（县域）经济发展。产业园区作为促进产业发展的重要方式与载体，在产业与区域发展之间架起了桥梁。它一方面为企业的经营发展提供平台，另一方面又承载着区域产业生态系统的完善与补充。

学术界存在很多有关产业园区与区域经济发展之间关系的研究。傅永军认为，产业集群可产生地区竞争优势，可为地方政府发展经济提供新思路。黄南通过对新兴产业的研究，发现产业集群是发展新兴产业的有效途径，而这种途径既可为地区经济带来收益，又便于政府的集中管理，进而形成集群效应。杨劲松认为，园区不仅可以通过推动产业发展进而带动地区的经济发展，而且在非经济层面，如提高创新能力、增加就业等方面，也发挥着重要作用。基于已有研究，我们可以把产业园区对于区域经济发展的带动作用归纳为如下三方面：

首先，产业园有助于区域内专业化产业区的形成，有利于提高区域竞争优势。同产业的大量企业在地理上的聚集，使之可以共享所需的基础设施，并存在联合研发的可能以及整个区域的联合市场经营销售，吸引共同需要的人力资源，因而这种企业集聚可以使生产过程通过空间上的集中而节约成本，与其他区域产生成本差，进而吸引更多企业的进入，获取更大成本优势，提高区域竞争优势。

其次，集群战略可放大单一企业对于区域发展的乘数效应，并且增强企业在本地的根植性。产业集聚可以产生新的经济增长极，在降低集群内单个企业成本的同时，会提高该区域的有形与无形资本，放大单一企业进入对经济增长的影响。并且，产业集聚产生的如知识外溢等外部性，会极大稳固中小企业这一产业集群的中坚力量，增强企业的根植性。

最后，产业园是多要素、多主体协同形成的集合体，有效促进区域各要素间的结合，有利于区域经济分工网络的发展及区域创新体系的形成。实质上，产业集聚是一种经济网络组织形式，集群内的各企业以及企业与其他机构间会因长期合作而形成自身的网络系统，这种网络可以促进交流，增强灵活性，激活周边环境，加强要素的互动，促进产学研合作，进而形成区域创新体系，提高创新能力。

各地实践也表明，产业园区确实是促进区域经济发展的一个有效手段。医药产业作为 21 世纪最具发展前景的高新技术产业之一，高投入、高技术、高风险，同时也具有高附加值、高回报的特点，使之成为国家重点扶持产业，而医药产业园区则是地方政府发展经济的有效途径之一。如德国慕尼黑、莱茵河地区的生物技术产业集聚极大提高了德国在该领域的竞争力。2001 年，德国的生物技术产品销售金额超过 10 亿欧元，增长率超过 30%。在美国，多个生物医药产业集群极大带动了该地区的经济发展，生物医药产业成为 21 世纪美国经济发展的重要引擎。日本于 2002 年底提出"生物技术产业立国"的口号，建立多个生物技术产业园区，2005 年生物技术市场规模达 1.76 万亿日元。印度从 20 世纪 80 年代起重点扶持生物技术的研发，已建立 6 家生物技术产业园区，吸引了大量国内外投资。我国 2011 年已成为全球第三大医药市场，随着医药产业日益受到国家层面的重视，医药产业园区将成为医药产业发展的重要载体，进入快速发展阶段，逐渐成为区域经济的新增长点和有力引擎。

第二节　产业园区促进产业发展的政策设计

一　地方政府政策对于形成和发展产业园区的作用

（一）地方政府政策对于产业园区发展的必要性

产业集群产生与发展的影响因素很多。诸多研究表明，产业集群的形成和发展深受政府政策的影响。胡晨光等通过对长三角区域产业集聚的研究认为，地方政府基于本地区比较优势制定的政策与发展规划有利于该地区发挥资源禀赋的优势，进而推动产业集聚，并强调区域规划对于产业集聚可起到决定性作用。李宏武等人通过对国内六个经济区内制造业的产业集聚进行比较研究，认为政策只有在一个经济区内的范围才能凸显效果，强调了地方政府的重要性。鲍繁通过对武汉光谷和美国好莱坞的研究，认为政府支持是产业园成功发展的有力保障，并将政府的扶持归结为资金、土地、人才、税收四个方面。李旭辉等人则从创新网络系统的角度论述了地方政府的重要性，认为地方政府起着根据中央政府整体规划来构建本地区创新网络和主导本地区创新网络管理的承上启下的双重作用。王松梅则从科研成果转化的角度论述了地方政府对于大学科技园区发展的重要性。

就我国而言，一方面，自改革开放以来不断进行的地方分权使得地方政府在经济发展中的作用日益重要；另一方面，我国各地区资源、环境、人文、经济与工业基础等差异巨大，对于各区域的经济建设，需要各地方政府因地制宜地进行引导与规划。而产业园区作为一种特殊的经济体，其产生与发展模式与当地环境与现实条件息息相关，在国家层面的整体产业发展规划背景下，地方政府政策对于产业集群的产生与发展发挥着至关重要的作用。

（二）地方政府政策对于产业园区形成与发展的作用模式

地方政府对于产业园区形成与发展的作用，从新古典经济学角度出发，根据制度在集群形成中的作用，可以归结为三种模式：自发形成，自下而上，自上而下。自发形成是指集群完全由市场自发形成，被认为是"历史的偶然"，对于该类集群，政府只提供基本服务；自下而上是"需求诱致型"，是指集群已有一定雏形或是已具备某些因素，如一定数量的中小企业、有利的自然条件等，政府顺势而为，对该集群进行一定的引导和规划，有意识地出台相关政策，创造良好的外部环境，带动其成为严格意义上的产业集群；自上而下则是指集群由地方政府有意识地建立，完全由政府的主导规划而来，并在政府的积极扶持下不断发展，属于"强制型"，政府是主要参与者，通过各种制度供给吸引企业，最终形成集群。

对于"自下而上"和"自上而下"这两种有政府参与的集群形成模式，理论界存在一定的争论。市场主导论者从"需求的视角"出发，认为产业的扩大来源于市场需求，只要存在市场需求，产业自然会扩大和升级，并吸引更多的企业产生集聚，无须政府引导。该观点还认为，如果没有需求，即使环境和政策再好，也难以形成集聚；而政府主导论者则认为，企业的选址和定位以及产业的升级，取决于政府的主观选择，产业的集聚和升级能力取决于供给的能力，环境的改善可以带来人才、资金等资源的集聚，进而带动产业集聚和地区发展。

事实上，无论是自上而下还是自下而上的模式，甚至自发形成的模式，政府的作用都是不可忽视的。对于自上而下的模式而言，集群由政府主导产生和发展，政府的决策与能力水平决定了集群的规模和发展潜力；在自下而上的模式里，集群最初的形成源于市场，政府只起一定的辅助作用，但这种"大市场，小政府"的形态中，政府起着维持市场秩序、推动集群内部交流、构建市场服务体系以确保各企业在公平有序的环境中发展、以及培育创新环境的重要作用，而政府对于集群所制定的有针对性的各项优惠政策，即使不是企业集聚、产业升级的决定性和根本原因，至少可以提供适合企业发展的软环境，有助于企业进一步集聚；而自发形成的集群，虽然已形成相对成熟的体系，但如果可以有政府的支持，由政府创建更为便利的公共环境，集群的发展将会更为迅速和有效。

（三）地方政府政策对于产业园区形成与发展的作用途径

政府政策是指政府为推动和调节经济发展、运行而采取的一系列措施，包括土地政策、信贷政策、税收政策等。就产业园区而言，政策作用对象通常包括国有企业、大型民营企业、中小企业和跨国公司等。这几类企业由于性质、特征不同，对于政策的接纳性以及政策对其的作用力也有显著区别，对这几类企业进行比较研究，将更清晰地看到政府政策对于产业集群的作用途径。

国际上，国有企业通常指由中央政府或联邦政府持股或投资超过50%的企业。在我国，省、市、县政府投资的企业也是国有企业。国有企业由于其所有制性质，通常实力雄厚，在人才、资金、信息等资源上优势明显，但同时其对资源的利用率较低，对信息反应迟钝。针对集群中或是即将进入集群的国有企业，政府的管理和引导较为重要。第一，国有企业大多缺乏积极的自主创新环境。地方政府的政策，将直接影响国有企业的管理风格和创新热情，政府的长远规划和战略指导，可以为国有企业明确创新的方向性；第二，国有企业往往缺乏有效的利益分配机制。由于历史与社会等多方面的原因，国有企业的薪酬分配机制不够灵活，不利于调动人才的积极性，这需要地方政府对国有企业领导和员工的考核方式进行完善；第三，国有企业进入集群存在着两方面的壁垒，一是自身的"大企业病"使其难以与其他企业合作，二是如果与集群内已有企业同质性太强，会对已有企业造成冲击，遭到其他企业排斥。这需要地方政府加以协调和引导，一方面推动国有企业与其他企业的资源共享与整合，以提高集群的整体竞争力；另一方面促进国有企业与其他企业的合作，形成优势互补，实现共赢。

在我国，民营企业是经济发展的重要力量，发展迅速，上市的大型民营企业在逐年增加，具有赢利能力强、灵活、国际化程度较高等特点。在集群中，大型民营企业往往可以因其注重融合和战略结盟、走专业化发展道路等特征而成为集群的领军人物，极大地带动周围企业共同发展。但同时，大型民营企业也极易受外界环境的影响，弹性较大，经济的转型、金融危机的影响、国家或地方相关政策的发布，当地的人文环境等都会极大影响其发展。我国大型民营企业地区分布的巨大差异也说明了地方政府政策对其进入该地区的重要影响。地方政府对于大型民营企业的影响主要体现在明确的长远规划、融资渠道的畅通、对金融体系的有力监管，以及对本地区政府官员的有效监督机制等方面的建设。应该说，地方政府政策对于大型民营企业的影响不像国企业直接，但影响力度较大。

中小企业作为大多数集群的主体，具有机制灵活、对市场适应性强、创新潜力大等优点，同时由于资金薄弱、产品档次偏低、重复建设与无序竞争现象较突出等问题，影响了产业升级与集群竞争力的提升。对于中小企业而言，政府的有效扶持是其持续发展的有力支持。一般来说，地方政府主要从以下几个方面促进集群内中小企业的发展：营造良好的宏观经济环境和加强立法以维持有序竞争、构建相关金融体系以提供资金支持、推动企业间交流合作以促进创新降低投资风险等。可以说，政府对于中小企业的影响大多是以辅助和间接的方式进行，但影响作用亦较为明显。

对于集群内的跨国企业，地方政府通常是通过实施优惠政策和引资战略吸引其入驻集群，政府对于本地区投资环境的构建，会在一定程度上影响跨国企业的入驻。这里的环境不仅包括交通、基础设施等硬环境，也包括社会安定程度、行政管理效率、人文等软环境。但总体上看，政府对于跨国企业的影响远不如对国有企业和中小企业的影响作用明显。

二　地方政府发展中医药产业园区的政策建议

（一）地方政府政策对于中医药产业园区的作用

我国的中医药产业园区有以下几个特征：

第一，园区的形成基本都是自下而上模式。四川、云南，吉林通化、安徽亳州，都是中药资源丰富的地区，由于中药产业对于资源的依赖性较强，并且历史悠久，因而企业会更多集聚在资源丰富地区，已有一定的产业集群雏形，并具备集群发展的各项条件，但园区的最终形成则大多是由当地政府牵头引导。在政府的支持带动下，通过一系列政策的出台，扶持中小企业，对国有企业进行相应改革，推动企业间合作交流，促进成果转化，最终形成较为成熟的园区体系。云南省的例子则更为典型地说明了政府在中医药产业园区形成中的重要性。云南作为中药资源极其丰富的地区，拥有多家老字号企业和品牌，云南省政府亦早在2003年便提出了中药产业的发展规划，但由于没有具体的措施和政策出台，云南省的中药产业真正腾飞发展，则是在2008年由政府牵头打造了一批中医药产业园区之后。在政府的扶持和园区经济的集聚作用推动下，云南省的中药产业得到了迅猛发展，不仅原有的资深知名企业更上一层楼，更吸引了多家实力雄厚的企业入驻，地区竞争力得到极大提升。可见，地方政府政策对于中药产业园区的形成与发展起着极其重要的作用。

第二，园区以国有企业、中小企业为主，跨国公司较少。基于中药产业依托中医理论传统而诞生，目前的中医药产业园区多以国有企业、中小企业为主，这种构成方式更加凸显了地方政府政策的重要性。如前所述，政府政策和规划可以弥补国有企业、中小企业的不足，并促进二者之间的交流与优势互补，进而推动园区的整体发展，提高竞争力，因而对于中药产业园区而言，制度层面的供给尤为重要。而随着中药产业的不断升级和迅猛发展，国外众多药企已纷纷抛出橄榄枝，已有的中外合作亦比比皆是，跨国公司入驻中医药产业园区将是大势所趋。对于园区而言，跨国企业的进入将会带来新的发展机遇，有利于技术交流和创新能力的提高。而地方政府对于园区的制度供给和软硬环境的建设，将在一定程度上吸引外资的进入。因此，地方政府的政策与规划不仅对于中医药产业园区的形成和现状起着关键作用，也对园区的未来发展意义重大。

第三，园区大多由几家大型企业与众多中小企业构成。对于国有企业加中小企业的结构，由于国有企业实力雄厚，集群相对比较稳定，但创新能力稍弱，集群内部联系较少，如通化医药城，此时政府往往通过直接干预国有企业改革等方式影响集群发展，并会直接牵头推动国有企业与中小企业的合作，推动创新；对于大型民营企业加众多中小企业的结构，由于大型民营企业自身对于并购和战略联盟的重视，集群内的联系往往较为密切，加上大型民营企业大多极其重视研发创新、核心竞争力的提升，走专业化战略，此时政府的作用则更多体现为对于融资环境、基础设施等辅助功能的建设与提升。

第四，园区的形式多样，大多包含药材种植环节。药材种植作为中药产业的源头，其质量极大影响了药品质量，因此各中医药产业园区往往会从源头抓起，建立自己的中药种植区。在质量控制和生产经营的准入方面，政府的作用显得尤为重要，主要体现在种植基地的划拨，GMP、GAP 等标准的监管，对于质量控制和产品生产技术等平台构建的支持与推动，对于国家级科研项目的积极争取等方面。

（二）地方政府发展中医药产业园区的政策建议

第一，对于中医药产业园区的建设应根据实际情况，因地制宜。中医药产业园区因产业的特殊性，对于资源的依赖较大，因而已有的产业园区大多是自下而上产生发展。但结合其他产业园区的经验，由政府规划自上而下发展产业园区也是有效方式之一，尤其是中医药产业面临产业升级和国际化的需求，地方政府可结合自身资源禀赋条件，根据中医药的产业链特色，建立新型的中医药产业园区，如以药材质量认证或药材流转为主要功能的园区、结合旅游业在内的特色中医药文化创意园区，或是大健康产业的高端中药产品加工园区等。

第二，在政策设计过程中，应根据园区内企业的性质和特点，量身定制相应政策与措施。如前所述，不同类型企业对于政策的接受程度不同，政府在制定政策过程中，应充分考虑园区实际情况，对国有企业可通过考核机制改革、制度创新等方式引导其更好地参与集群内部合作；对于大型民营企业，应做好辅助工作，打造良好金融环境，但不应过多干涉其发展方向，以保持其灵活性以及对产业发展方向的敏感性；对于中小企业这一中医药产业园区的主力军，应提供更多优惠政策，扶持其发展，并提供更多与大企业合作的桥梁，加强相互间合作，避免低水平产品的重复建设，但管理和引导都应是间接辅助性质，不应直接干涉，而是充分发挥市场的自身调节作用。

第三，重视监管，严把质量关。中药产业面临的一个主要问题就是中药质量参差不齐，中医药产业园区作为中药产业集聚发展和升级的载体，须格外重视质量问题。而这一问题的解决需要企业和政府的共同努力，政府作为监督机构的执行者，应营造良好的竞争环境和质量控制体系，促进企业间有序竞争以生产高规格高质量产品，形成良性循环，以保证长远持续发展。

第四，注重人才和研发。对于园区而言，创新能力是核心竞争力，政府应充分重视园区内人才的引进与培养，推动建立集群内的合作研发平台，并重视科技成果的转化，尤其是对于尚在起步阶段的中药新品种，应提供相应的优惠政策和资金支持，充分发挥政府作为公共服务提供者和社会发展的导航人的角色，扶持中医药产业园区快速有效地发展。

第五，顺应趋势，着眼未来。目前的中医药产业园区中，跨国企业的参与较少，但如前所述，诸多大型国际药企已加入中药产业的发展，未来的中医药产业园区有跨国企业的加入是大势所趋，有利于加快中药产业国际化进程，政府应提前做好准备，积极创造良好的软硬环境，吸引投资、促进发展。

第六章 产业园区与中医药产业发展：经验和案例

第一节 产业园区与中医药产业发展的国内经验和案例

我国目前已有多种发展良好的中医药园区。这些园区大概可以分为如下几类：第一，拓展型中药产业园区。这是企业利用本身雄厚的资金实力建造园区，如神威药业耗资 40 亿元打造的"现代中药产业园"，是目前中国最大的现代中药生产基地，其厂房是参照 FDA cGMP、欧盟 GMP 以及中国 GMP 三种标准，由德国专业设计院设计的，其生产质量由中药生产全过程质控检测设备自动化把控。第二，扶持型中药产业园区，即以自身较强的实力为基础，在政府的扶持下便可谋求更好发展的园区，如中新药业在天津经济技术开发区建立的现代中药产业园，其核心是现代中药研发、提取和制剂，已被列入天津市重大高新技术产业化项目计划。第三，资源型中药产业园区，指利用本身丰富的中药材资源优势，以招商引资的方式建设的园区，以谋求科技经济一体化发展，如汉中依托丰富的中药材资源被国家批准为中药现代化中药材基地重点地区化。

在我国，山西、四川、河南、甘肃、云南等具有丰富的中药材资源。这些省份通过现代化技术开展中药材的规范化种植，现已经初步形成一定规模，从资源上为建立中药现代化科技产业园区奠定了基础。据不完全统计，截至 2008 年，我国共建成中药材生产质量管理规范（GAP）413 种，中药材 GAP 基地 430 个，GAP 种植面积达 3600 余万亩；开发了 1300 多个中药产品；建成 20 个中药现代化科技产业基地。随着中医药产业园区的不断建立和发展，吉林、贵州、云南、四川、山东、江苏、浙江、湖北、河南、广东、江西等省的中药工业都取得了显著增长。

一　四川省中药材种植产业园

四川省成都市位于我国华西地区东部，西南地区最大平原——川西平原腹地，处于四川盆地西部的岷江中游地段，东界龙泉山脉，西靠邛崃山，西部为纵贯南北的龙门山脉，境内海拔 387—5364 米。平原地区西北高、东南低，平均坡降 0.3%，属亚热带湿润季风气候，四季分明，夏无酷暑，冬无严寒。从地理位置及生态环境而言，成都及四川省都极适合中药材生产，大成都境内的中药资源具有"类多、质优"的显著特点，即资源种类多且品质高，是全国最大的中药材产地之一。

根据四川省科技厅截至 2007 年的统计，四川省已查明的中药材共有 5042 种，分别是植物类药 4681 种，动物类药 327 种及矿物类药 134 种，药材资源种类数量仅次于云南省和广西壮族自治区而居全国第三位；而中药材的蕴藏量则位居全国第一位，其中植物类药 100 万吨以上，动物类药上万吨，矿物类药 100 亿余吨；

全国重点普查的 430 种常用中药材中，四川有 383 种，居全国第一位，分别有大宗药材 90 种，道地药材 38 种，故自古就有"无川药不成方"之说；此外，川药材的产区环境独特，有众多久负盛名、品质优良的道地药材，如都江堰市的川芎、绵阳市的麦冬、中江县的薄荷等。

除了丰富的中药材资源外，便利的交通运输也是成都的一大独特优势。成都作为四川省省会城市，位于四川中部，四川盆地西部，东与德阳市、资阳市毗邻，西与雅安市、眉山市、阿坝藏族自治州接壤。成都是西南最大、最现代化的交通枢纽，分北站、东站、南站，作为我国西部重要的交通枢纽，铁路网密集。在航空运输方面，成都双流国际机场于 2012 年 2 月 1 日被中国民用航空局列为与北京首都机场、上海浦东及虹桥机场、广州白云机场四大机场属同类型的国家级航空枢纽，列全国机场第 5 位，中西部机场第 1 位。截至 2013 年 9 月，双流机场共开通 210 条客货航线，其中 145 条国内定期航线，65 条国际（地区）航线，航线覆盖全国绝大部分城市及欧洲、中东、东亚、南亚和东南亚主要城市。

四川省属于中医药科研大省，包括中国最早成立的中医药大学之一的成都中医药大学，中国最早建立的中药研究机构——四川省中医药科学院，还有四川大学华西药学院、四川大学生命科学院等共 20 余家研发机构位于成都市。全省共有各类型中医药重点实验室 24 个，其中国家级 4 个，省级 20 个。另外，还有一批中药企业组成的研究开发力量，包括地奥集团、康弘药业等。因此，结合四川丰富的中药材资源，各大科研机构在中药基本理论、川产地道药材、中药材生产质量管理规范（GAP）建设、中药制药技术研究、中药质量标准化研究、中药筛选动物模型研究、中药复方药效物质基础研究、中药临床疗效评价体系研究等方面的理论研究均取得明显的发展优势。

在经济发展方面，2007年6月7日，成都市全国统筹城乡综合配套改革试验区正式获得国务院批准；2011年，国务院批复《成渝经济区区域规划》，把成都定位为充分国际化大都市；2012年，成都实现国民生产总值8138.94亿元人民币，经济总量名列省会城市中的第2位，中国大陆城市的第8位。

据新华社2009年5月14日报道：我国第一个启动建设的国家中药现代化科技产业基地——四川基地，于2009年5月14日通过国家科技部专家组验收，成都市基本形成了集药材规范化种植、现代中药研究、生产、商贸、医疗保健、信息交流等为一体的中药现代化科技产业基地；2011年，四川省政府印发了《中药现代化科技产业（四川）基地建设实施方案要点（2011—2015年）》，具体内容包括科技创新、大品种培育、大企业培育、中药资源可持续发展、市（州）县基地示范、中医药服务与健康"六大工程"，目标是要打造千亿元的现代中药产业。

丰富的中药材资源，发达的交通运输条件，雄厚的中医药科研力量，以及良好的经济发展基础，都是成都发展现代中药产业的重要优势，尤以中药材种植为发展的重心。借助优势资源，在中医药企业发展方面，成都涌现了一批中药材种植、加工、经营的龙头企业，包括全国五家中药配方颗粒生产试点企业之一的四川绿色药业科技发展股份公司；全国第一家通过GMP认证的中药饮片企业——四川新荷花中药饮片有限公司；全国第一家通过GMP认证的出口专用提取物生产企业——成都华高药业公司等，另外还有发展了地奥、科伦药业、康弘药业、迪康药业、恩威药业、中汇制药等一批在国内有较高知名度的中药制药企业。截至2007年，四川省有中药工业企业210多家，其中，中成药工业企业80多家，中药饮片企业90多家，中药植物提取物企业40多家，全省生产的中成药品种达1300多个（见表6—1）。

表6—1　　　　　　　　　四川中医药产业园概况

背景		结构	
资源禀赋	中药材资源丰富	企业类型	民营中小型企业
区位优势		企业数目	210
工业基础	中药材示范基地、高新产业基地	企业规模	多为中小型企业
产业定位	中药材种植、生产为主	产业链组成	中药（种植、研发生产、经营）

但是，这些企业基本都有一个相同之处，就是高度重视中药材种植，以成都为中心，在全省范围设立中药材种植基地，确保中药材质量，现全省共有50多家企业建立了道地药材种植基地，全省中药材种植面积共达400余万亩，包括附子、鱼腥草、川芎、麦冬、白芷、丹参、川贝母及美洲大蠊共8个品种12个基地通过了国家GAP认证。

2012年，四川全省中药产业实现总产值约520亿元，较2011年的470亿元增长了50亿元或11%；其中中药工业实现产值419亿元，较2011年408亿元增长了11亿元或3%，居全国第3位；另值得一提的是，2011年，四川省的中药饮片工业总产值是135亿元，居全国第1位。中药材产业的快速生产发展已成为调整四川农业产业结构，增加当地农民收入及保护生态环境的重要措施了。

因此，我们可以通过进一步分析具体的企业发展，去了解四川省及成都的现代中医药产业的发展，尤其在中药材种植方面的模式。下面我们选择了四川新荷花中药饮片股份有限公司、四川杨天药业及德仁堂。

（一）新荷花中药饮片股份有限公司

新荷花中药饮片股份有限公司成立于2001年，位于成都高新区西部园区，是由原四川新荷花中药饮片有限公司整体变更设立的，是中国首家通过药品生产质量管理规范（GMP）认证的中药饮片生产企业。另外，新荷花还是国家高新技术企业，于2009年11月获国家发改委批准在新荷花公司设立第一个中药饮片炮制国家级工程研究中心；在中药材种植方面，公司逐步向川产道地药材的人工种植技术研发、种植基地建设等上游延伸，并被评为国家级农业产业化经营重点龙头企业。

公司以中药饮片作为其核心业务，专注于中药饮片的专业化生产，主营业务涉及中药饮片的研发、生产和销售，炮制加工的多达680个品种。目前，新荷花的主要品种有普通饮片，如川贝母、麦冬、大黄、盐黄柏、黄连、川芎等；毒性饮片，如清半夏、姜半夏、半夏、黑顺片、白附片、马钱子等；小包装饮片，这是基于新荷花在2009年开发研究的小包装中药饮片条码追溯查询系统，通过商品条码追溯产品的产地、生产日期、生产批号等信息，确保饮片的质量。

新荷花十分注重产品的研发工作，尤其在中药饮片传统炮制工艺方面。公司中药饮片炮制团队的核心就是由一批长期从事中药饮片炮制研究和生产的老药师组成，不断注重炮制工艺的传承与创新，在2010年11月正式成为"中药炮制泰斗王孝涛教授传授基地"。其中，公司的"现代炮制技术及设备的产业化研究"项目已成功通过四川科技厅的技术成果鉴定，此外，多项现代化炮制工艺正在研发中。为了确保中药饮片的质量，新荷花开展了过程控制和质量检测工艺的研发，将很大程度减少传统中药饮片依靠经验判断的失误，将过程控制指标细化、可控化、精确化，大幅提高了饮片炮制过程控制和检测的有效性。另外，还有中药饮片炮制新设备的研发，公司研发的真空润药罐、干燥空房设备、物料传输设备等炮制新设备，契合了中药饮片的炮制工艺需求和公司的生产实际，增强了对炮制工艺各环节的可控性及产品质量的稳定性。

新荷花在生产环节上也是非常严格规范，按新 GMP 建立了生产车间，配备现代化的生产设备，严格实施《GMP 规范实施管理制度》。对于中药饮片炮制方面，新荷花通过现代化的炮制生产设备，对整个生产环节实施流程化管理，以大幅提高生产过程的自动化水平和生产效率。此外，公司对毒性饮片采用了隔离式管理，与普通饮片库房、生产车间严格分离，防止出现交叉污染问题。对于产品质量追溯，公司建立了独特的产品留样制度，详细留存和保管每批次产品的质量数据，建立质量管理数据库。最后，公司在 2009 年开发研究的小包装中药饮片条码追溯查询系统，对饮片实施小包装管理。

新荷花不仅在研发和生产上注重中药饮片的质量保证工作，更向上游中药材种植延伸，包括道地药材的人工种植技术研发、种植基地建设等。目前，新荷花在四川松潘县、茂县均拥有我国唯一通过 GAP 认证的川贝母种植基地，以川贝母、大黄等中药材的种植为主；公司另外两个通过 GAP 认证的种植基地是位于绵阳市三台县的麦冬种植基地和位于江油市彰明镇的附子种植基地；此外，在若尔盖县有羌活中药材种植基地，在绵阳市平武县有厚朴种植基地。在中药材种植方面的不断努力，基地总面积已达 10 万亩，带动药农 2 万余户，新荷花还被评为国家级农业产业化经营重点龙头企业。

（二）四川杨天药业集团

杨天药业是四川杨天药业集团所属的一家大型骨干公司，1993 年 8 月通过收购改组四川华联制药有限公司而成立，公司集科研、生产、销售、管理为一体，涵盖了中西药生产、销售、中药原材料种植及提取、新药研发等医药领域的大型制药企业。在 2000 年前，杨天药业获得了国家对外经贸部的批准，增资扩股，从一家由香港企业独资的地方小企业，变成中外合资企业（中资与港资）。杨天药业得到四川省科委、外经委认定的"高新技术企业""外商投资先进技术企业"称号。

截至 2012 年，杨天药业共有药品品种 85 个，包括 78 个中成药和 7 个化学药。其中，主要的药品类如下，呼吸系统药品类：力克舒、司易可、金鹍咳喘停、消咳喘、余甘子；抗生素及清热解毒药品类：晓力胶囊、万应胶囊；心血管疾病类：丹参颗料冲剂、格芬达注射液；补肾壮阳类：强阳保肾丸、六味地黄丸；其他药品类：归脾丸、大黄碳酸氢钠片、复方丹参片、穿心莲片、板蓝根颗粒、半夏糖浆。

杨天药业的发展中，对于原西昌制药厂的兼并可以说是杨天药业的一大转折点。1997 年，四川杨天生物药业股份有限公司向政府提交关于对西昌制药厂的兼并的提案，并很快获得批准，1998 年正式完成对原西昌制药厂的兼并工作，继而改组重建，1999 年正式挂牌西昌杨天制药有限公司。原西昌制药厂主要以生产中成药制剂为主，拥有完整的中成药生产线，西昌制药的兼并，首先是加强了杨天固体制剂的生产能力，其次是十分利于配合杨天药业在中成药方面的发展战略。值得一提的是，在兼并的第二年，西昌杨天就扭亏为盈，利润达 270 万元。

西昌处于凉山州，除了闻名的卫星发射基地外，还有丰富的中药材资源，目前杨天在凉山拥有的药园已超 2 万亩。另外，在中药材资源方面，杨天药业用了一种很新颖的方法与当地合作，就是通过与当地的扶贫办合作，让当地农民把天然的中药材收集好，再卖给扶贫办。这样，不仅利于当地居民的经济收入，提高当地经济水平，还能在保护自然环境上也起到很好的作用。避免在此之前，当地农民并不重视中药材保护，只是把它作为牲畜牛羊的饲料，现在很多当地农民都把中药材收集当成正业来做了。

公司利用凉山独特的中药生长地理位置，大力种植高附加值的药用植物，利用凉山地区特有的药材为主要原料，进行单方或复方中成新药制剂研发，并成功研究开发了包括万应胶囊、小儿感冒颗粒、消咳喘胶囊、金鹃咳喘停口服液、余甘子喉片等中成药。

其中，万应胶囊则是杨天药业在依托凉山药材种植基地的独特资源上自主研发的，拥有自主知识产权，更是国家中药保护品种，2002 年 7 月 10 日获批上市，刚好在 2003 年的"非典"上大显身手，进入国家级储备用药。

此外，杨天药业在研发上也做得非常有特色，主要以合作研发为主。杨天药业的研发部只有项目牵头人，没有研发技术人员，研发工作都是采取委托外部科研机构研发的模式。而杨天只负责市场调研，选择项目，筛选合作机构，委托研发，定期协调进展，最终接收研发成果。

目前，杨天生物药业在国内的研发合作伙伴主要有三个组，都是以生物技术为基础，分别是：成都华西医科大学毛博士带领的团队，主要是关于原材料方面；四川省中医学院易博士带领的团队，主要是关于中成药的二次开发；成都电子科技大学的博士团队，主要是关于纳米材料，即将老的抗癌药品纳米及磁纳米化，是一种不破坏白细胞的创新治疗模式。另外，还包括与中国中医研究应用技术研究推广中心、江苏南京医学院药物研究所、重庆医工院、成都药物所等科研机构的技术合作。

（三）德仁堂集团

德仁堂成立于 1948 年，其前身"达仁堂"在 1927 年建立，德仁堂承巴蜀中医药文化，是全国知名、西部领先的中华老字号企业。德仁堂在四川还被誉为"四川药界的黄埔军校"，是四川业内公认的龙头。

2000 年，德仁堂集团兼并了成都市中药材公司，先后组建了成都德仁堂药业有限公司、四川德仁堂药业连锁有限公司及四川德仁堂中药饮片有限公司三家子公司；2004 年，德仁堂对四川崇州三元药业进行控股。德仁堂的发展战略是打造涉及种植、生产、批发、零售的健康全产业链。另外，公司还实施多元化产业发展，推出御膳宫养生餐、健康生活馆、养生茶、健康服务咨询等，将中医药文化产品和中医药文化服务相结合，建立了以健康服务为一体的综合大型药企。

2007 年，国家商务部首次公布首批"中华老字号"名单中，共 430 家上榜，其中医药类中华老字号有 44 家，而德仁堂榜上有名，也是四川唯一一家医药类中华老字号。德仁堂在全国大批"老字号"惨淡经营的现状下，不以自身的在川产名贵药材等的传统优势和老中医荟萃名医馆及食疗的特色而止步，在 2006 年提出未来发展重点是"品牌、品质、品种、品貌"的建设，并于当年把分店总数发展到了 717 家。

老中医荟萃名医馆是德仁堂的一大特色，主要以"知名中医＋道地药材"的特色经营。首先，德仁堂本身就一直注重药材的质量，尤其在川产道地药材方面，已得到业内及消费者的公认，所以，坚持药材质量是中医馆的先决条件。其次，就是如何在中医专家资源稀缺的情况下吸引和留住名中医，这主要是依靠"人本"服务理念。德仁堂在 2012 年年底已经申请到 40 多家中医馆的营业执照及拥有 40 多位副高以上级别的专家队伍，计划在2013 年内将数量增至 60—70 家。

另外，德仁堂认识到，未来养生餐应该是非常具有前景的。中国的中药讲究药和食疗相结合，德仁堂现在就做了一个全国首创的药膳餐饮，叫御膳宫，其所有菜都加了药膳。德仁堂的邹总说道，"我们要的不仅仅是吃饱，更重要的是养生，传播一种养生文化"。同时，德仁堂还搞了个健康生活馆，大概就是面对月收入在 8000 元以上的中高端家庭收入的群体，其中吃穿住用的产品都有，可以一站式购齐。同时，德仁堂还认识到像养生产品的延伸在未来也是一个发展的点，比如说，现在德仁堂也在做茶叶，就是通过中医的理论加些中药材炮制出来的茶，这个茶就不是平常意义上的简单的茶，事实上就有养生的功能。

二　云南中药材种植产业园

云南省位于中国西南边陲，有"彩云之南""七彩之南"之称，占地面积约 39 万平方千米，总人口约达 4600 万。云南省是我国中药资源最丰富的地区之一，也是我国中药材的道地产区和主产区之一。云南的自然地理环境和气候类型复杂多样，为不同种类的中药生长繁殖提供了很好的自然条件，其中药资源总数和药用植物总数分别占全国的 51.4% 和 55.4%，在数量和品种上均排全国首位；另外，云南全省海拔高度差距很大，最高的滇藏交界的德钦县怒山山脉梅里雪山主峰卡格博峰的海拔（6740 米）与最低的河口县境内南溪河和元江的汇合处的海拔（76.4 米）相差 6000 多米，高海拔落差使云南的植物几乎集中了热带、亚热带至温带甚至寒带的所有品种，所以，云南是我国中药资源最丰富的地区之一，也是我国中药材的道地产区和主产区之一。

根据全省中药资源普查资料记载，云南省共有药用动、植、矿物 463 科，2107 属，6559 种。其中植物类 315 科，1841 属，6157 种；动物类 148 科，266 属，372 种；矿物类 30 种。主要动、植物药材的产（藏）量近 10 亿公斤，矿物药材 11 亿余吨。对于道地药材，一直都在流传"云贵川广，道地药材"的说法，与其余三大中医药大省享有同样美誉的云南省，其中草药资源非常丰富，除耳熟能详的诸如三七、木香、重楼、茯苓、萝芙木、诃子、草果、儿茶等道地药材外，云南还有"南药""大宗药材""稀有药材"等充满市场竞争力的药材原品种。尤其在近几年国家政策的推动下，云南省大力开发中草药资源，形成一批具有自主知识产权的中药品种，以中药、民族药为主体的医药工业已成为该省发展最快的产业之一。

由于资源优势是云南中药产业的比较优势，云南省的中医药产业主要集中在中药材种植和中药生产方面。从整体发展而言，云南的中药材种植产业依托云南省中药材规范化种植技术指导中心等中药材种植科技支撑平台，初步建立了昭通天麻、文山三七、楚雄民族药道地药材、西双版纳南药、滇西北高山药材为主的五大中药材种植基地，并培育和引进了中药材种植加工龙头企业 200 多户，使该省重要、濒危、道地中药材品种得到了引种驯化及规范化种植，总体而言，云南的中药材种植产业已处于快速发展中。其中，如三七、灯盏花等中药材均已建立了 GAP 基地，文山三七、昭通天麻、红河灯盏花等也申报了国家地理标志产品保护，形成了以三七、灯盏花等为代表的一批在全国具有影响力的优势药材品种。

据云南省 2007 年的统计，全省中药材种植面积已达 174 亩，实现农业总产值 27.3 亿元；中药材提取物企业 73 家，中药饮片加工企业 15 家；昆明菊花园国家级中药材市场与文山三七交易市场的常年贸易药材达 1000 余种，贸易额超 30 亿元。

在医药生产工业方面，云南省已有一定的产业基础，初步形成了一批有实力的龙头企业和拳头品牌及产品，如云南白药、排毒养颜胶囊、美肤冲剂、血塞通、蒿甲醚、灯盏花素片（针）、宫血宁、昆明山海棠片、青叶胆片、神衰果素片等耳熟能详的知名品牌。2011 年，云南医药工业总产值 215.24 亿元，其中大中药产业相关的中药、民族药、中药饮片、提取物等占 162.07 亿元。在全省产值超亿元的医药企业有 43 户，其中中药生产企业 24 户、植物提取物及加工企业 12 户，超过全产业的 85%（见表 6—2）。

表6—2　　　　　　　　　　　云南中药材产业园

背景		结构	
资源禀赋	中药材资源丰富	企业类型	民营中小型企业
区位优势	较强	企业数目	—
工业基础	中药材种植基地	企业规模	中小型企业为主
产业定位	中药材规范种植	产业链组成	中药（种植、研发生产、经营）

　　作为一个以种质资源丰富，产业基础扎实，以中药种植为主要经营方向的中药大省——云南而言，其中药产业园区的设计与规划在一定程度上更能反映云南省对自身发展的期望。下面将进一步介绍云南的文山三七产业园区和中药现代化科技产业（云南）基地。

　　（一）文山三七产业园区

　　文山三七产业园区可说是云南省较早成立的中药产业园区之一。三七是一种用于活血化瘀、消肿止痛且品质稳定、疗效显著的道地植物药材。三七的原产地和主产地位于云南文山州，文山州人工栽培三七的历史已超400年，种植面积与产量均居全国之首，是我国著名的"三七之乡"。1997年，文山州政府就看到三七广阔的市场前景，提出了"三七强州"的战略部署。2000年，云南省政府正式批准成立文山三七产业园区。2004年，云南省政府印发《关于云南省新型工业化重点产业发展规划纲要的通知》文件，把文山三七产业园确定为30户重点工业园区之一。

　　园区规划建设面积1680亩，项目基础设施建设计划总投资3.01亿元。园区初期的重点是围绕三七的种植、加工、科研及市场开展工作，并且在"三七GAP认证、原产地保护、证明商标注册、三七质量标准"四大基础工作上投入了大量的人力、物力和财力。初期，在文山州登记注册的三七加工企业只有 12 家，到 2005 年已发展到 25 家，开发了药品、保健品、化妆品及健康食品四大类别共 109 个产品。

随着三七的市场占有率逐步稳定提高，文山三七产业园逐步将发展战略倾向于科技创新、文化塑造和品牌打造方面。从产业线来看，目前进入产业园的企业基本形成了一条综合丰富的产业链条，如特安呐公司的药品、保健品及日用化工品生产线，七星公司的化妆品生产线和文山三七国际交易中心等均已投入使用。

对于文山三七产业园，从整体来看，主要有两个优势：一是资源优势，即文山三七种植基地已成为通过 GAP 认证的最大三七原料基地；二是技术优势，文山州至今生产的三七产品涵盖了药品、保健品、日用化妆品和保健食品 4 大类共 119 个系列，并拥有一批具有核心竞争力的专利技术。

（二）中药现代化科技产业（云南）基地

中药现代化科技产业（云南）基地，是建立在文山三七产业园、昆明现代化生物医药园、楚雄和大理天然药物产业园区的基础上的更加综合全面的中药产业体系。2000 年，云南省政府向国家科技部申报了建设"国家中药现代化科技产业（云南）基地"；2001 年 5 月，基地得到国家科技部批准并开始筹建。按照规划，该基地从 2001 年起，以每五年为一期建设，而第一期的建设内容主要是中药材种植、中药研究开发、中药产业开发、市场营销及配套服务四大体系。

具体来说，该基地第一期仍以种植基地建设为主，并同时推动了云南省 40 个重要、濒危、地道中药材品种引种驯化、规范化种植；在此基础上，5 年内共开发了包括白药胶囊、白药创可贴、白药气雾剂、灯盏细辛注射液、血塞通片等 12 个年销售收入上亿元的品种和 57 个上千万元的品种。另外，治疗艾滋病新药"复方三黄胶囊"，有望成为第一个具有自主知识产权的抗艾滋病药物。

依托云南丰富的中药材资源，规范种植的中药种植园区，完备的中药产业链，以及国家现代中药产业政策的大力支持，云南对于中药企业的发展就是一块沃土。例如，云南白药集团股份有限公司、云南盘龙云海药业有限公司、云南特安呐制药股份有限公司和云南新世纪中药饮片有限公司在国家大力支持产业园的优惠政策下不断发展壮大，其中昆明制药集团股份有限公司和云南白药集团股份有限公司，均已公开上市发行股票，在开拓国内外市场中不断显示出较强实力。

在深入分析了云南的中医药产业园区后，对于云南中药行业的龙头企业的探讨，或许能更进一步了解云南丰富的中药材资源以及现代化中药基地的集聚效应。下面，我们将具体了解云南白药集团股份有限公司、云南盘龙云海药业有限公司、云南特安呐制药股份有限公司和云南新世纪中药饮片有限公司。

1. 云南白药集团股份有限公司

1971 年，云南白药集团的前身云南白药厂成立，正式开始专业化生产云南白药；1993 年 11 月，公司在深交所挂牌上市，成为云南首家成功改制上市的企业；1995 年，始创于 1902 年的云南白药被列为国家一级保护品种；1996 年，公司正式更名为云南白药集团股份有限公司；1996 年，云南白药集团通过资本运作，控股了省内另外 3 家云南白药生产企业，从此结束了白药生产的混乱局面，实现云南白药在产量及价格上的大幅提升；2004 年 9 月，公司的文山三七种植基地，以其高水准的规范种植而通过了国家 GAP 认证；2007 年开始，公司逐渐涉足日常用品、军工、女性服务业等不同行业，开始多元化发展。

云南民间彝族名医曲焕章根据云南民间流传的中草药物，经过配方改进，并于 1902 年成功配伍而成的"曲焕章百宝丹"，主要用于止血镇痛、消炎散肿、活血化瘀、防腐生肌、愈伤调经等。"云南白药"这个名字是在曲焕章的妻子缪兰英将秘方献给人民政府后才改用的。1956 年，国务院保密委员会将云南白药处方及工艺列为国家级绝密资料，其商标包括"云南白药""云白药""云白"均被云南白药注册为永久性保护专利。

除了云南白药系列产品外，集团还充分考虑市场实际，不断开发云南白药的新剂型，包括散剂、胶囊剂、酊剂、硬膏剂、气雾剂、创可贴等，使云南白药不仅可外用，也可内服。其中，云南白药创可贴和云南白药膏是云南白药集团的两种较新产品，经过与创可贴大王邦迪的激烈交战，2003 年营业收入突破 1 亿元，在创可贴市场上仅次于邦迪。此外，外用剂型中的酊剂和气雾剂也得到消费者的充分肯定，尤其是气雾剂一直处于市场的垄断地位。

另外，公司另一首创的独家产品"宫血宁胶囊"，主要用于妇科，适应证包括功能性子宫出血症、大小产后宫缩不良、盆腔炎、宫内膜炎及避孕措施所致出血等。凭借大市场容量及明确的产品定位，宫血宁胶囊已成为公司的第二大产品。

在多元化发展上，2003 年，云南白药集团的"云南白药大药房"在昆明北京路开始营业，集团开始涉足医药服务业。不仅如此，利用楚雄天然药物资源丰富的特点，云南白药集团已成功筛选得到科技含量较高的药用化妆品"养元青"系列产品，已在楚雄开发区实现产业化生产。

依托"云南白药"百年老字号的品牌优势，目前已是云南省最大的医药和保健品生产企业。公司主要产品包括云南白药系列、三七系列和云南民族特色药品，共17种剂型200余个产品，并畅销于国内外市场。

2. 云南盘龙云海药业有限公司

云南盘龙云海药业有限公司创建于1995年12月，生产基地位于昆明市以西100多公里的楚雄经济技术开发区，公司主要以生产中药及天然药物制剂为主，是一家集药品研制、开发、生产于一体的高新技术企业。盘龙云海开创和发展了"排毒养生理论"，并研发出广受消费者好评的排毒养颜胶囊，被认定为"云南省名牌产品"，成为国内外知名品牌。

目前，盘龙云海自创建以来就根植于云南这一天然药物王国，开发了具有"道德成果"之称的"排毒养颜胶囊"等一系列产品，不但迈出了云南，走向全国，而且服务于美国、加拿大、日本等国消费者。除排毒养颜胶囊外，以灵丹草颗粒为主的系列产品及散痛舒片、龙灯胶囊、喉舒口含片等7个独家生产品种不仅拥有自主知识产权，还获得国家三类新药批文，列入国家中药保护品种。除此之外，公司还有其他中西药制剂共30余种，拥有发明专利5项，实用新型专利1项，外观设计专利2项。累计实现工业总产值逾35亿元，向国家上缴税金逾3.2亿元。

盘龙云海先后在云南楚雄和昆明建起了符合GMP标准、生产设备达到国际先进水平的生产基地，现又开始投巨资兴建无公害科学种植药材基地，这是该公司与国际接轨的又一大举措。在美国加州药学院组建实验室，实施对云南独特中草药的有效单体提取。其业务还向国外扩展，在美国投资建设了 GMP 制药厂，把云南优势资源三七、灯盏花等成功引进美国，并生产销售，取得了不俗业绩。

3. 云南特安呐制药股份有限公司

特安呐位于云南省文山州文山县三七药物产业园区，是一家扎根文山、立足昆明、辐射国内外市场的现代集团型民营企业。公司尤其注重三七相关产品的开发，并建立了三七的 GAP 种植、科研、生产、销售、三七工业园开发等全产业链；公司固定资产达 9.06 亿元，是年销售收入逾 5 亿元的高新技术企业；其主导产品包括血塞通、七生力、七生静、唐恬康等。

2000 年 4 月，特安呐公司成为云南省第一家通过国家食品药品监督管理局 GMP 认证的三七制药企业；2004 年元月，特安呐公司以深入研究开发三七为主要目的的"三七研发中心"正式落成并投入使用；2004 年 5 月，总投资 2.5 亿元的新建的药品、功能性保健食品、普通食品生产基地开始投产使用；2004 年 3 月，公司顺利通过国家食品药品监督管理局 GAP 认证，成为全国首批八家通过 GAP 认证和唯一拥有"三七 GAP 基地"的企业。

特安呐公司作为三七产品中的领头企业，不断与许多国内大学和研究机构如中国药科大学、中国军事医学科学院、上海中医药大学、云南大学等建立长期的合作关系，联合开发三七新产品和新技术，从一家刚开始只有三七初级产品分装头痛粉的个体小作坊，发展为一家成功研制开发出了包括药品、普通食品、功能性保健食品共六十多个品种的三七系列产品的企业。另外，特安呐公司已经建立起五个基地：三七 GAP 种植基地、三七产品生产基地、三七原料加工基地、仓储研发基地和三七健康产业基地，以及三个中心：三七国际交易中心、综合服务中心和三七种植物资交易配套中心。

4. 云南新世纪中药饮片有限公司

云南新世纪中药饮片有限公司（隶属于云南新世纪药业有限公司）是云南省政府及楚雄州政府重点招商引资项目，位于楚雄开发区天然药物园。2009 年 3 月，公司经开发区管委会招商引资入驻楚雄开发区天然医药园区，共占地面积 4.5 万平方米，总投资 8000 万元，于 2010 年 9 月一次性通过了国家中药饮片企业 GMP 认证。目前新世纪中药饮片有限公司主要生产经营中药材、中药饮片以及小包装中药饮片，年设计生产加工能力 5000 吨以上，已成为云南省规模最大、最规范、最具规模的集科研、GAP 种植、生产、加工销售和物流仓储为一体的现代中药饮片生产加工和出口基地。

云南新世纪中药饮片有限公司牵头打造的第一期云药基地就占地 5000 余亩，主要种植云红花、云当归、云木香等，并先后开发了云三七、云当归、云红花、云茯苓、云木香和何首乌等一批云南道地中药材基地，可生产各种规格的质优中药饮片、中药保健品及各种规格小包装中药饮片 1000 多种。另外，公司主要发展的中药材是还有丹参、桔梗、红花等。同时，公司以中医药为基础，先后与云南彝药研究所及各大中医科学院结成战略合作伙伴，共同开发彝草药，为我国彝药事业发展的中坚力量。

三　安徽亳州现代中药产业园

亳州市位于安徽省的西北部，处于华北平原的南端，四周与河南省商丘市、周口市，安徽省阜阳市、淮北市、蚌埠市、淮南市接壤，距离省会合肥市约 330 公里。目前，亳州的主导产业包括能源化工、农产品深加工、汽车及零部件制造、文化旅游及现代中药等，现发展成为安徽省三大旅游中心城市之一、国家级中原经济区成员城市、淮海经济区主要城市、全国优质农副产品生产基地和全球最大的中药材集散中心及价格形成中心。"国家历史文化名城""全国首批优秀旅游城市""新兴能源城""现代中药城"等称号已成为亳州的新标签了。

根据亳州市统计局的统计，亳州市 2012 年全市生产总值 716 亿元，以可比价格计算较 2011 年同比增长 11.9%。其中，第一产业 181 亿元，同比增长 6.1%；第二产业 289 亿元，同比增长 15.1%；第三产业 246 亿元，同比增长 12.5%。在工业生产中，医药制造业总值为 30.7 亿元，规模仅次于能源产业，同比增长了 16.2%，而其中又以现代中药产业的发展最为迅猛。

根据亳州市人民政府 2009 年 11 月发布的《安徽省（亳州）现代中药产业发展规划（2008 年—2020 年）》，安徽省政府规划举全省之力发展亳州中药产业，将亳州打造成为国内外知名的现代"中华药都"，主要包括中药材种植业、中药制造加工业、中药商业、中药科技与中医药养生保健文化旅游服务业等相关行业。

亳州生态条件优越，拥有丰富的中药材资源。亳州位于皖西北部黄淮平原地带，呈东南—西北向斜长形，全市面积达 8374 平方千米；全境横跨东经 115°53′—116°49′、纵越北纬 32°51′—35°05′。与黄河决口扇形地相连，属于平原地带，地势平坦，仅东部有龙山、石弓山等 10 余处石灰岩残丘分布。亳州的气候属于暖温带半温润气候区，季风明显，气候温和，光照充足，雨量适中，无霜期长，春温多变，夏雨集中，秋高气爽。因此，独特的自然环境，孕育着丰富的中药材资源，造就了亳州发展现代中药材种植业得天独厚的优势。据统计，安徽全省已查明的中药品种为 3578 种，包括植物类药材 2904 种，动物类药材 526 种，矿物类药材 92 种，其他类共 56 种，中药品种数量在华东地区排第一，全国排第六；而亳州具有中药资源 171 科、410 种，常见种植的中药材达 230 多个品种，常年种植面积约占全国的 10%，达 4 万多公顷，从而带动中药加工业，使之成为中国四大药都之首。在《中国药典》中被冠以"亳"字的中药就有亳芍、亳菊、亳花粉、亳桑皮 4 种。

截至亳州招商局 2013 年 6 月的统计：亳州的中药材种植总面积达 104.2 万亩，约占全国的 1/10，其中重点打造的安徽省亳州现代农业综合开发中药材示范区的规划占地面积为 4 万余亩，包括 2 万余亩的道地中药材种植面积；亳州共有中药制造企业 284 家，其中 GMP 生产企业 68 家；另外，容纳了包括北京同仁堂、康美药业、上海雷允上、和记黄埔、双鹤药业、天江药业、广州白云山等 112 家企业的安徽亳州现代中药产业创业园已建成投入使用，中药饮片产量约占全国的 1/4，亳州的现代中药产业已被列为国家科技部"火炬计划"中药特色产业基地。但是从总体的企业规模上来看，亳州中药产业集群内的企业普遍规模比较小，而且各个中药企业的信息化建设都比较低（见表6—3）。

表6—3　　　　　　　　　　安徽亳州中药产业园

背景		结构	
资源禀赋	中药材资源丰富	企业类型	民营中小型企业
区位优势	较强	企业数目	284
工业基础	中药材示范基地、中药材流通基地	企业规模	中小型企业为主
产业定位	中药材生产及流通为主	产业链组成	中药（种植、研发生产、经营）

得益于安徽丰富的中药材资源及亳州快速发展的现代中药产业，亳州的中药材流通业也取得了很好的发展。今年已是亳州连续第29年举办全国（亳州）中药材交易会，并连续第5年举办国际（亳州）中医药博览会，吸引了国内外中医药界的高度关注。中国（亳州）中药材交易市场是目前国内起点最高、规模最大、功能最齐全、集散功能最强的中药材专业交易市场，是中药材价格的风向标。

该交易市场创建于1995年，位于亳州市芍花大道火车站附近，于1996年7月首批通过卫生部、国家工商总局、国家中医药管理局的正式验收，是目前国家批准的17个中药材专业交易市场之一。交易中心占地400亩，超过20万平方米的建筑面积，约1000家中药材经营店。

中药材交易中心的布局是一楼为普通的中药材，二楼为名贵精细的中药材，中药材初加工区（中药饮片区）位于中心一楼的的东厅。2010年4月，康美药业收购亳州世纪国药有限公司全部股权，成立了康美（亳州）世纪国药有限公司负责管理亳州中药材交易中心。

据 2009 年的统计，在中药材交易市场中，有固定门店 400 多个，交易中心每天上市近 3000 个品种，上市量达 6000 吨，每天采购、观摩、考察、旅游的人流量约 2 万—3 万人，规模已位居全国第一。在亳州市中药材交易中心这个平台的带动下，亳州市大力推进中药材规范种植，占全国 1/10 的中药材种植面积，占全国 1/3 的中药饮片年产量，排全国前 3 位的中药材出口量。

而康美药业股份有限公司是目前中国饮片市场的龙头企业，更在 2010 年收购了亳州中药材交易中心，所以，对康美药业的深入分析，将更有助于了解亳州中药材交易产业模式的发展。

康美药业股份有限公司（以下简称"康美药业"）于 1997 年创建，2001 年于上海证券交易所上市，是一家以中药饮片标准化生产为核心，积极投资和研发医药诊疗、医药现代物流、原药材供应、药材成分提取、药食同源产品等中药上下游产业，现已成为我国综合实力和竞争力较强资源型中药饮片龙头企业。

康美主营的中药饮品有：百合、贡菊花、玫瑰花、杭白菊、金银花、黄芪、桔梗、山药、丹参、蒸五味子、菊皇茶等；还有一批具备独特优势的主要中成药：乐脉丸、心脑欣丸、保宁半夏颗粒、小柴胡颗粒、小儿止咳糖浆、抗感解毒颗粒、阿咖酚散等；主要经营的西药：肌苷片、甲硝唑片、利乐、络欣平、诺沙、培宁等；而主要的保健食品则包括冬虫夏草、加州宝贝等。

康美药业在 2012 年成为粤东唯一销售过百亿元的民营企业，总营业收入 111.6 亿元，利润 14.4 亿元，上缴税收 5.7 亿元，排名中国资本市场医药行业前列。2013 年上半年，康美药业总营业收入 61.06 亿元，同比增长 19.41%；净利润 9.45 亿元，同比增长 33.42%；上缴税收 4.04 亿元，同比增长 62.74%。凭借其在行业内的影响力和资本市场上的显著地位，康美药业作为新增样本股进入了上证公司治理指数。另外，康美药业还先后被评为中国企业 500 强、中国 100 家最具成长性上市公司、全国民营企业 500 强、中国制药工业十强、广东省纳税百强企业等。

康美药业的竞争战略还是以中药饮片为中心，涉足中药产业的上中下游，打造全产业链模式，即包括中药材种植、饮片交易、生产开发、终端销售等。具体是：上游包括通过产地合用控制药材资源，通过中药材交易市场获取全面的市场信息；在中游的生产方面，首先参与制定中药饮片的规范标准，并组织开发和生产规范的中药饮片、食品和保健品，最终提高产品的附加值；在下游环节，开拓医院、OTC 终端、大卖场等终端市场，以及中药材贸易业务。

康美药业的发展可以总结为三次飞跃：GMP 认证通过、成功上市和外延扩张。

20 世纪 90 年代，中国当时的制药业十分混乱，质量参差不齐，疗效和卫生就更加不敢保证。国内大多数药厂对于 GMP 认证的施行都不敢做第一个吃螃蟹的人，而眼光独到的康美就是在这样众人观望的环境下，于 1998 年，在全国 6000 多家制药企业中率先通过了 GMP 认证，不仅健全了药品生产和质量管理制度，也提高了整个企业的管理水平。通过了认证的康美，此时的企业声誉和产品声誉得到了大大提高，竞争力也不断增强，药品生产需要的 GMP 意识、质量意识也渐渐深入广大员工的脑海，康美的这一突破充分调动了员工的生产和研发积极性，为进一步将康美做大做强奠定了坚实的基础，也实现了康美"以人为本"的管理思想。

通过 GMP 认证后的康美在业界获得了较高的声誉，为了进一步整合资源、谋求更大的发展，康美认识到公司在资本市场中发展需要上市。经过不断的努力，2001 年 3 月，康美药业终于在上海证券交易所成功挂牌上市了。这标志着康美药业迈入了发展中的第二次飞跃阶段。顺利上市，不仅是对康美的经营管理和发展前景的肯定，而且也为公司发展提供了一个强大资金支持和资源共享的平台，对于康美能够不断扩大经营规模和知名度及增强公司竞争力和潜在能量都有着十分重大的意义。2006 年 6 月到 2007 年 9 月，为了发展的需求，进行了两次资金募集，解决了当时公司中药饮片生产力不足等问题，也提高了康美在国内外中药饮片的市场份额。

康美药业根据全产业链的整体竞争战略，进军全国销售网络和市场，2007 年康美开始推行外延扩张战略。

四川是我国中药材大省，成都也是重要的医药技术集中区，2008 年康美在成都建立了康美（成都）药业有限公司，主要进行新型饮片的研发，达到规模化生产，制定规范化的工艺标准，保证质量的标准化以及实现检测手段的现代化。

2009 年 1 月，康美收购了北京隆盛堂药业，并成立了康美（北京）药业有限公司，进一步扩张包括北京、天津、大庆等市场。同时，还分期投入了大量的资金，将北京康美塑造成一家强大的中药饮片生产公司，2009 年 3 月到 2012 年 3 月依次进行了一期、二期和三期的改造建设，将原有厂房和生产线进行改造，又进行了扩建施工招标土建、设备订货、设备安装调试和验收交付使用等工作，现已通过国家 GMP 认证。

2009 年 3 月，康美药业完成了对吉林省集安市新开河有限公司的收购，重新成立了康美新开河（吉林）药业有限公司，成为国际上规模最大并且实现人参全产业链模式的专业人参制品企业。新开河公司拥有 3000 余亩人参 GAP 种植基地，以及国际先进水平的人参生产线和加工设备。公司经营的产品有八大系列共 300 余种规格，其主导产品"新开河模压红参"的研制是国家级攻关项目，开创了"模压红参"饮片的新模式，在产品销售上拥有自营进出口权，畅销国内外市场。

2010 年是康美药业在全国急剧扩张的一年，整体收购了"保宁制药"和"滕王阁制药"，并投资约 6 亿元整合和扩建这两家医药企业，包括 300 多亩的规划用药、新建的化学药品生产线、中药饮片加工、新产品开发等，并且定位建设该集团内部（毒性）中药饮片的定点加工基地。同年投资 3 亿元在北京大兴区科技园区大兴生物医药产业基地建设康美药业优质特色饮片规范化生产和过程控制技术应用示范项目。

2011 年 6 月康美董事会决议在甘肃陇西投资 4 亿元建设中药饮片及药材提取生产基地，投资 11 亿元建设中药材现代仓储物流及交易中心。

康美通过并购等手段，不断扩大商业版图，现已经在上海、北京、广州、深圳、亳州、四川、集安等地建立了多家分公司，办事处遍布全国 20 多个省市，在华北、华东、华南、西南和东北等区域形成了较为完善的市场营销网络，其产品覆盖了西药、医疗器械、中药材、中成药、中药饮片、保健食品等多个品类，还建有自己的研究院和医院。

康美药业为了突破中药饮片地方保护主义格局，规划通过依托中药饮片物流配送平台去搭建一个面向全国的中药饮片点对点的电子商务平台，从而既可以降低物流成本，又可以保证质量可靠的中药饮片供应全国。因此，收购中药材交易市场是康美实施中药饮片流通改革与创新的关键一步，具体包括：收购亳州、普宁及安国的中药材市场；建设亳州华佗国际中药城；成立康美中药物流配送中心。

2010 年 4 月，康美药业正式收购亳州世纪国药有限公司全部股权，成立了康美（亳州）世纪国药有限公司，具体包括世纪国药公司总建筑面积约 5 万平方米的中药材交易中心、中药材交易大厅、中药材交易中药二期工程会展中心及世纪国药公司其他固定资产。另外，国家五部委批准的世纪国药公司合法经营中药材专业市场资格权也归属于康美药业。同时，康美药业还投资 15 亿元，打造占地 106.6 万平方米的康美（亳州）华佗国际中药城，是集中药材及饮片交易市场、中药养生保健品交易市场、会展中心、中药材电子交易平台等于一体，配套了质检中心、办公楼、物流、仓储、健康园餐饮保健等相关设施的综合中药城，预计投入使用后年营业收入可超过 100 亿元。

广东普宁中药材专业市场是 1996 年 7 月经国家批准的 17 个定点中药材专业市场之一，2010 年 8 月 18 日，康美药业与普宁市人民政府签订了《关于收购普宁中药材专业市场的框架协议》，并于 2011 年 5 月成功完成收购事项。

河北省安国中药材专业市场，也是首批国家认定的 17 家中药材专业市场之一，是中国北部最大的中药材专业市场。而收购安国中药材专业市场是康美药业布局全国中药材市场，进一步扩大中药材市场话语权的战略性一步。2013 年 9 月 16 日，康美药业与河北省安国市政府签订了《关于收购安国中药材专业市场交易中心的框架协议》，包括安国中药材交易中心、相应的土地使用权和附属设施以及经营管理所需资质和许可。

四　吉林省通化现代中药产业园

通化市位于吉林省东南部的长白山区，该地区因丰富的植物和中药材资源而得名，曾被联合国命名为"人与自然保护圈"，目前是我国"五大药库"之一，并有"中国中药之乡"之称。现已查明的药物资源 252 科、596 属、1133 种，其中人参、细辛、平贝、五味子、刺五加等滋补类中药材产量全国居首，同时也是著名的"关东三宝"——人参、貂皮、鹿茸角的主要产区。在区位方面，通化市距省会长春 350 公里。南与朝鲜民主主义共和国的慈江道隔鸭绿江相望，西与辽宁省的铁岭市、丹东市接壤，北与吉林市、辽源市毗邻，东与白山市相连。通化是梅（河口）集（安）、鸭（园）大（栗子）、浑（江）白（河）铁路枢纽，是集（安）锡（林郭勒）、鹤（岗）大（连）公路交会处，是长白山区的交通咽喉。重要的地理位置和便利的交通条件，成为通化市开发不可多得之地利条件。

凭借优越的资源禀赋和区位优势，通化市先后被列为国家火炬计划（长白山药谷）中药材示范基地、国家首批生物医药科技兴贸出口创新基地、新型工业化产业示范基地、国家级生物产业基地，并获得"中国百佳产业集群"殊荣。2008 年，通化市被国家命名为"中国医药城"，其医药企业主要以生产中成药为主，

2010 年其制药工业产值、利润分别占全省制药工业产值、利润的
36.6% 和 44.6%。

通化市的中医药产业主要以医药生产和中药材种植为主，在
医药生产工业方面，2011 年全市现有 95 户医药企业，资产总额
达到 241.5 亿元。这些医药企业主要以股份制和个体私营企业为
主，其中规模以上企业就有 76 户，还有 11 户企业集团、5 户上
市公司、产值超亿元的制药企业达到 20 户，修正、万通、东宝等
7 户企业进入中国医药工业企业利润 500 强，修正药业进入全国
制药行业十强、全国民营企业百强行列。全市医药商业批发企业
34 户，零售药店 1091 户，销售网络遍布全市城乡（见表 6—4）。

表 6—4　　　　　　　　　**吉林通化中药产业园**

背景		结构	
资源禀赋	中药材资源丰富	企业类型	民营中小型企业
区位优势		企业数目	95
工业基础	中药材示范基地、生物产业基地	企业规模	多为中小型企业
产业定位	中药材生产为主	产业链组成	中药（种植、研发生产、经营）

最后，在前面的论述中提到产业园区对于产业及区域经济的
发展都有一定的拉动作用，而产业园区是由一个个企业组成的，
所以对企业的分析，尤其是园区龙头企业的分析更能进一步了解
产业园区的实际效用，以及产业园区与企业之间的相互作用。下
面，我们从通化医药城中选择了包括修正药业集团、万通药业集
团和通化东宝药业三家公司作进一步分析，了解企业是如何利用

园区资源优势发展的。

（一）修正药业集团

修正药业集团是一家大型现代化民营制药企业，其业务范围包括中成药、化学制药、生物制药的科研生产营销、药品连锁经营、中药材标准栽培等。修正药业集团的前身是通化市医药工业研究所制药厂，1995 年 5 月，修正药业集团创始人修涞贵将其收购；2000 年 5 月，更名为吉林修正药业集团股份有限公司；2001 年 2 月，获评为科技部"国家火炬计划重点高新技术企业"；2004 年 4 月，修正药业总投资 10 亿元，在吉林长春打造国内规模最大最具现代化水平的生物医药科技园；2004 年 11 月，正式更名为修正药业集团。

截至 2006 年，修正药业集团的主要项目：总投资 1.2 亿元的国家一类新药"加替沙星"原料合成及制剂生产线；省内最大规模的 GAP 中药材生产基地；总投资约 1 亿元的 1000 家吉林省 GSP 连锁经营店；总投资 10 亿元建设的"生物医药科技园"。另外，于 2006 年 9 月，通化市政府与修正药业集团共同合作开发的人参产业园计划正式启动，修正药业继续在通化市大力投资人参饮片加工等六大产业。目前，修正药业的产业布局已从医药名城通化，不断向柳河、双阳、长春、北京、四川、南昌等地延伸。

在产品创新方面，修正药业集团注重研发中心的建设，现已建成国家级企业技术中心、国家级工程中心、博士后工作站等，并在沈阳、上海等城市设有分支机构。同时与吉林大学生命科学学院联合建立生物制药开放实验室。目前修正药业共拥有自主知识产权产品近 80 个，专利 1000 多项。生产药品 800 多种，共涉及 21 种剂型，生产近千种保健品和化妆品。其中"斯达舒""消糜栓""唯达宁""益气养血口服液"等产品已经占据了市场领先地位，成为通化市乃至全国的知名品牌。

修正药业拥有两个总公司、"修正、通药、斯达舒"三个国家级驰名商标和十四个销售平台。秉承着"建百年修正，创民族品牌"的理念，自 2000 年起，修正药业连续 10 年位居吉林省医药企业综合排行榜榜首，2004 年更成为全国中药企业利润排序中的第一名，销售额和利润均进入中国医药行业前十强。2010 年完成产值 169 亿元，实现销售收入 171 亿元。2000—2010 年累计实现销售收入 552.2 亿元。目前，集团拥有 66 个全资和控股子公司，有员工 80000 余人，总建筑面积 59 万平方米，资产总额 75 亿元。

（二）万通药业集团

万通药业集团以其风行十二年不衰的"万通筋骨片"，抗癌特效药"楼莲胶囊"等产品，缔造了中国医药史上的"万通"传奇。目前，万通药业集团已形成了以制药业为主，兼营药品研发、药品销售，实现产业的多元化、营销的网络化、管理的人性化、商贸的国际化等诸多特点的大型现代化实业集团，并已跻身全国医药百强企业。

吉林万通药业集团成立于 1997 年，坐落于长白山麓浑江河畔，素有"中国医药城"美誉的通化市，由当时濒临倒闭的通化市第二制药厂发展而来。2006 年 11 月，成功收购长春达兴药业股份有限公司，并更名为吉林万通药业有限公司；2005 年 7 月，成立了万通药业俄罗斯及印度尼西亚销售分公司；2005 年 11 月，吉林万通集团正式成立。多年来，通化市东昌区政府对万通药业的发展给予了大力支持，特别是企业异地改造建设、扩建用地、税收减免及向上争取资金方面加大扶持力度，采取领导重点包保及下派干部等措施使企业不断壮大，并发展成为通化市支柱企业，医药行业龙头骨干企业。目前吉林万通药业逐步实现了全产业链化生产，共拥有三大板块产业，以药业为主导产业，相互促进，协调发展。第一板块为医药产业，下辖一户药品经销企业和七户制药企业；第二板块为多元产业，下辖万通小额贷款公司和万通房地产股份有限公司等 5 家企业；第三板块为资源产业，拥有万通矿业集团，下辖 11 户矿业企业。2012 年，集团三大板块全口径实现销售收入 36 亿元，上缴税金 3 亿元。

目前万通药业集团共拥有 13 个剂型、327 个品种，其中拥有独家品种 24 个，国家基本药物目录品种 34 个，医保品种 85 个，尤以"万通筋骨片""万通筋骨贴""万通消糜栓""景志安神口服液""楼莲胶囊"等被国家五部委评为国家重点新产品的发展最为成功。集团致力于打造全国风湿用药第一品牌，其"万通筋骨片""万通筋骨贴""伤湿止痛膏""万通筋骨喷剂"等系列产品彰显品牌优势，以其高品质和确切的疗效荣获"中国风湿用药首选品牌"的称号，均被认定为全国风湿用药首选品牌，2006 年"万通"商标荣获中国驰名商标。随着万通品牌知名度和美誉度的不断提高，在董事长潘首德的带领下，2003 年，万通药业被国家五部委评为"国家火炬计划优秀高新技术企业"，并进入中国制药企业 100 强。先后获得国家级重点高新技术企业、东北三省经济效益最佳企业、吉林省"五一"劳动奖状等几十项殊荣。

（三）通化东宝药业股份有限公司

东宝集团创建于 1985 年 12 月 1 日，位于吉林省通化市。东宝药业的前身是由白山滋补品厂，并于 1992 年兼并了所在地通化县二密镇恒德村，在国内首创"以企兼农"典型范例。同年，组建成立了中国通化东宝集团。自成立以来，公司注重生产工艺及设备、科研水平以及多元化经营项目等各方面的发展，且均已处于国内领先水平，以其"东宝模式"在业内闻名。公司于 1994 年 8 月 24 日在上海证券交易所挂牌上市。

东宝集团发展之初，在总裁李一奎的带领下，从一家传统制药企业向高科技生物制药企业不断迈进。首先，东宝集团先后研制推出了包括镇脑宁、东宝肝泰片、脑血康片等一大批国家级新药；其次，东宝拥有国际一流 GMP 生产设施和质量控制体系，都有效地确保产品符合世界先进的药品质量标准。继中医药产品奠定市场地位之后，东宝集团投资数亿元进入生物制药领域。从 1995 年起，用三年时间研究开发了具有自主知识产权的高科技制剂药品"甘舒霖"，使中国成为继美国、丹麦之后，世界上第三个能生产基因重组人胰岛素、第二个能生产甘精胰岛素的国家，并打破了我国糖尿病患者在使用人胰岛素产品上长期依赖进口的格局，在国际社会中树立起了良好的企业形象和声誉。目前，总投资 3.5 亿元的东宝基因重组人胰岛素二期扩建工程已进入设备的引入与安装阶段，该项目属于国家振兴东北老工业基地的重点扶持项目，建成后年产量可达 3000 吨。同时，东宝集团其他优良品种也正处于研发阶段。

为了加快产业布局的计划，东宝集团以中国医药城通化市为中心，不断向北京、上海、厦门等 10 多个省市延伸，设立分支机构。其中，"基因重组人胰岛素"项目作为东宝集团的核心项目之一，国内外市场均是东宝集团重点开拓的市场，目前已注册的国家包括俄罗斯、波兰、墨西哥等 10 多个，而正在注册的国家有 40 多个。

在医药企业的带动下，同时也产生了一系列产业链中相关的专业化生产企业，包括纸箱厂、胶囊厂、防潮厂、印刷厂等企业。在研发资源方面，目前通化拥有吉林省人参研究院、吉林大学通化医药学院、集安人参研究所、通化师院中药系、市园艺研究所等 5 个人参科研专门机构，有修正、万通、紫鑫等 18 个省级以上企业技术中心，专职科研人员 100 多人。同时，通化医药学院、通化师范学院、通化职业技术学院均开设了制药技工专业，先后培养了医药专业人才 4000 多人，为通化市医药产业可持续发展提供了人才支撑。

中药材种植是通化市中医药产业兴起的重要环节，目前通化市先后有细辛、返魂草、平贝母、藁本四个品种列入国家现代化中药吉林基地，拥有 GAP 基地种植面积 1.68 万亩，其中新开河人参、平贝母基地通过了国家 GAP 认证。截至 2006 年年底，共有人参、五味子、刺五加等 12 种中药材种植基地，中药材种植面积 26.7 万亩，年生产中药材 2.6 万吨，总产值 5.2 亿元。全市人参种植面积约 1.56 万亩，占全省人参种植面积的 30%；年产值 2.8 亿元，占全省的 27.1%。

早期通化市的中医药产业集聚的现象主要得益于当地对其自然资源和劳动力资源等方面的充分利用。随着企业不断集聚及发展，目前通化市能够为中医药企业提供产品生产初期所需要的原材料，凭借该优势，通化市的中医药产业集群规模正在逐步增强。然而，一方面，由于通化的医药企业主要以民营企业为主，中小企业数量较多，具有影响力的龙头企业较少。另一方面，通化医药企业之间的产品较为相同或者类似，所涉及生产工艺较为简单，企业之间主要依托当地的资源优势聚集在一起，技术和经济联系较少。因此目前通化市的医药企业间合作较少，很少有特别的长期关系。

五 国内不同产业园的比较

总体而言，四个产业园的共同点是丰富的中药材资源以及交通便利。通化以人参、细辛、平贝、五味子、刺五加等滋补类中药材为主；四川以川芎、麦冬、薄荷等川药为主；亳州的道地药材有亳芍、亳菊、亳花粉、亳桑皮等；而以云药著称全国的云南更是中药材资源丰富的地区，再加上便利的水、陆、空交通运输，使三地的产业园发展能够在全国首先开展起来。仰仗资源的丰富，四地的中药产业集群均以中药材种植基地为首，四者均有中药材 GAP 种植基地：通化位于吉林省，以长白山名贵中药材人参种植示范基地而闻名；四川省是"遍地开花"，由企业共建立了 50 多个道地药材种植基地；亳州是全国最大的中药材交易中心，所以重点打造了亳州现代农业综合开发中药材示范区；而云南中药材种植基地则以文山三七产业园闻名。

从产业园区来看，四者的定位略有不同。通化医药城注重中药发展的全产业链模式；四川省的产业园区主要以中药材种植、生产为主，研发更多地集中在重点院校而非产业园区；亳州的产业集群除了中药材种植以外，中药材流通基地的建设也是一大亮点，中国（亳州）中药材交易市场是目前国内起点最高、规模最大、功能最齐全、集散功能最强的中药材专业交易市场，并已连续 29 年成功举办了全国（亳州）中药材交易会，连续 5 年成功举办了国际

（亳州）中医药博览会；而云南的产业园区以中药材种植为主导，并在进一步规划开发中药现代化科技产业（云南）基地，该基地将在中药材种植的基础上，进行中药研究开发、中药产业开发、市场营销和配套服务等其余三大体系的进一步开发整合。

从产业链结构的角度来看，四者基本都是以中小型民营企业为主。通化虽然发展中药全产业链，但从整体来看，企业的类型以中小型民营企业为主；四川进入产业集群的企业均是以中药材种植为主，以中药品种形成了各个种植基地，现已有包括附子、鱼腥草、川芎、麦冬、白芷、丹参、川贝母及美洲大蠊共 8 个品种 12 个基地通过了国家 GAP 认证，进入产业园区的企业主要以种植和中药饮片加工生产为主；亳州与云南的产业链结构较为相似，本地企业进入中药产业园区的大多是民营中小型企业，也有大型国有企业被吸引加入产业集群，诸如北京同仁堂、康美药业、和记黄埔、双鹤药业、天江药业、广州白云山等 112 家企业加入安徽亳州现代中药产业创业园，云南白药集团股份有限公司、云南盘龙云海药业有限公司、昆明制药集团股份有限公司等亦是云南中药产业集群的骨干力量。亳州与云南两地均较为重视中药的新药研发和二次开发，在亳州，以康美药业为例，企业投入大量精力开发国家级攻关项目"新开河模压红参"的研制，而云南的中药现代化科技产业（云南）基地在短短 5 年内即开发完成了白药胶囊、白药创可贴、白药气雾剂、灯盏细辛注射液、血塞通片等 12 个年销售收入上亿元的品种，57 个上千万元的品种（见表 6—5）。

表6—5 四大中医药产业园的比较

	通化	四川	云南	亳州
类型	全产业链模式	规范种植	规范种植	交易流通
资源禀赋	中药材资源丰富	中药材资源丰富	中药材资源丰富	中药材资源丰富
区位优势	较强	较强	较强	较强
工业基础	名贵中药材种植示范基地；上中下游企业齐备	中药材种植示范基地	中药材种植示范基地；三七等道地药材规模发展	中药材种植示范基地；中药材流通基地
产业定位	中药材生产为主	中药材种植、生产为主	中药材种植和新药开发	中药材生产及流通为主
企业类型	民营中小型企业	民营中小型企业	民营中小型企业	民营中小型企业
企业数目	95	210	—	284
企业规模	中小型企业	中小型企业	中小型企业	中小型企业
产业链组成	全产业链	上游为主	上游为主	下游为主

第二节 产业园区与医药产业发展的 国际经验和案例

国外尚无中医药产业园。对于中国中医药产业园有借鉴意义的是国外的生物医药产业园。美国是生物医药产业起步最早，也是全球生物医药产业最重要的集聚地，现已发展形成了9个主要的生物医药产业集群：波士顿、费城、圣地亚哥、旧金山、西雅图、罗利—达勒姆、华盛顿—巴尔的摩和洛杉矶。全球有约一半的生物技术公司和生物技术专利在美国，而且其生物技术产业的销售额占全球的90%以上。欧洲在20世纪90年代兴起了生物医药产业园的热潮，尤其在英国、德国、法国和意大利，生物科技园得到政府的大力投入支持；其中，德、法两国的生物科技园区的发展最具创新性，不同于一般园区以产业化为核心，德、法两国则是把目标放在了基础研究、研发及孵化等全球价值链的高端。此处，我们将介绍具有代表性的美国马萨诸塞州生物医药产业园（Massachusetts Biotechnology Research Park）和德国海德堡生物医药产业园（Heidelberg Technology Park）。

一 美国马萨诸塞州生物医药产业园

1985 年，由美国马萨诸塞州的非营利组织生物技术委员会（Massachusetts Biotechnology Council，MBC）与沃斯特商业发展公司（Worcester Business Development Company，WBDC）联合倡导及筹建的马萨诸塞州生物技术研究园（Massachusetts Biotechnology Research Park）是美国第一个生物技术研究园，地处马萨诸塞州有 65 公里长的基因城（Genetown）长廊的西部。园区共占地 105 英亩，主要由非营利性研究机构、生物科技公司及服务设施组成。

马萨诸塞州生物技术研究园的成立的目的主要是支持当地的生物技术及医药公司的发展，包括吸引大型企业的进驻、促进中小型企业的发展，推动创新技术向商业应用的顺利转化。据对园区建立以来的统计，在过去的 20 多年，全球有将近 8% 的新药就来自研发总部位于该园区的医药公司，2003 年 1 月在美国上市销售的新型关节炎新药阿达木单抗（Humira）就是雅培通过位于园区内的研发中心开发研制成功的。目前，园区已发展成为美国最重要的生物技术研究及生产中心之一。

在马萨诸塞州生物技术研究园的结构组成方面，聚集了大量非营利性研究机构及生物科技公司。非营利性研究机构主要是卫生科研机构，包括马萨诸塞州药学和卫生学院（Massachusetts College of Pharmacy and Health Sciences）、塔夫斯大学兽医学院（Tufts University School of Veterinary Medicine）、马萨诸塞州大学医学院（The University of Massachusetts Medical School），以及美国东北部最重要的医学科研机构麻省理工学院医学中心。另外，拥有1700位医师及超过10000名员工的马萨诸塞州立大学公共保健中心（UMass Memorial Health Care），以及被评为美国国内增长速度最快的学术型医疗中心之一的马萨诸塞州医学院（Massachusetts Medical School）都是园区的重要组成部分。

大量生物科技公司的聚集是将创新技术顺利转化为商业应用的关键，主要以医药公司的研发中心为主。其中，有世界500强的跨国企业及创新型小企业的研发中心，包括 Abbott Bioresearch Center、ViaCell、Athena Diagnotics、Advanced Cell Technology 等。根据 MBC 的资料，马萨诸塞州有超过280个从事药品或生物技术创新研发的医药公司，主要分布在从波士顿通往伍斯特的高速公路两侧，而园区内的医药企业大概为26家。

马萨诸塞州生物技术研究园所在的马萨诸塞州在美国还是典型的教育科研强州，四年制大学学院数目占了全美的4.5%，其中，就包括哈佛大学、麻省理工学院、波士顿大学、波士顿学院、东北大学等。这些教育科研机构不仅能贡献技术上的开发及创新，而且还为马萨诸塞州生物技术研究园培养高级人才，源源不断地向园区输送新生力量，保证园区的生命活力（见表6—6）。

另外，马萨诸塞州为促进生物技术产业的顺利发展，推出了许多激励政策。在财务政策方面，包括设立了针对企业特别厂房、设备等固定资产的贷款和担保的新技术基金，R&D、新厂房及新设备享受税费减免优惠，还有投资赋税优惠、增值税理财优惠、R&D 税收优惠等；在吸引人才方面，政府推出了劳动培训基金、鼓励招聘的培训拨款及激励提供新岗位的资金等。

因此，得益于马萨诸塞州大量的科研机构及医药企业的聚集以及政府扶持政策的有效实施，根据美国劳工统计局（U. S. Bureau of Labor Statistics）的数据（见图 6—1），2012 年马萨诸塞州的生物制药产业的从业人数为 56462 人，10 年内增长了约 40%，增长速度远高于美国全国生物制药产业的从业人数增长水平；其中，2012 年马萨诸塞州生物制药产业相关的研发从业人数为27883 人，占总的生物制药产业从业人数的 49.4%，同时也是美国国内生物制药产业研发从业人员最多的州。

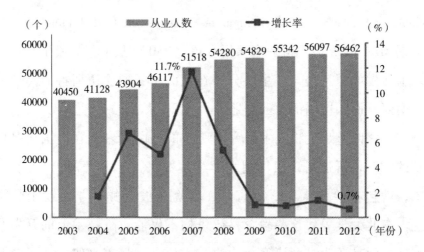

图 6—1　马萨诸塞州 2003—2012 年生物制药产业的从业人数发展情况

资料来源：http://www.massbio.org，U. S. Bureau of Labor Statistics。

表6—6　　　　　　　　美国马萨诸塞州生物技术研究园

类型	性质	类型	性质
资源禀赋	科研强州	主要企业类型	研发中心总部、生产
区位优势	较强	企业数目	26
工业基础	美国第一个生物技术研究园；位于基因城（Genetown）长廊的西部	企业规模	—
产业定位	生物技术研发	产业链组成	研发、生产
集群内部网络	强	规模经济性	高

二　德国海德堡生物医药产业园

1985 年 11 月，欧洲第一个分子生物学中心成立于德国海德堡市的 Neuenheimer Feld。1986 年，德国第一个生物科技园——海德堡科技园（Heidelberg Technology Park）在海德堡大学附近地区开始筹建，园区包括 11 家公司和 6000 平方米的实验室及办公室。1998 年，为了配合科技园急速的发展，开始扩建实验室及办公区，2002 年 9 月完成了扩建工程的第三期，科技园的建筑面积也扩大到 50000 平方米，公司及研究机构达 70 多家。2005 年，海德堡科技园设立了 Umwelt Park，并于 2006 年开建会议中心（TPCC）。目前，海德堡科技园已经发展成为包括 3 个园区，超过 80000 平方米的办公面积，80 多家大型公司及研究机构和超过 120 家中小企业，员工人数约 1300 人的集生物技术、医药技术、生物信息和环保技术于一体的国际科学园。经过近 30 年的发展，海德堡科技园已成为德国最重要的生物产业集聚地之一。

海德堡科技园是由银行和私人投资的，股东为海德堡市政府和莱茵内卡工商业联合会（Rhein – Neckar Chamber of Commerce and Industry），而科技园的经营和管理是由海德堡 GmbH Technolo – giepark 负责，政府官员则担任科技园主任。为了支持科技园的长期发展，政府每 5 年会向园区拨款 1500 万马克。

海德堡科技园的建立就是为专门从事生物技术、医药技术、生物信息和环保技术研究的公司或机构提供设施设备及管理服务，聚集德国国内及国际领先的研究机构和生物科技企业，从而促进海德堡地区的生物技术产业的集群发展。因此，科技园对于创新网络和文化氛围的建设是十分重视的。

在创新网络建设方面，园区内尽量做到"一站式服务"，包括最优化治疗方案、产品开发、委托研究、临床研究、成果转化及产品代理等全产业链服务，以及医药技术教学与培训及其他相关项目。在文化氛围建设方面，科技园区内很注重软件环境建设，包括成立综合了知识管理、文学、工作及服务等内容的数据库，设立文化交流平台和 TP 论坛，组织了由银行家、律师、研究机构及企业等组成的会员制俱乐部等。另外，在园区集中采购、风险投资、专利代理、现代化会议中心、园区互联网门户及餐厅等配套服务设施也是相当完善的。

海德堡科技园是一个专注于生物技术、生物信息和环保技术的国际科学园区，不仅与政府机构、研究机构及企业保持紧密联系，而且还是许多国际组织的成员（见表 6—7）。

表6—7 海德堡科技园的合作发展组织

类型	名称
政府机构	德国联邦政府（Federal Government of Germany）、巴登—符腾堡州（State of Baden – Wurttemberg）、海德堡市（City of Heidelberg）等
研究机构	海德堡肿瘤国家研究中心（National Center for Tumor Diseases Heidelberg, NCT）、海德堡离子束治疗中心（Heidelberg Ion – Beam Therapy Center, HIT）、欧洲分子生物学实验室（European Molecular Biology Laboratory, EMBL）、德国癌症研究中心（German Cancer Research Center, DKFZ）、马普医学和细胞生物学学会（Max – Planck – Institute of Medical Research）、海德堡大学（Heidelberg University）等
企业	雅培（Abbott）、德国巴斯夫集团（BASF AG）、默克（Merck）、德国罗氏诊断有限公司（Roche Diagnostics GmbH）等；约120家中小型生物技术和生命科学公司
国际组织成员	莱茵内卡三角地区生物基地（Rhein – Neckar Triangle e. V. BioRegion）、柏林 Bio Deutschland Organisation、德国联邦创新协会、技术和启动中心（Federal Association of German Innovation, Technology and Start – Up Centers, ADT）、西班牙国际科学园协会（International Association of Science Parks and Areas of Innovation, IASP）等

资料来源：http：//www. technologiepark – heidelberg. de/。

海德堡科技园非常注重与国内外不同组织的合作伙伴关系。非科技园区内的合作伙伴就大概有200个，包括北美洲、南美洲、欧洲、亚洲和大洋洲，其中与中国科技园建立了合作关系的就有清华科技园、青岛高科技产业园、苏州创新园和济南高科技开发区等。通过多方合作，不断促进科技园在学术交流、业务、培训及专利等方面的国内外合作。

另外，海德堡科技园在交通方面也是十分便利的。距法兰克福国际机场仅45分钟汽车或35分钟火车的路程。

对于海德堡科技园，我们可以大致总结如下（见表6—8）：

表 6—8　　　　　　　　　**德国海德堡生物医药产业园**

类型	性质	类型	性质
资源禀赋	德国最重要的生物产业集聚地之一	主要企业类型	创新研发企业
区位优势	较强	企业数目	200
工业基础	德国第一个生物科技园	企业规模	世界 500 强制药企业
产业定位	生物技术研发	产业链组成	研发、生产、销售
集群内部网络	强	规模经济性	高

左云实践篇

第七章　新时代左云经济发展的新理念和突破口

第一节　党的十九大后国家层面经济社会转型发展论述

一　牢牢把握供给侧结构性改革这条主线，建设现代化经济体系

党的十九大报告指出，我国经济已由高速增长阶段转向高质量发展阶段，正处在转变发展方式、优化经济结构、转换增长动力的攻关期，建设现代化经济体系是跨越关口的迫切要求和我国发展的战略目标。必须坚持质量第一、效益优先，以供给侧结构性改革为主线，推动经济发展质量变革、效率变革、动力变革，提高全要素生产率，着力加快建设实体经济、科技创新、现代金融、人力资源协同发展的产业体系，着力构建市场机制有效、微观主体有活力、宏观调控有度的经济体制，不断增强我国经济创新力和竞争力。

党的十九大报告首次提出"建设现代化经济体系"，并指出："我国经济已由高速增长阶段转向高质量发展阶段，正处在转变

发展方式、优化经济结构、转换增长动力的攻关期，建设现代化经济体系是跨越关口的迫切要求和我国发展的战略目标。"这是对新的历史条件下我国经济发展做出的精准研判。报告进一步指出："建设社会主义现代化经济体系，必须把发展经济的着力点放在实体经济上，把提高供给体系质量作为主攻方向，显著增强我国经济质量优势。"这就需要我们全面深化认识提高供给体系质量这一供给侧结构性改革主攻方向的内涵与要求，进一步深化对供给侧结构性改革的认识，牢牢抓住供给侧结构性改革这条主线，努力打赢这场攻坚战，实现社会主义现代化和中华民族的伟大复兴。

（一）建设现代化经济体系，必须坚持供给侧结构性改革这条主线

建设现代化经济体系是党的十九大着眼决胜全面建成小康社会、全面建设社会主义现代化国家伟大目标做出的重大战略部署。现代化经济体系建设对我国经济的发展提出了更高要求。即在贯彻"创新、协调、绿色、开放、共享"的新发展理念的指引下，努力实现更高质量、更有效率、更加公平、更可持续的发展，要坚持"质量第一、效益优先"，把提高供给体系质量作为主攻方向，保持经济平稳健康发展。以供给侧结构性改革为主线，推动经济发展质量变革、效率变革、动力变革，提高全要素生产率，着力加快建设实体经济、科技创新、现代金融、人力资源协同发展的产业体系，着力构建市场机制有效、微观主体有活力、宏观调控有度的经济体制，推动形成全面开放格局，不断增强我国经济创新力和竞争力。

既然党的十九大报告提出了建设现代化经济体系这一新概念

新范畴，并且论述了建设现代化经济体系与供给侧结构性改革紧密相连的客观事实，不难发现，无论是推进全面深化改革，还是具体到建设现代化经济体系，都离不开供给侧结构性改革这条主线。大量事实表明，当前我国经济体制改革的大部分重点、难点要么位于供给侧，要么出在结构上，是同供给侧和结构性问题交织在一起的。比如，经济体制改革的核心问题是处理好政府和市场的关系，使市场在资源配置中起决定性作用和更好发挥政府作用。这当中，无论是市场的资源配置作用，还是政府的作用，抑或是二者的协调配合，都属于供给侧和结构性的问题。再比如，现代化经济体系是以质量为本的供给体系建设。改革开放40年来，我国经济发展取得了举世瞩目的成就，经济总量跃居世界第二，人均国内生产总值已居上中等收入经济体水平。随着经济的发展，当前我国社会主要矛盾也已经转向人民日益增长的美好生活需要和不平衡不充分的发展之间的矛盾。人民群众对数量型的更多增长转向对质量的更高追求。而当前经济体系中的结构性问题的一个主要症结就在于质量优势尚未全面覆盖各行各业，这是我们建立现代化经济体系必须攻克的基本难点。由此可见，建设现代化经济体系，只能而且必须从供给侧结构性改革入手，围绕供给侧结构性改革这条主线展开；只能而且必须将改革与发展紧密联系在一起，在改革中求发展，在发展中谋改革。

（二）建设现代化经济体系，供给侧结构性改革的内涵不断深化

党的十八大以来，以习近平同志为核心的党中央做出我国经济发展进入新常态的重大判断，逐步形成了以新发展理念为指导、以供给侧结构性改革为主线的政策体系，推动我国经济朝着

更高质量、更有效率、更加公平、更可持续的方向发展。从这一时期"供给侧结构性改革—经济体制改革—全面深化改革"这一关系链条中，可以清晰地看出，以供给侧结构性改革作为持续深化经济体制改革的主线，用改革的方法深入推进"三去一降一补"，把简政放权、放管结合、优化服务改革作为供给侧结构性改革的重要内容，持续增加有效制度供给，是持续推进全面深化改革的必由之路。当前，我国供给侧结构性改革扎实拖进，成效不断显现。从去产能看，2016年钢铁、煤炭等重点行业超额完成年度规划任务。从去库存看，商品房待售面积下降明显。从去杠杆看，企业部门负债率稳中有降，资金"脱实向虚"得到遏制，有利于更好地服务实体经济。从降成本看，企业的税费成本、用工用能成本、土地成本、物流成本、融资成本及制度性交易成本都不同程度有所下降。从补短板看，通过加大对生态保护、环境治理、基础设施建设、科技创新、民生建设、水利管理以及第一产业等薄弱环节的投资力度，经济社会发展的薄弱环节得到有效改善。2017年以来，去产能加快推进，去库存、去杠杆和降成本效果继续显现，短板领域投资快速增长，进展顺利。在看到成绩的同时，我们也应清醒认识到，供给侧结构性改革任重道远。特别是去产能市场化、法治化手段有待完善，去库存的政策应更加精准，去杠杆尚要下大气力，降成本很多体制机制性障碍尚未消除，补短板需要进一步聚焦。

党的十九大报告围绕建设现代化经济对我国供给侧结构性改革内涵进行了新的诠释，在"三去一降一补"的基础上，又进一步拓展新领域、丰富新内涵。报告指出："建设社会主义现代化经济体系，必须把发展经济的着力点放在实体经济上，把提高供给体系质量作为主攻方向，显著增强我国经济质量优势。"即在坚持去产能、去库存、去杠杆、降成本、补短板的基础上，优化存量资源配置，扩大优质增量供给，实现供需动态平衡。全面提高产品和服务质量是提高供给体系质量的中心任务。加快增长动力转换，全面提升实体经济特别是制造业水平，是提高供给体系质量的主战场。与此同时，强化基础体系支撑，加强水利、铁路、公路、水运、航空、管道、电网、信息、物流等基础设施网络建设。发挥人力资本作用，更加注重调动和保护人的积极性，激发和保护企业家精神，鼓励更多社会主体投身创新创业。建设知识型、技能型、创新型劳动者大军，弘扬劳模精神和工匠精神，营造劳动光荣的社会风尚和精益求精的敬业风气。

（三）建设现代化经济体系，牢牢把握供给侧结构性改革的主攻方向

深化供给侧结构性改革、建设现代化经济体系是一项复杂的系统工程，牵涉领域广、影响范围大，全面构建高质量发展的供给体系是其改革的主攻方向。

（1）注重经济发展质量变革、效率变革、动力变革的协调统一，提高全要素生产率。全面提升产品和服务的质量，特别是在制造业领域，对标国际质量高标准，逐步形成一批有长期稳定国际竞争力的高质量品牌企业和产品；同时依靠资源配置及使用效率不断提升，促进经济增长动力要素和动力机制的持续创新和完善。在三大重要变革中，以质量变革主体，以效率变革为主线，以动力变革为基础，切实、持续地提高全要素生产率。（2）着力加快建设协同发展的产业体系。建设实体经济、科技创新、现代金融、人力资源协同发展的产业体系是现代化经济体系的根基。

把发展经济的着力点放在实体经济上，引导经济脱虚向实发展，将先进的科学技术与实体经济发展深度融合，支持传统产业的优化升级。强化基础研究，引领性原创成果重大突破，建立以企业为主体、市场为导向、产学研深度融合的技术创新体系，发挥科技创新的战略支撑作用。引导金融更好地服务实体经济，把更多金融资源配置到经济社会发展的重点领域和薄弱环节，更好地满足人民群众和实体经济多样化的融资需求。优先发展教育事业，提高劳动力就业质量，破除妨碍劳动力、人才社会性流动的体制机制弊端，培养造就一大批具有国际水平的人才队伍。（3）着力构建市场机制有效、微观主体有活力、宏观调控有度的经济体制。完善产权制度和要素市场化配置，实现产权有效激励、要素自由流动、价格反应灵活、竞争公平有序、企业优胜劣汰。完善国有资产管理体制，深化国有企业改革，发展混合所有制经济，不断增强微观主体的活力。深化商事制度改革，打破行政性垄断，创新和完善宏观调控，深化投融资体制改革，加快建立现代财政制度，健全双支柱调控框架，构建宏观调控有度的经济体制。

党的十九大报告围绕供给侧结构性改革这条主线，对创新驱动、乡村振兴、区域协调发展、经济体制改革和对外开放等作出了相应部署。（1）实施创新驱动发展战略就是发展方式从数量型向质量型发展转变，从速度型向效率型发展转变；经济增长动力从依靠要素投入转向依靠要素生产率提升。以创新实现发展方式和发展动力的转变，以创新推进实体经济转型升级，提高产业竞争力，以创新增加有效供给，满足人民日益增长的美好生活需要。（2）乡村振兴作为农村、农业供给侧结构性改革的重要举措，为城镇发展、农业现代化发展和农村现代化发展指明了方向。（3）建立更加有效的区域协调发展新机制，需要强化举措推进西部大开发形成新格局，深化改革加快东北等老工业基地振兴，发挥优势推动中部地区崛起，创新引领率先实现东部地区优化发展。（4）完善市场经济体制就是要使市场在资源配置中起决定性作用，提高供给要素配置效率。（5）推动形成全面开放新格局，实现互利共赢。推动形成全面开放新格局，要进一步拓宽开放的范围和领域，全面提升开放型发展水平，积极参与全球治理体系改革和建设，不断贡献中国智慧和力量的同时，赢得更加广阔的发展空间。

二　以"乡村振兴战略"作为三农工作的总抓手

农村、农业、农民问题历来受到党和国家的高度重视。党的十八大报告中，就着力强调了城乡发展一体化。十八大之后的历年中央农村工作会议中，习近平总书记多次做出重要指示，他曾经强调，"十三五"时期，必须坚持把解决好"三农"问题作为全党工作重中之重。在十九大报告中，又提出了"乡村振兴战略"。2018 年 2 月 19 日中央一号文件《中共中央、国务院关于乡村振兴战略的意见》对于乡村振兴战略作出了具体的部署。

（一）乡村振兴战略的意义

乡村振兴战略的意义也可以理解为为什么要提出"乡村振兴"，而且还要把它上升为"战略"高度呢？

党的十八大以来，党中央坚持把解决好"三农"问题作为全党工作重中之重，统筹推进工农城乡协调发展，出台了一系列强农惠农政策，实现了农业连年丰收、农民收入持续提高、农村社会和谐稳定。比如我们县，这几年大力开展美丽乡村建设，社会主义新农村建设呈现了新面貌，农民生活质量显著提高，为经济社会发展全局提供了基础支撑。

但是，我们仍然要清醒地看到，当前，我国最大的发展不平衡，是城乡发展不平衡；最大的发展不充分，是农村发展不充分。这些也导致了农业发展质量效益竞争力不高，农民增收后劲不足，农村自我发展能力弱，城乡差距依然较大。

在这样一个背景下，党中央立足于社会主义初级阶段基本国情，着眼于确保如期全面建成小康社会和基本实现现代化、实现国家长治久安作出了"乡村振兴战略"的重大决策部署，也是加快农业农村现代化、提升亿万农民获得感幸福感、巩固党在农村的执政基础和实现中华文明伟大复兴的必然要求，为新时代农业农村改革发展明确重点、指明方向。于是，在"乡村振兴战略"这一块表述的第一句就是：农业农村农民问题是关系国计民生的根本性问题，必须始终把解决好"三农"问题作为全党工作重中之重。因为是"关系国计民生的根本性问题"，所以是"工作重中之重"。这就解释了为什么要提出"乡村振兴"，而且还要把它上升为"战略"高度。

（二）乡村振兴战略的总要求

在党的十六届五中全会上，曾经对建设社会主义新农村作出了一个概括，是5句话20个字，即"生产发展、生活宽裕、乡风文明、村容整洁、管理民主"。这次十九大提出了乡村振兴战略的总要求，也是5句话20个字：产业兴旺、生态宜居、乡风文明、治理有效、生活富裕。互相对照一下，有四句话不一样。这在一定程度上可以表明，我国农业农村发展到了一个新的阶段，需要设定一个新目标，提出一个新的更高的要求。产业兴旺，就是要紧紧围绕促进产业发展，引导和推动更多的资本、技术、人才等要素向农业农村流动，调动广大农民的积极性、创造性，形成现代农业产业体系，实现一二三产业融合发展，保持农业农村经济发展旺盛活力。生态宜居，就是要加强农村资源环境保护，大力改善水电路气房信等基础设施，统筹山水林田湖草保护建设，保护好绿水青山和清新清净的田园风光。乡风文明，就是要促进农村文化教育、医疗卫生等事业发展，推进移风易俗、文明进步，弘扬农耕文明和优良传统，使农民综合素质进一步提升、农村文明程度进一步提高。治理有效，就是要加强和创新农村社会治理，加强基层民主和法治建设，让社会正气得到弘扬、违法行为得到惩治，使农村更加和谐、安定有序。生活富裕，就是要让农民有持续稳定的收入来源，经济宽裕，衣食无忧，生活便利，共同富裕。

（三）怎样实施乡村振兴战略

"乡村振兴战略"意义重大，目标明确，并且不只是农村发展和振兴，而是涵盖全部"三农"工作的重大战略。那么怎样实施好这一战略呢？党的十九大报告原文给出了答案。

1. 不断深化农村改革

一是深化农村土地制度改革。习近平总书记指出，新形势下深化农村改革的主线，仍然是处理好农民与土地的关系。党的十九大报告强调保持土地承包关系稳定并长久不变，明确第二轮土地承包到期后再延长 30 年。这是重大决策，使农村土地承包关系从第一轮承包开始保持稳定长达 75 年，彰显了中央坚定保护农民土地权益的决心，是一个政策"大礼包"，给农民又一个"定心丸"。土地承包期再延长 30 年，时间节点与第二个百年战略构想高度契合，既稳定了农民预期，又为届时进一步完善政策留下了空间。2016 年年底中央下发《关于完善农村土地所有权承包权经营权分置办法的意见》，实行土地所有权、承包权、经营权"三权分置"。这是我国农村改革的重大创新，实现了土地承包"变"与"不变"的辩证统一，回应了社会关切，满足了土地流转需要。要按时完成农村土地承包经营权确权登记颁证工作，探索"三权分置"多种实现形式，真正让农户的承包权稳下去、经营权活起来。

二是深化农村集体产权制度改革。这是继农村土地制度改革后又一项农村改革中的大事，目的是保障农民财产权益，壮大集体经济。中共中央、国务院印发了《关于稳步推进农村集体产权制度改革的意见》，贯彻落实中央决策部署，要抓好农村集体资产清产核资，把集体家底摸清摸准；稳步扩大农村集体资产股份权能改革试点范围，推广成功的经验做法；盘活农村集体资产，提高农村各类资源要素的配置和利用效率，多途径发展壮大集体经济。通俗地讲，就是解决两个"适应"：第一，要适应健全社会主义市场经济体制新要求，通过深化改革，盘活集体资产，增添发展新活力。第二，要适应城乡一体化发展新趋势，推进改革，防止农村集体资产流失，切实维护农民合法权益，让广大农民分享改革发展成果。大量的集体资产，如果不盘活整合，就难以发挥应有的作用；如果不尽早确权到户，就存在流失或者被侵占的危险。推进这项改革非常必要、非常紧迫。

三是完善农业支持保护制度。总的方向是适应市场化、国际化形势，以保护和调动农民积极性为核心。主要是改革完善财政补贴政策，优化存量、扩大增量，更加注重支持结构调整、资源环境保护和科技研发等，探索建立粮食生产功能区、重要农产品生产保护区的利益补偿机制。以市场化为方向，深化粮食收储制度和价格形成机制改革，减少对市场的直接干预，保护生产者合理收益。完善农村金融保险政策和农产品贸易调控政策，促进产业健康发展。

2. 加快建设现代农业

习近平总书记强调，没有农业现代化，国家现代化是不完整、不全面、不牢固的。当前，农业现代化仍是"四化同步"的短腿。要牢固树立新发展理念，紧紧围绕推进农业供给侧结构性改革主线，以保障农产品有效供给、促进农民持续较快增收和农业可持续发展为目标，提高农业发展质量效益和竞争力，走产出高效、产品安全、资源节约、环境友好的中国特色农业现代化道路；确保到2020年农业现代化取得明显进展，力争到2035年农业现代化基本实现，到新中国成立100年时迈入世界农业现代化强国行列。加快建设现代农业，要怎么做呢？

一是确保国家粮食安全，把中国人的饭碗牢牢端在自己手中。解决好十几亿人吃饭问题始终是治国安邦的头等大事，是农业发展的首要任务。要巩固和提升粮食产能，实施藏粮于地、藏粮于技战略，坚决保护耕地，大规模开展高标准农田建设，保护提升耕地质量，提高农业良种化、机械化、科技化、信息化水平。加快划定和建设粮食生产功能区和重要农产品生产保护区，健全主产区利益补偿机制，调动地方政府重农抓粮和农民务农种粮的积极性。

二是加快构建现代农业三大体系。产业体系、生产体系、经营体系，是现代农业的"三大支柱"。要加快构建现代农业产业体系，促进种植业、林业、畜牧业、渔业、农产品加工流通业、农业服务业转型升级和融合发展。加快构建现代农业生产体系，用现代物质装备武装农业，用现代科学技术服务农业，用现代生产方式改造农业，提升农业科技和装备应用水平，大力推进农业科技创新和成果应用，大力推进农业生产经营机械化和信息化，增强农业综合生产能力和抗风险能力。加快构建现代农业经营体系，大力培育新型职业农民和新型经营主体，健全农业社会化服务体系，提高农业经营集约化、组织化、规模化、社会化、产业化水平，加快农业转型升级。

三是调整农业结构，促进农村一二三产业融合发展。调整优化农业产品结构、产业结构和布局结构，促进粮经饲统筹、农林牧渔结合、种养加销一体、一二三产业融合发展，延长产业链、提升价值链。强化质量兴农，推进农业标准化生产、全程化监管，实施农业品牌战略，把增加绿色优质农产品放在突出位置，全面提升农产品质量安全水平。推进农业结构调整，发展特色产业、休闲农业、乡村旅游、农村电商等新产业新业态。同时，要推进农业绿色发展。统筹推进山水林田湖草系统治理，全面加强农业面源污染防治，实施农业节水行动，强化湿地保护和修复，推进轮作休耕、草原生态保护和退耕还林还草，加快形成农业绿色生产方式。

四是发展多种形式适度规模经营，实现小农户和现代农业发展有机衔接。新型经营主体和适度规模经营是农业转方式、调结构、走向现代化的引领力量，要积极培育家庭农场、种养大户、合作社、农业企业等新主体，推进土地入股、土地流转、土地托管、联耕联种等多种经营方式，提升农业适度规模经营水平。我国国情决定了在相当长一个时期内普通农户仍是农业生产的基本面，要保护好小农户利益，健全利益联结机制，让小农户通过多种途径和方式进入规模经营、现代生产，分享现代化成果。要大力发展多元化的农业生产性服务，完善农资购买、机种机收、统防统治、烘干仓储等社会化服务体系。推进基层农技推广体系改革，探索建立公益性农技推广与经营性技术服务共同发展的新机制。

三　实施"健康中国"战略

人民健康是民族昌盛和国家富强的重要标志。要完善国民健康政策，为人民群众提供全方位全周期健康服务。深化医药卫生体制改革，全面建立中国特色基本医疗卫生制度、医疗保障制度和优质高效的医疗卫生服务体系，健全现代医院管理制度。加强基层医疗卫生服务体系和全科医生队伍建设。坚持中西医并重，传承发展中医药事业。支持社会办医，发展健康产业。

幸福与健康是人类永恒不变的追求。在博大精深、源远流长的中国五千年文明中，送幸福与送健康始终是每一个华夏儿女一直的向往。对于每一个个体而言，健康是幸福的前提和基础，无健康也就无幸福可言。确保人民健康、打造健康中国是国富民强的保障。

党的十九大报告顺势而为、站高望远，果断而响亮地提出了"实施健康中国战略"号召。健康中国战略不仅立意高远、目标清晰，而且实施路线明确、政策措施科学有效。

第一，党的十九大报告提出大健康观，勾勒健康中国蓝图。大健康观是一种全局的理念，是围绕着每一个人的衣食住行和生老病死进行全面呵护的理念，也是 2016 年习近平总书记在全国卫生与健康大会提出的新理念。

党的十九大报告不仅再次明确了大健康观的核心要义，即"为人民群众提供全方位全周期健康服务"，更是上升到国家战略高度。大健康观就是要加强预防，让人民群众不生病、少生病，有病能医、医病便捷乃至免费，以确保身体的健康长寿；同时还要吃得放心、吃得有营养，以确保吃得健康；还要老有所依、老有所养，以确保老年幸福健康；还要有计划地生育、安全放心地生育，以确保生育健康。当然，还包括生活环境的安全健康。只有这样，才是真正的健康。党的十九大报告还进一步提升了大健康观的地位与意义，即"人民健康是民族昌盛和国家富强的重要标志"。

第二，党的十九大报告提出深化体制改革，确保健康中国发展。十八大以来，以习近平同志为核心的党中央始终把人民健康放在第一位，开启了医疗卫生体制的改革，提出了一系列具体改革建议，出台了许多行之有效改革举措，取得了巨大而可喜成就。2017 年 5 月 5 日，国务院办公厅颁布了《深化医疗卫生体制改革 2017 年重点工作任务》，其具体改革任务共有 70 项。十九大报告则在此基础上提出要进一步"深化医药卫生体制改革"，其目的就是要"全面建立中国特色基本医疗卫生制度"，即构建并完善医药卫生的四大体系：公共卫生服务体系、医疗服务体系、医疗保障体系和药品供应保障体系。具体来说，党的十九大报告要求：重点建立和健全我国的医疗保障制度、现代医院管理制度、药品供应保障制度，同时还要"加强基层医疗卫生服务体系和全科医生队伍建设"，以确保中国特色的医疗卫生系统能够提供"优质高效的医疗卫生服务"，也确保全国人民的健康长寿。

第三，党的十九大报告要求发展健康产业，推动健康中国建设。健康产业是一个具有巨大市场潜力的新兴产业，同时具有"吸纳就业前景广阔、拉动消费需求大，促进公民健康长寿"的特点。为此，党的十九大报告高度重视发展健康产业。首先提出要"坚持中西医并重，传承发展中医药事业"。我国长期以来高度重视中医药事业的发展，党的十九大再次提出，并把它置放在"健康中国战略"的高度，也就再一次强调中医药事业的传承与发展，其实质就是要求我国中医药要"适应现代化的社会、对接产业化的需求、迎接国际化的挑战"。其次提出"加快老龄事业和产业发展"。党的十九大报告高度重视养老问题，为了确保老年健康，提出了具体要求和应对措施，即"积极应对人口老龄化，构建养老、孝老、敬老政策体系和社会环境，推进医养结合，加快老龄事业和产业发展"。

第四，党的十九大报告强调完善健康政策，促进健康中国继续前行。健康政策是健康中国的指引，更是关乎着健康中国前行的速度和进程。在2016年全国卫生与健康大会上，以习近平同志为核心的党中央提出了一系列健康中国的大政方针和政策。在此基础上，党的十九大报告又重点强调了要进一步完善的具体健康政策。一是"疾控预防为主"的政策。"凡事预则立，不预则废"，同样，对于每一个人的健康而言，同样应该采取"预防为主，防治结合"的政策。为此党的十九大报告指出"坚持预防为主，深入开展爱国卫生运动，倡导健康文明生活方式，预防控制重大疾病"。二是生育政策。生育政策是我国的基本国策，直接影响着我国的人口战略和健康中国的战略实施。为此，党的十九大报告专门强调，要"促进生育政策和相关经济社会政策配套衔接，加强人口发展战略研究"。

第五，党的十九大报告强调加大食品安全执法力度，为健康中国保驾护航。"国以民为本，民以食为天，食以安为先，安以质为本，质以诚为根。"这足以说明了食品安全关乎健康中国的发展。

第二节　左云经济社会发展转型升级的新理念

左云县是一个典型的资源型县区，无论是经济运行、发展模式，还是发展理念、社会文化，都过分倚重煤炭资源一定程度上制约了左云县经济社会的全面协调可持续发展。近年来，左云县加快转型升级步伐，激发全社会创新活力和创造潜能，不断寻找新的发展动力，增强发展的活力和后劲。

一　高质量发展是实现左云经济社会全面协调可持续发展的必然选择

（一）加快推进工业转型升级

为加快推进左云新型工业化，促进左云经济发展，须立足当前，着眼长远，"以煤为基，多元发展，加快转型"。落实习近平总书记对推动我国能源生产和消费革命提出的 5 点要求，严格执行山西省委推动煤炭产业向"六型"转变的决定。依托资源和区位优势，围绕建设"一区三园两基地"，大力引进新兴产业，加快产业多元化发展，切实改变"一煤独大"的产业格局，形成煤炭、煤基、非煤协同发展的新局面，实现全县经济的转型发展。

（二）培育发展新动能

推进供给侧改革，优化劳动力、资本、土地、技术、管理等
要素配置，推动新技术、新业态、新模式、新产业蓬勃发展，加
快实现发展动力转换，以新供给释放新需求，培育消费新热点，
挖掘投资新领域，全面释放内需潜力，打造"活力左云"。

（三）大力发展服务业

左云县适应经济新常态，顺应经济升级大势，全面提升服务
业整体实力，着力构建集约高效的绿色服务业体系。以大旅游为
抓手，把旅游业作为经济统筹发展的战略平台，将生态文化旅游
业打造成左云县新兴支柱产业，带动相关产业的快速发展；发展
生产性服务业，促进生产环节向高附加值的两端延伸，增强制造
企业的赢利能力和更好更丰富地满足消费者偏好；重点发展贴近
服务人民群众生活、需求潜力大、带动作用强的生活性服务业，
推动生活消费方式由生存型、传统型、物质型向发展型、现代
型、服务型转变，促进和带动其他生活性服务业领域发展。

二　以"乡村振兴战略"为指导，推进农业现代化发展

近年来，左云县突出抓好"六化"（产业规模化、产品特色
化、生产智能化、营销品牌化、技术标准化、组织现代化）建
设，大力推行"接二连三"发展模式，转变农业生产、经营、资
源利用和管理方式，着力构建生态有机的绿色农业体系，推动左
云县由传统农业县向现代农业县转变。

努力提高粮食综合生产能力。实行最严格的耕地保护措施，
确保基本农田保护区落实到村组、农户和地块，坚决制止不符合
耕地保护要求的占地行为。加强高标准农田建设，不断完善田间

排灌渠系，改善田间道路，增强土壤保水保肥性能，提高抵御自然灾害能力。加强耕地质量监测和土壤改良，大力推广节水灌溉、测土配方施肥、有机质提升等重大土肥技术，确保耕地基础地力和产出水平，提高粮食综合生产能力。

加快农业生产结构调整。以市场需求为导向，以经济效益为中心，积极调整农业内部产业结构。在稳定粮食生产的基础上，促进种植业的基本格局由以粮食为核心向粮食、经济作物共同发展转变。以农牧结合、农林结合、循环发展为导向，调整优化农业种植养殖结构。大力发展养殖业特别是养羊业，促进种养业全面发展。以提高农产品竞争力为核心，大力调整品种和品质结构。把提高农产品质量，发展适销对路的优质专用农产品作为农业结构调整的重点。

加强绿色品牌建设。以特色农产品交易中心为平台，着力壮大农业集群，全面实施农业标准化管理，加强食品安全体系建设，提高农产品质量和食品安全水平，推进绿色有机农产品生产。加快推进农产品"三品一标"认证，培育壮大一批带动能力强的农产品品牌，巩固绿色、安全、优质农产品"金字招牌"，将左云打造成华北绿色有机农产品生产基地。

坚持绿色生态化发展。注重循环农业发展，扶持休闲观光农业产业和农家乐开发，建设现代农业生态园。加快培育经营特色化、管理规范化、服务标准化的休闲农业示范点、农业观光采摘园、休闲农业园区。

促进农业"接二连三"。坚持用工业化理念发展农业，用工业化产品提升农业，推动农业由生产环节向产前产后延伸，形成"一产接二产连三产"的互动型融合发展格局。大力培育农业产业化龙头企业，扶持引导企业向产业的广度和深度进军，大力发展特色农产品及其加工品，提高附加值，培育和壮大一批产业关联度大、竞争力强、辐射带动作用强的龙头企业。重点发展绿色农产品精深加工业，努力提升绿色食品加工业的规模化水平，延长农业产业链，推动绿色食品加工业由初级加工向精深加工、由数量增长向质量提高转变，努力将左云打造成华北重要的绿色食品加工基地。

推进现代农业示范园区建设。按照"高产、优质、高效、生态、安全"和"优势农产品向优势产区集中"的要求，高起点、高标准和高水平创建连片规模生产、主导产业突出、产品优质安全、综合效益显著的现代农业示范园。积极引导新型农业经营主体加速向园区集中、先进农业生产要素加速向园区集聚，梯度推进现代农业示范园区建设，充分发挥"示范引领、辐射带动"的作用，把现代农业示范园区打造成"第六产业"示范样板。

提升农业优势产业发展水平。通过典型引路、以点带面，建设规模化、市场化、标准化和产业化程度较高的特色农业样板，形成引领区域农业发展的强大力量，加快传统农业向特色农业转变，提高优势农产品综合生产能力。大力推进"一县一业"马铃薯基地、杂粮高产示范基地、中药材发展基地、100 万只规模养羊基地建设，重点实施"131"工程。

提升农业机械化水平。重点加强农业机械化技术推广，促进先进适用、技术成熟、安全可靠、节能环保的农机装备广泛推广应用。

充分发挥科技对农业的支撑作用。完善农业科技推广平台建设，提高农民接受和运用农业科技的能力。鼓励支持农业新技术、新品种的推广应用，实施"互联网＋农业"行动。积极推广"专家＋农业技术人员＋科技示范户＋辐射带动户"的技术服务模式。

提升农业公共服务能力。做好农产品生产、技术、价格和供求信息的收集与发布工作，为农民和农业企业提供及时、准确、系统的信息服务，引导他们按照国家产业政策和市场需求调整农业结构。加强批发市场的基础设施建设，完善服务功能，规范交易秩序，创造公平、公开、公正的市场环境。完善农产品、农业投入品和农业生态环境质量安全的检测体系，提高检测能力和水平，加强农产品质量安全检测，促进无公害农产品、绿色食品和有机农业的发展。加强农业金融保险体系建设，创新农业社会化服务机制。

积极发展农民专业合作经济组织。在坚持农民自愿的前提下，鼓励农民组建专业合作经济组织，实现在生产、服务、营销等环节的联合与合作，提高农民组织化程度和农业生产效率，增强市场应对能力。围绕特色农业发展，以农业龙头企业和合作经济组织为载体，搞好品牌开发培育和宣传推介，提高特色农业在市场的知名度、占有率，实现左云品牌和特色农产品网络化经营。

培育建设现代农业的人才队伍。培养一批踏实能干，具有创新意识、具备现代管理知识的农业企业家队伍；培养一批具有竞争意识、服务意识、协作意识以及现代眼光的适应工业化要求的干部队伍；加快发展农村教育特别是职业教育，加大农村实用人才和新型职业农民培育力度，打造新型职业农民队伍。引导各类科技人员、大中专毕业生等到农村创业。

创新农业发展新模式。在坚持农村基本经营制度不动摇的前提下，探索适合不同条件的农业生产投入、经营管理和利益分配的新型体制机制。在发挥农业保障、原料供给、解决就业等传统功能基础上，拓展生态保护、休闲农业、文化传承等新型功能，培育农业的新兴业态，为农业增效和农民增收开辟新渠道。同时，也为城市居民提供休闲、科普教育基地和农业文明传承载体。

推进农村综合改革。深化农村土地和集体产权制度改革，按时完成农村土地承包经营权确权登记颁证工作。加强涉农资金和农村集体"三资"管理，强化村务公开，创新和完善乡村治理机制，增强"三农"发展的内生动力。针对农村常住人口日益减少和老龄化的趋势，研究部署中心村建设试点工作和农村社区建设试点工作。引导城乡人口有序流动，逐步实行城乡统一的户口登记制度和户口迁移制度。消除城乡居民的身份差别，加快与户籍制度相关的配套改革，规范土地承包、社会保障、劳动就业、教育、医疗等关联性政策，实现城乡居民平等待遇。取消一切限制农民到城镇就业、生活的歧视性政策，推动实现城乡劳动力平等就业、城乡人口有序流动。建立健全相应的流转、交易平台，开展农村集体资产股份权能改革，激发农村发展活力、潜力，维护农民利益，增加农民和集体收入。明晰农民资产权利，确保农民资产的处理权与收益权，推进集体资产的股权量化。全面开展农村土地股份合作，引导农民将承包土地入股村组集体土地股份合作社或进行土地托管，农民按股分红，实现农村土地集中经营、规模经营。推动发展农村信托业，大力培育信托组织，建立农民资产信托运行机制、信托全程监督机制，规范信托机构交易行为，完善信托交易市场支持体系，优化农民资产信托运行环境。积极开展农村土地经营权、房屋产权、林权等农村产权抵押融资工作，解决农村、农业、农民"融资难"问题，为促进农村发展、农民增收注入活力。持续增加"三农"投入，不断加大强农惠农富农力度，确保总量持续增加、比例稳步提高。继续加大公共财政对水利建设的投入，充分发挥财政支农政策的导向功能和资金的撬动作用，推行贷款贴息、民办公助、以奖代补、先建后补、资金整合等形式，引导信贷资金和社会资金投向现代农业建设。

第三节　建设中医药综合改革试验区作为经济社会发展转型升级的突破口

一　建设左云中医药综合改革试验区的重要意义

中医药是中华民族数千年与疾病进行斗争过程中积累的宝贵人类财富，它以独特的视角认识生命和疾病现象，在长期的实践中形成了抵御疾病、维护健康的有效方法和手段。中医药是我国最有望取得原始创新突破、对世界科技和医学发展产生重大影响的学科。

建设左云中医药综合改革试验区，将会成为具有绿色生态价值，维护全球自然资源可持续发展的战略性产业。通过建设左云中医药综合改革试验区，来充分利用全世界科技、旅游资源，实现中医药现代化的课题。让全人类都了解、理解、接受、喜爱中草药，使传统中医药融入各国的主流社会，让中医药更好地服务于全人类的健康。

通过建设左云中医药综合改革试验区，可以改变左云农业产业结构。中药材种植收入远远高于普通农业生产。发展中药材生产，实行产业化经营，既能促进农民增收，又能促使财政增税，财力增强。同时还能使周边地区旅游业快速发展，是当地人民脱贫奔小康的捷径之路和方便之门。

建设左云中医药综合改革试验区，不仅改变了一个地方的经济面貌，而且可以提升整个中药产业层次，提高中药临床疗效，促进中医药事业的健康发展。通过建立中医药综合改革试验区大力推动地方经济发展，加快发展中草药的现代化建设，提升地方产业知名度。

二　建设左云中医药综合改革试验区的时代背景

中医药是中华民族数千年与疾病进行斗争过程中积累的宝贵人类财富，它以独特的视角认识生命和疾病现象，在长期的实践中形成了抵御疾病、维护健康的有效方法和手段，是目前保存最完整、影响力最大、使用人口最多的传统医药体系。中医药是我国最有望取得原始创新突破、对世界科技和医学发展产生重大影响的学科。从全球健康需求的发展趋势来看，中医药产业也有可能成为具有绿色生态价值，维护全球自然资源可持续发展的战略性产业。为充分利用全球科技资源，解决中医药现代化中的关键科技问题，推进中医药现代化和国际化进程，促进以中医药为代表的世界传统医药进入国际医药保健主流市场，更好地服务于人类健康。因此，建立中医药综合改革试验区是一个十分好的创意之举。

改革开放以来，我国中药产业持续发展，已初步形成了一定规模的产业体系，成为我国国民经济和社会发展中一项具有较强发展优势和广阔市场前景的战略性产业。但是总体上看，我国中药的质量标准体系还不够完善，质量检测方法及控制技术比较落后；中药生产工艺及制剂技术水平较低；中药研究开发技术平台不完善，创新能力较弱；中药企业管理水平普遍较低，市场竞争力不强，缺乏国际竞争力。

近年来，全球气候发生变化导致的生态环境的巨大改变，以及人们对中药资源不合理的开发和采收等因素，造成了许多中药资源的枯竭和种植资源退化严重，使得中药资源的质量很难得到保证。为了保证提供高质量的中药原料，确保中药的疗效，在道地药材研究的基础上选择品种，并在最适宜生长地域按照现代规范技术进行种植，建设现代化、规范化药材种植基地是中药现代化的前提和保证。

为了认真贯彻中央关于《中医药发展战略规划纲要（2016年—2030年）》加快我国中药现代化发展的步伐，山西省《山西省人民政府办公厅关于促进中药产业发展若干措施的通知》要求，在山西省内筹建一个中医药综合改革试验区是完全有必要的。同时也是为中药现代化发展整体步骤中关键的一步。"中医药综合改革试验区"的建立是为山西省中药研究提供一个实验的场地，并为中药业走向科学化提供第一手的实验数据。

中医药是中华民族文化的瑰宝。几千年来，在人类与疾病作斗争的过程中，中医药以独特的理论体系和实践经验，充分展示了其安全、有效、防病、治病的作用。由于西药研发成本越来越高、时间越来越长，以"自然疗法"为特点的天然药物产业将成为全球制药业最具发展前景的特色产业，中药产业也将迎来快速发展的春天。但是，我国中医药产业发展水平仍然偏低，研发投入严重不足，仿、改制品种泛滥以及缺乏标准和规范等已成为主要制约瓶颈。因此，中医药中和改革试验区是让我国古老的中医药产业发展走现代化、国际化之路，是解决当前存在问题的重要途径，使中医药材在世界医药市场占一席之地。

中药现代化是指来源于传统中药的经验和临床，依靠现代先进科学技术的方法和手段，遵循严格的规范标准如 GLP、GCP 以及 GMP 等所研制出的优质、高效、安全、稳定、质量可控、服用方便并具有现代剂型的新一代中药。在当地建立生态种植园区的同时，还可以大力开展中药养生、中药保健、中医休闲等活动。中医特色小镇内可以就地取材开设一些养生、保健、休闲、旅游活动场所。使大众在养生、休闲中接受传统的中医药文化。让更多的人了解、理解、接受、喜爱中草药，发扬光大中华民族的中医药文化。

三　建设左云中医药综合改革试验区要素禀赋优势

（一）左云概况

左云县地处北纬 39°44′—40°15′、东经 112°34′—112°59′，位于山西省西北端，北以长城为界与内蒙古自治区凉城县接壤，东与大同市新荣区、南郊区相连，西、南与朔州市右玉县、怀仁县、山阴县毗邻。全县辖 3 镇 6 乡 228 个行政村，国土总面积 1314 平方公里，总人口 14.9 万人，其中农业人口 10.6 万人。左云是全国造林绿化百佳县、国家级生态示范区、全国农村社会养老保险先进县、全国基础教育先进县、全国职业教育先进县、全国体育先进县和全省党建先进县、全省双拥模范县、全省文化强县，县城是山西省第二批历史文化名城。

1. 左云区位优势明显

左云地处晋冀蒙三省交界地带，东临环渤海经济圈的京津冀地区，西靠呼包鄂经济圈，县城距北京市 420 公里，距太原市 270 公里，距呼和浩特市 160 公里。境内 109 国道横穿东西，210 省道纵贯南北，大呼高速公路跨境与京大、大运、呼包高速贯通，铁丰铁路运煤专线与大秦铁路线相连。全县公路通车里程 1336.58 公里，公路网密度为每百平方公里 101.7 公里，构筑起了高速公路，国道，省道与县、乡、村四级循环半小时通达的交通圈。

2. 左云土地资源广阔

全县海拔在 1020—2013 米，全境四面多山，中部为丘陵。地貌类型复杂，平川少，山地和丘陵多，山地及土石山区占总面积的 39.47%，黄土丘陵区占总面积的 29.53%，平川区占总面积的 23.53%。全县耕地总面积 58.3 万亩，农民人均耕地 5.5 亩。气候类型属温带半干旱大陆性季风气候，年平均气温 5.5 摄氏度，平均风速 2.8 米/秒；多年平均降水量 409 毫米，无霜期 121 天；全县水资源总量为 4850 万立方米，水资源可利用量为 3266 万立方米，人均水资源占有量为 225 立方米，约为全国人均水平的 1/10，低于全省、全市人均水平。种植业方面，是全省莜麦、苦荞、甜荞、豆类、土豆、胡麻等小杂粮主产区，是全省"一县一业"马铃薯产业基地示范县，左云苦荞是中国地理标志产品；养殖业方面，主要以养羊、养牛、养猪为主，是全省百万只规模养羊基地县。

3. 左云矿产资源丰富

左云境内煤炭资源得天独厚，煤田面积 754 平方公里，占总面积的 58.3%。煤炭资源累计探明储量约 181 亿吨，大部分煤层为中厚层煤和厚层煤，尤其是侏罗纪煤田埋藏浅、易开发，具有"三低"（低灰、低硫、低磷）、"两高"（高挥发分、高发热量）的特点，属优质动力煤。境内共有煤矿29座（包括金庄、同发东周窑2座千万吨级煤矿），总设计能力4345万吨，煤炭及相关产业占到全县经济总量的70%以上，是全国重点产煤县和全国优质动力煤基地县。除煤炭外，主要矿产资源还有黏土、高岭岩、石灰岩、玄武岩、浮石等，其中高岭岩、黏土、烟煤质活性炭原料煤是我国稀缺的三大高品位矿产资源，县境内高岭岩储量约45亿吨，黏土储量约1170万吨，烟煤质活性炭原料煤储量约1000万吨。

4. 左云生态环境优越

全县天然牧坡和人工草地38万亩，保有林地面积88.56万亩，其中，林地面积33.78万亩，灌木林等其他林地面积54.78万亩。林草覆盖率达58%，森林覆盖率达到45.03%，比全国平均水平高25.3%。夏日的左云松衫耸翠，杨柳摇曳，草青花繁，空气清新，气候宜人，风景如画，是避暑休闲的胜地。

5. 左云文化底蕴深厚

左云为历代王朝屯兵戍边之要塞、通商交流之要地。春秋时为北狄白羊族牧地，筑白羊城。战国初属代国，后并入赵地。秦、汉置县，唐设定边卫，明置左云川卫。清雍正三年（1725年）改称左云县至今。新中国成立后，归察哈尔省雁北专区；1952年划归山西省，仍属雁北专区；1993年雁北与大同地市合并，归属大同市。境内文化遗迹较多，有东汉长城31公里，明长城26公里，关隘、边墩、城堡、烽火台177座，内有北魏金陵围墙，古堡古墓群遍及县域各地。"左云楞严寺佛乐"和"左云平安灯会"分别被列为国家级和省级非物质文化遗产。县城是全省第二批历史文化名城，县城古街区是全省第一批古城历史文化街区，摩天岭风景区是省级风景名胜区。

（二）经济社会发展情况

经济实力不断提升。左云县地区生产总值由 2010 年的 25.8 亿元增加到 2015 年的 34.9 亿元，增长 35%；财政总收入由 8 亿元增加到 9.9 亿元，增长 23.8%；地方公共财政预算收入由 2.9 亿元增加到 4 亿元，增长 37.9%；固定资产投资由 30 亿元增加到 108.6 亿元，增长 2.62 倍；农村居民人均纯收入由 5426 元增加到 10022 元，增长 84.7%。经济发展后劲较为充足，省政府批准设立左云省级经济技术开发区，同煤中海油煤制气、引黄入左等重大转型标杆项目前期工作进展顺利，京同热电项目开工建设，采煤沉陷区光伏发电项目一期工程并网发电，同发东周窑千万吨大矿和同煤马道头千万吨大矿开工建设。招商引资取得新突破，"十二五"期间，左云县累计签约项目 72 个，协议总投资 1013.49 亿元，累计引进到位资金 297.17 亿元。

产业结构不断优化。三次产业比例由 2010 年的 7.6:41.5:50.9 调整为 2015 年的 7.9:34.1:58。农业综合生产能力稳步提升，2015 年粮食产量达 0.338 亿公斤，实现了五连增。现代农业发展步伐加快，被山西省政府确定为"全省马铃薯产业示范基地县"和全省二十个养羊重点县之一，杂粮、蔬菜、畜产品、食用菌四大基地建设进展顺利，以猪、牛、羊为主的养殖业超常规发展，规模化程度不断提高；建成现代农业园区 14 个，新增农民专业合作社 231 家，规模以上龙头企业 10 户，省级"一村一品"专业村 63 个。煤炭工业结构调整成效显著，"六型转变"快速推进，煤炭资源整合、煤矿兼并重组取得阶段性成果，26座兼并重组煤矿已建成12座；煤炭资源集中开发和综合循环利用能力进一步提升，初步形成园区化、集约化的发展模式。服务业发展提速增效，文化旅游业快速增长，逐步形成新的经济增长点。商贸物流稳步发展，第三方物流和电子商务等新业态得到新发展。

（三）中医药产业发展具备一定的基础

近年来，左云县按照"以人为本、统筹推进，政府引导、市场驱动，深化改革、创新发展，中医为主、突出优势"的原则，把提升全民健康素质作为中医药健康服务发展的出发点和落脚点，进一步强化政府在制度建设、政策引导及行业监管等方面的职责，统筹全县中医药健康服务资源配置，发挥中医机构的主体作用，引导社会力量、社会资本投入中医药健康服务领域，加快中医药传承创新与科技转化，拓展服务范围，创新服务模式，建立可持续的中医药健康服务发展体制机制，为提升全县城乡居民的健康水平和经济社会转型发展注入新的动力。

左云县出台了《左云县基层中医药服务能力提升工程"十三五"行动计划》，与山西中医药大学签署了校地合作协议，在教学、医疗、科研、产业等方面深化校地合作，推动左云中医药事业和医疗健康产业的发展；左云县中医院与山西中医药大学附属医院建立了医联体，挂牌成立山西省山西中医药大学附属医院左云分院，与山西省中医院远程医疗协作平台实现对接，左云县患者可直接通过该医院预约省中医院的专家，进行远程门诊或者远程会诊；左云县举办了《中医药法》学习培训班，通过巡回义诊、专题讲座等形式开展《中医药法》学习宣传活动；大力推广中医药技术，利用省中医药技术视频培训平台对全县167名乡村医生开展中医技术培训，基层医疗卫生机构中医服务能力建设显著增强，马道头卫生院建成中医馆，三屯乡卫生院、店湾镇卫生院、鹊儿山卫生院通过了省级中医特色乡镇卫生院达标验收；135个村卫生室能开展中医药服务、基本公共卫生服务。

左云县种植中药材历史悠久，早在20世纪70年代就种植过党参、板蓝根、黄芪等中药材，但一直是以家庭为单位，种植面积也非常小，野生采摘也有相当长的历史，总体来说一直没有形成规模和气候。规模化种植中药材始于2012年，由左云县清贫百草园药材种植专业合作社带头种植中药材，从2015年省、市中药材崛起工程项目在左云县开始实施，全县人工种植中药材的积极性很高，先后涌现出清凉山、盐华公司、东丰农牧、东辉农牧、清贫百草园等资金技术力量雄厚，并有一定市场销售渠道的药材种植龙头企业。清凉山的仿野生黄芪种植、黄芪良种育苗、大田扦插苗种植模式，盐华公司、东辉农牧引进的急性子（凤仙花）、丹参，树根农牧的枸杞、连翘，清贫百草园的品种试验田等新品种、新技术的推广应用，都为左云县药材种植起到了很好的典型示范带动作用。药材的种植为左云县调整种植业结构，增加农民收入，实现产业脱贫开辟了新的途径。并且通过近几年的种植，他们与山西农业大学、专家教授联系合作就中药材规模化种植、引进新品种及新技术、药材病虫害防治等方面进行了大量的探索。在市场销售方面，先后与安徽亳州、河北安国等药材市场建立了良好的合作关系，所产的药材供不应求。取得了良好的效益，得到省、市相关部门的肯定。2015年全县种植中药材面积1500余亩，2016年全县种植中药材达5000余亩，2017年全县种植中药材面积8737.5亩，药材种植面积呈逐年增大趋势，全县中

8 个乡镇 30 余个村 30 余个企业（合作社）150 余农户参与种植中药材。

四 建设左云中医药综合改革试验区总体构想

（一）形成中医药全产业链发展优势

中药产业是我国少数几个具有自主知识产权的产业之一，在我国国民经济和社会发展中具有较强的发展优势和广阔的市场前景。随着生活水平的提高，人民对中药的质量、品种提出了更高的要求，迫切需要运用现代化技术，提高中药质量，开发符合现代医疗和保健需求的中药新品种。加快发展中药现代化，不仅能优化医药行业的经济结构，而且对提升中药产业层次，提高中药临床疗效，促进中医药事业的健康发展有着深远的意义。

（二）发展民宿经营——闲置利用、拉动经济

民宿经济发展让农民收入拥有更完整、更稳定、更丰厚的多元结构。民宿旅游让农民自用住宅空闲房间，成为旅店宾馆商用，从而有了一笔可观的财产性收入。民宿游更是经营性的创业性收入，其收入会成为农民收入结构中最丰厚的一部分。民宿经济带动当地农产品快速且升值进入市场，让一产农业收入也有较大幅度的增长。民宿游会贡献相当数量的就业岗位，让农村一部分剩余劳动力有了工资性收入。可以说，民宿经济发展使财产性收入、创业性收入、一产农业收入、工资性收入，叠加组合在一起，为农民增收打开了一个无限空间。

（三）提升养老质量——医养结合

很久以来，我国的养老院只能提供养老而无法医疗，而医院只能医疗而不能提供养老服务，这种情况是"医养分离"的结

果，使养老院里的老人经常要奔波于家庭、养老院和医院之间，不仅得不到及时救治，还给家人和社会造成极大负担。由于养老院无法提供专业化的康复护理服务，也造成许多老人将医院当成"养老院"，即使病治好了，也要占着床位不出院，形成严重的"压床"现象。这样医院优质的医疗资源无法发挥最大效益。医疗机构牵手养老机构建立医养联盟，打通了养老机构与医院之间资源割裂的状态，可以形成双赢甚至多赢的局面：养老机构可以整合医院的医疗资源，提高为老人服务的能力，医院可以树立社会公益形象，扩大自身的影响力及医疗服务的覆盖面；老有所医和老有所养，可以减轻老人亲属及子女的精神压力和经济负担。

第八章 左云中医药产业发展的
基础和前景

第一节 左云中医药供需状况

一 山西省中医药供需状况

(一) 山西省中药供需状况

山西省地处黄土高原,左临黄河,右拥太行,地形类似"目字":太行山、吕梁山分居东西,自北至南,绵延千余里,分别构成"目"字左右两竖;汾水纵贯腹地,冲积出众多河谷,多道山地将内部河谷划分为多个盆地,由北向南包括大同、忻州、太原、临汾、运城盆地。这样特殊的地理位置使山西在历史上成为中原与北方草原地区物资交往的通道,大量域外民族落户山西,使得山西不仅保留了本地文化的精髓,也融入了外来文化的元素,形成了独特的文化特质。从地貌上看,山西省以山地为主,高原、丘陵、河谷、盆地多种地貌并存。土壤以灰钙土、黄绵土、砂壤土等为主。从气候上看,山西南北横跨北纬34°34′—40°43′共6个维度,光热资源丰富,年平均气温5.1—9.8℃,年降水量380—550毫米,年日照时数2300—2800小时,属典型的中纬度大陆性季风气候区。由于山西省的地势高低悬殊，其气候既有纬度地带性气候，又有明显的垂直变化。这种地形、地貌和气候特征，导致山西中南部的温和湿润与北部的高寒、干燥气候并存，盆地、山涧和河川交映，形成了适宜各种中药材和食疗农作物生长的独特生态环境。譬如，由于大部分药材产区海拔较高，相对隔离，病虫害发生轻，农业环境面源污染轻。同时，药材产区畜牧业较发达，有机肥源充足，产出药材品质好、药用成分含量高，"绿色"无公害药材优势明显。

独特生态环境使得山西的中药材资源在全国名列前茅。山西省的中药材资源，早在《本草纲目》和《千金方述要》等古典中医药文献中就有明确记载。根据第三次全国中药资源普查，我国有中药资源12807种，其中植物11146种、动物1581种。而据第四次全国中药资源普查试点工作统计，山西省共有中药材1788种（占全国之比为13.96%），其中植物药1625种，动物药133种，矿物药30种。黄芪、连翘、党参、远志、柴胡、山药、地黄7个品种质量和产量居全国前列。山西连翘、黄芩、远志、党参优势品种市场占有率高，分别约占到全国的50%、40%、70%、10%。特别是山西连翘资源量占全国60%以上，分布在山西25个主产县，占全国42个主产县的60%。恒山黄芪的黄芪甲苷含量通常在0.1%以上，毛蕊异黄酮葡萄糖苷含量在0.6%以上，远高于药典标准，硒含量0.08ppm，市场售价高出同类产品的1—3倍，享有"浑源黄芪甲天下"之美誉。陵川党参，身粗条长，质厚味纯，含糖量5.9%以上，皂甙1.32%以上，党参浸出物56.2%以上，都远远超出药典规定指标。阳城山茱萸有效成分马钱苷高出药典标准1倍多，高出同类产品有效成分标准含量的

50%以上。山西有道地中药材30多种，占全国的15%。长治苦
参、潞城党参、安泽连翘、新绛远志、万荣柴胡、恒山黄芪等都
是闻名全国的山西产道地药材。主要道地药材的分布和年产量见
表8—1。

表8—1 山西省主要道地中药材概述

名称	介绍	产地	年产量（吨）
党参	桔梗科植物	晋东南、忻州等	4000
黄芪	豆科植物	雁北地区	5000
连翘	木樨科植物	安泽、古县等	4000
款冬花	菊科植物	阳曲、原平、榆社、兴县等	500
地黄	玄参科植物	临汾、运城等	4500
黄芩	唇形科植物	全省各地	6000
柴胡	伞形科植物	阳高、天镇、应县、宁武、神池等	300
远志	远志科植物	芮城、稷山、闻喜、夏县、乡宁等	150
知母	百合科植物	榆社、盂县、稷山、沁县、阳曲等	500
酸枣仁	鼠李科植物	全省各地	200
猪苓	多孔菌科植物	霍县、安泽、介休、沁源、垣曲、沁水、宁武、神池、交城、左权等	20
九节菖蒲	毛茛科植物	舜王坪、绛县、垣曲、阳城等	20

资料来源：根据网络资料整理。

2015年，全省中药材总面积285万亩，其中种植面积167万
亩，野生抚育面积118万亩；采挖中药材69万亩，产量23万吨；
中药材产值约27.6亿元。如图8—1所示，过去二十年，中药材
播种面积经历21世纪初的下降后，于2010年开始稳步增加，每

年增幅平均达 3000 公顷。全省已经建成四个中药材种植基地，分别是以潞党参、黄芩、连翘、柴胡、苦参、山药、山茱萸为主的太行山中药材基地，以连翘、柴胡、板蓝根为主的太岳山中药材基地，以黄芪为主的恒山中药材基地，以远志、柴胡、地黄、丹参为主的晋南边山丘陵中药材基地。建成了一批连片千亩以上的道地中药材示范基地，涌现了数百个药材专业村和陵川、平顺、安泽 3 个"一县一业"基地县以及 30 余个中药材生产重点县。

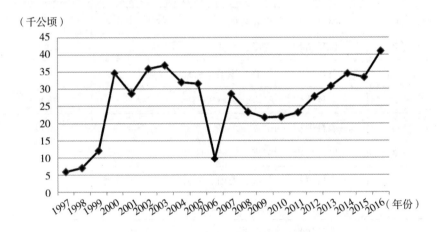

图 8—1　山西省中药材播种面积

资料来源：国家统计局数据库，http：//data. stats. gov. cn。

山西省的中药制药业具有悠久的历史，经过历代积淀，形成了一批享誉海内外的中药老字号企业和品种。目前，山西省有 1400 多个中成药批号，其中独家品种达 118 个。"广誉远"、太原制药厂和绛县中药厂都是具有百年历史的老字号中药制药企业。太原制药厂曾与山东新华、华北及东北制药在全国并称药业"四大家族"。大同制药厂曾是我国第二大麻黄素生产厂家，在国内外享有盛名。利群制药在 20 世纪五六十年代享有"南有白云，北有利群"的盛誉。广誉远是我国最早、比同仁堂早 128 年的中药企业，其"龟龄集"是七大"国家保密品种"之一，并列入"中国非物质文化遗产"。广誉远的龟龄集、定坤丹、安宫牛黄丸，大同制药厂的麻黄素，双人药业的婴儿素、婴儿安、小儿七珍丹，太原制药厂的小儿葫芦散，旺龙药业的猴头健胃灵等，都是全国知名的经典国药。龟龄集、定坤丹、安宫牛黄丸、小儿七珍丹、小儿葫芦散、梅花点舌丹等老字号中药产品，几百年来以其确定的临床疗效在海内外享有很高的声誉。

经过多年发展，山西省已初步形成中药饮片及中成药、生物制品、生化药品等门类较全的中药材工业体系。2009 年，山西省被国家科技部批准为"国家中药现代化科技产业（山西）基地"，为山西省中药产业加速发展带来了前所未有的机遇。目前，全省共有药品制剂和原料药生产企业 112 家，涉及中药品种生产的 90 家，中药饮片生产企业 14 家；中药制剂生产企业拥有提取生产线 65 条，769 个品种，2228 个批准文号，500 多种中药品种通过国家 GMP 认证，55 家中药材流通企业通过 GSP 认证。2015 年全省中药工业主营业务收入 35.42 亿元，连续 10 年保持了近 15% 的增速。银杏达莫注射液、连翘、西洋参片、苦参、丁桂儿脐贴、消肿止痛贴、复方苦参注射液、舒血宁注射液等 21 个中成药及中药饮片重点品种销售收入突破亿元大关，红花注射液全国市场占有率超过 70%。龟龄集、定坤丹等名牌产品销售额同比增长超过 80%。

山西省中医药产业园区建设如火如荼，成效显著。目前，已初步形成了以国药威奇达、仟源为代表的同朔原料药及制剂产业园区，以广誉远、中远威、德元堂为代表的晋中中成药产业园区，以亚宝、石药银湖为代表的运城中药提取物及注射剂产业园区，以振东、康宝、海斯为代表的晋东南生物医药及中药注射剂产业园区，以旺龙、云鹏为代表的临汾中药材及现代中药产业园区，以太原制药、华元、锦波为代表的太原仿制药及创新药产业园区。

山西省虽然中药材资源丰富，中药制药历史悠久，拥有享誉全国的经典名药，但是产业发展还存在下述问题。第一，中药材种植规范程度不高。道地药材品种缺乏系统的资源学、野生抚育与种植规范研究。全省通过 GAP 认证的中药材生产基地仅有黄芪、党参、苦参、丹参 4 个品种 4 个基地。被工信部确定为中药材生产扶持基地的仅有苦参、黄芪、党参、连翘、远志 5 个基地。在种质资源系统整理、良种选育、种植推广等方面存在不规范等关键问题，严重影响着中药材生产的标准化，严重制约着道地药材资源优势的发挥。全省产地市场零散，中药材批发配送综合市场尚未建立。第二，加工炮制不够规范。中药饮片加工炮制技术尚不规范，炮制设备现代化程度低，中药材精深加工产品严重不足，缺少优势品种的深度开发与研究。对道地药材的有效成分提取物缺乏系统研究，有效成分或有效部位分离、纯化的工艺技术及其装备创新不足，工业集成制造技术亟待创新。新产品研发投入低，缺乏有市场竞争力的拳头产品和大品种带动。第三，中药材综合利用率较低。中药材只有加工才能使原料变成产品，才能实现药材增值，才能拉长产业链条，把整个产业做大做强。据不完全统计，山西省道地中药材加工率仅有 20%。全省从事中药保健品、药食同源产品、功能食品、中药洗护用品、中药农药、中药兽药等产品的生产企业数量较少，产品品种少，缺少技术含量，产品附加值低，市场占有率不高，未形成对药材资源的拉动效应。全国通过 GMP 认证的中药饮片生产企业有 1100 余家，中药饮片工业总值 1307 亿元，而且连续 3 年保持 30% 左右的增速。而山西省仅有中药饮片生产企业 14 家，占全国中药饮片产值份额的 0.3%，与中药材大省的身份并不匹配。中药制剂在全国排位也比较靠后。全国中药原料药和制剂生产企业 4875 家，提取物生产企业 200 余家，中药制剂工业总值 4096 亿元。而山西省制药企业 154 家，仅有中药制剂提取生产线 65 条。2013 年全省中药制剂产值 28 亿元，占全国中药材制剂产值份额的 0.68%，远远落后于吉林的 17.8%、山东的 7.95% 和江西的 7.83%。第四，缺乏大型中药材交易市场。山西要把中药产业做大做强，不能缺少市场这座连着生产者和用户的桥梁。全国有 17 个中药材批发市场，而山西省还没有一家比较完备的批发市场。大型交易市场的缺乏，导致山西全省每年有 80% 以上的中药材以原料药运往河北安国、安徽亳州、河南禹州等几大中药材批发市场交易。

为了解决山西省中药产业发展存在的上述问题，由中药大省变成强省，山西省出台了一系列政策。根据山西省发展和改革委员会主任王赋 2015 年年初作的《关于山西省 2014 年国民经济与社会发展计划执行情况与 2015 年国民经济和社会发展计划草案的报告》，山西省在促进占主导地位的煤炭产业"六型"（"市场主导型、清洁低碳型、集约高效型、延伸循环型、生态环保型、安全保障型"）转变的同时，加快发展文化旅游、装备制造、新能源、新材料、节能环保、食品医药和现代服务业七大非煤绿色产业，尽快打破"一煤独大"的发展格局。七大非煤绿色产业中，就有"发展壮大特色医药产业集群，开发现代中药新药及天然药物，发展生物制药、新型药物制剂"。山西省委、省政府高度重视中药材产业的发展，将中药材产业崛起工程列为农民增收七大产业翻番工程及十大强农惠农政策，连续出台了《山西省人民政府办公厅关于促进中药产业发展若干措施的通知》（晋政办发〔2015〕104号）、《山西省人民政府办公厅关于中药材保护和发展实施方案》（晋政办发〔2015〕105号）和《关于加快推进山西省中药材基地建设的实施意见》（晋农果发〔2015〕2号）、《山西省中药材产业发展"十三五"规划》，绘制了山西省中药材产业发展路线图，为山西中药全产业链发展奠定了基础。

（二）山西省食疗农产品供需状况

中医讲究药食同源，许多食物即药物，食药之间并无绝对的分界线。谷物、小杂粮、红枣、山楂和核桃等农作物是重要的食药两用资源，对于许多慢性疾病（如糖尿病、高脂血症、心脑血管疾病等）的预防和治疗均有良好的效果。具有保健功能的小杂粮种类就更多了。山西的很多小杂粮也可以入药，红枣、核桃、小米、荞麦、莜麦、胡麻等就常出现在药方之中。山西是我国谷物、小杂粮、红枣、山楂、核桃等食疗农作物的盛产地。山西省小杂粮品种多样、品质优良、多数具有食药两用功能，像雁门苦荞的生物类黄酮含量居黑苦荞之首，为黑苦荞中的极品，是国际粮农组织公认的优秀粮药兼用粮种，被称为"东方神草"，有"五谷之王"美誉。雁门清高苦荞健茶号称"血液清道夫"，有"中国第一荞"之誉。始于2009年的每两年一届的中国（山西）特色农产品交易博览会（以下简称"特色农博会"或"APTE"），是由中华人民共和国农业部、山西省人民政府、中华全国供销合作总社、中国国际贸易促进委员会共同主办的国家级、专业化、开放性的博览会，在海内外具有广泛影响。

山西是国内名副其实的"小杂粮王国"。营养学分析表明，与其他省份的平均水平相比，山西由于独特的地形地貌和气候条件，所产小杂粮的谷类蛋白质高 2.5%、热量高 48 千卡、膳食纤维高 0.2%，豆类的蛋白质高 1.2%、热量高 55 千卡、膳食纤维高 0.9%。2016 年，山西小杂粮粟、高粱、燕麦、豆类和薯类播种面积共 826.46 千公顷，约为山西粮食播种面积的四分之一，中国内地农业小杂粮种植面积的 10%；年总产量 134.71 吨，为山西全省粮食总产量的 10.22%（见表 8—2）。

表 8—2　　　　　　山西省 2016 年粮食播种面积和产量

品种	粮食	谷物	稻谷	小麦	玉米	小米
播种面积（千公顷）	3241.42	2716.19	0.7	672.94	1624.75	217.41
播种面积占比（%）	100.00	83.80	0.02	20.76	50.12	6.71
产量（吨）	1318.51	1232.90	0.49	273.41	888.89	42.72
品种	高粱	燕麦	豆类	大豆	薯类	马铃薯
播种面积（千公顷）	23.13	60.69	321.42	191.61	203.81	182.81
播种面积占比（%）	0.71	1.87	9.92	5.91	6.29	5.64
产量（吨）	6.38	0.00	36.93	23.86	48.68	41.68

资料来源：《山西统计年鉴 2017》。

山西全省小杂粮产品生产企业通过绿色认证的有 110 多个，占全省农产品生产企业认证总数的 31%。有数百家小杂粮加工企业开发出苦荞茶、苦荞强化剂、燕麦膳食纤维粉、富硒黑苦荞醋、五仁小米营养糊等多种小杂粮精品。经过精选包装的小米、红小豆、荞面等产品已经成功进入全国市场和海外市场，受到海内外消费者的普遍欢迎。长治沁州黄、檀山黄、吕梁汾州香等小米品牌和寿阳、灵丘等地的荞麦产品在境外有一定知名度。沁州黄1919年曾获巴拿马国际食品博览会金奖，1986年在河北石家庄赛米会上获"全国最佳小米"称号。近年来，山西省在北京、广州、厦门、香港等地举办了多场农副产品展销会、博览会、商贸洽谈会等对外出口营销活动。山西省每年出口的小杂粮高达3万多吨，主要出口目的地为俄罗斯、蒙古、日本和欧洲等。

（三）山西省中医供需状况

山西省中医具有比较悠久的历史。在我国中医发展史上占据重要位置的傅山就是山西人。傅山（1607—1684年），字青竹，后改为青主。先世居大同，后迁居忻州，最后移居太原。他是明末清初著名的社会活动家，在诗、书、画和医方面均有颇深造诣。他的医学领域涉及内科、妇科、儿科、外科和男科等，尤以妇科为最。他的医学著作《傅青主女科》《傅青主男科》《外经微言》等至今对我国中医临床和学术传承仍有很大参考价值。

山西中医医疗资源，总体而言比全国平均水平要差。截至2016年年底，山西全省每千人拥有医疗卫生机构床位5.15张，低于全国平均的5.37张；每千人口拥有执业（助理）医师2.49人，高于全国平均的2.31人。全省共有医院1392家，其中中医医院210家、中西医结合医院26家，中医类医院数目占比为16.94%，高于全国平均水平14.54%，见表8—3。全省医院完成的诊疗人次数5380.98万人次，其中中医医院完成677.23万人次，占比12.59%，低于全国平均水平17.74%；全省医院出院人数 363.43 万人，其中中医医院出院人数 32.95 万人，占比 9.07%，也低于全国平均水平 14.59%（见表8—4）。

表 8—3　　　　山西省中医院机构、床位和人员数

	机构数（家）	床位数（张）	人员数（人）	卫生技术人员数（人）
综合医院	692	101098	131932	109514
中医医院	210	16201	18888	15670
中西医结合医院	26	2356	2591	2189
专科医院	464	27251	31067	24528
合计	1392	147096	184512	151931
山西中医类医院占比（%）	16.94	12.62	11.64	11.75
全国中医类医院占比（%）	14.54	15.42	—	—

资料来源：山西省的相关数据来自《山西统计年鉴2017》。全国的数据来自《2016年我国卫生和计划生育事业发展统计公报》。

表 8—4　　　　山西省中医院医疗服务供给情况

	综合医院	中医医院	专科医院	合计	山西中医医院占比（%）	全国中医医院占比（%）
总诊疗人次（万人次）	3939.35	677.23	709.35	5380.98	12.59	17.74
出院人数（万人）	272.55	32.95	53.37	363.43	9.07	14.59

资料来源：山西省的相关数据来自《山西统计年鉴2017》。全国的数据来自《2016年我国卫生和计划生育事业发展统计公报》。

山西省逐步建立起了比较完善的中医药科研体系。山西省有

专门从事中医药科学研究的省级研究机构两家——山西省中医药研究院和山西中医药大学。山西省中医药研究院是国家中医药管理局确定的全国重点中医药研究机构，其附属医院是国家食品药品监督管理总局确定的符合 GCP 的中药新药临床研究单位。山西大学、山西医科大学、山西农业大学和山西省医药和生命科学研究院也从事中医药学研究。位于太原的中国辐射防护研究院是国家食品药品监督管理总局确定的符合 GLP 的药品安全性评价中心，可以开展中药新药研发的安全性评价研究。拥有覆盖药学及中医药学类主要专业的博士二级学科（交叉）授权点 2 个，硕士一级学科授权点 3 个，组建了 4 个研究生教育创新中心。中医基础、中药方剂、中医文献等 6 个学科被国家中医药管理局批准为重点学科。已建成国家级企业技术中心 1 家，省级企业技术中心 18 家，国家中医药管理局三级实验室 1 个和国家认可实验室 2 个。部分重点企业在北京、上海、广州及境外等科技资源聚集地建立研发中心或实验室，已基本形成了重点院校与医药企业资源共享和协同创新的新机制、新模式。

近年来，山西省科技厅组织山西中医药大学、山西中医药研究院、山西大学和山西省医药与生命科学研究院建设了"山西省中药现代化科技创新平台"，研究开发了一系列新的中药质量标准控制技术、中药有效成分提取分离技术、中药新药临床前研究动物模型、中药制剂技术和中药农业产业化技术。该平台承担了国家"十五"科技攻关课题"中药微乳载药体系关键技术研究"，目前已经取得大量成果。该技术能大幅提高中药疗效，既可用于整体中药，也可用于中药活性成分；既可用于单一中药活性成分，也可用于复方中药活性成分；既可用于单味整体中药，也可用于复方整体中药；既可将中药开发成口服给药，也可开发成经皮和仅黏膜给药，市场开发前景十分广阔。

山西省十分重视中医事业的发展。2016 年 12 月 30 日颁布的《山西省贯彻中医药发展战略规划纲要（2016—2030 年）实施方案》，吹响了山西中医药事业发展的集结号。《实施方案》共 31条，1.1 万多字，包含提高中医医疗服务能力、发展中医养生保健服务、做好中医药继承工作、推进中医药创新发展、提升中药产业发展水平、弘扬中医药文化和推进中医药海外发展共七项重点任务。《实施方案》指出，要加快省级中医院发展步伐，在每个地级、县级区域设置 1 个市办中医类医院、1 个县办中医类医院，所有市办中医类医院要达到三级水平，所有区县办中医类医院达到二级甲等水平。

二　左云县中医药供需状况

（一）左云县中药供需状况

左云县地处塞北高原，国土总面积 1314 平方公里，地势起伏较大，海拔在 1020—2013 米，是山西省平均海拔较高的地区之一。全境四面多山，中部为丘陵，地貌类型较复杂，平川少，共314.1 平方公里，占总面积的 23.9%；山地和丘陵多，共 1000.1平方公里，占总面积的 76.1%。属温带半干旱大陆性季风气候，四季分明，春季干旱多风，夏季较热多雨，秋季潮湿温热，冬季寒冷少雪。土地广阔，林草富集，物华天宝，左云县林木覆盖率达 45.03%，是国家级生态示范区。植物包括木本和野生草本植物两大类。木本植物有裸子植物和被子植物两门，有松、柏、桦、榆、杨、柳等 10 科，28 个树种；有沙棘、绣线菊、黄刺玫、虎榛子、山毛桃、灰栒子等36个灌木种名。野生植物以旱生草本植物为主，由蕨类、裸子、被子、菌类等多种植物成分组成。天然野草已定为64科216属300多种，其中中草药有黄芪、甘草、黄芩、党参、大黄、王不留、芍药、狼毒、防风、益母、车前子、一枝蒿、苍术、菊花、蒲公英、苍耳、苦苣、白茅、泽泻、秦艽等40多种。

近年来，左云县在发展以黄芪为主的中药材种植上狠下功夫，采取科技种植、规范种植等措施，呈现出品种多元、种植农户增加"两个突破"。重点种植的药材种类有黄芪、茯苓、苍术、当归、栀子、柴胡等12个，种植区域涉及地质沉陷严重、以山区丘陵地形为主的水窑乡、店湾镇、三屯乡西北部。清贫百草园药材种植专业合作社等四家合作社承担的《山西省中药材崛起工程》试验示范田1500亩，工程项目已全部完成，效益明显，起到了典型示范作用。

左云县坚持积极扶持中药材产业做大做强。坚持生态建设和经济效益并举，合理规划，充分利用土地资源优势，走集中连片示范基地建设和林下、荒山荒坡仿野生药材抚育相结合的中药材产业发展道路。规划大田人工种植和试验示范基地种植，利用土地及自然生态环境优势，发展有机、绿色、无公害药材。鼓励种植大户、合作社、龙头企业规模化经营开发，加大单位面积的投资力度，提高土地种植收益。重点培育以清贫百草园药材种植专业合作社为龙头的中药材饮片加工企业，继续加大与校企科研院校合作，引进新技术选育优良品种，使药材种植成为农民增收的又一有效途径。

（二）左云县食疗农产品供需状况

左云县是山西食疗农产品的主要产区，小杂粮播种面积一直维持在粮食播种面积的90%左右。由于地势高、昼夜温差大，左云食疗农产品的口味独特，闻名三晋，小米、马铃薯、杂粮、苦荞等都是左云的传统优势产品，是山西省政府确定的"全省马铃薯产业示范基地县"。近年来，在左云持续调整农业结构、不断提高农业综合生产能力的政策引导和扶持下，10余家小杂粮加工龙头企业初具规模，涌现出了雁门清高苦荞健茶系列产品、古膳要道纠偏功能性系列产品、亿源升杂粮精细化加工产品等特色产品。2017年11月，山西省检验检疫局和省农业厅批准左云县为出口杂粮省级示范基地和省级出口食品农产品质量安全示范区。

2012—2016年5年间，左云粮食播种面积维持在2万公顷以上，见表8—5。虽然小杂粮（包括小米、高粱、秋杂谷物、豆类和马铃薯）的播种面积缓慢下降，但播种面积占比依然接近90%，尤其是产量占比还大幅增加（见表8—6、表8—7）。小杂粮的播种面积下降、但产量大幅增加，原因在于小米和马铃薯育种、栽培技术的进步提高了单位面积产量。

表8—5　　　　　　　**左云县粮食播种面积**　　　　单位：公顷

品种	2012年	2013年	2014年	2015年	2016年
谷物	10701.18	10363.46	10828.00	12392.00	13809.00
玉米	1303.00	1656.85	2044.00	2478.00	2563.10
小米	1189.98	1476.67	1318.00	1442.00	1412.50
高粱	74.20	73.09	100.00	54.00	51.70

续表

品种	2012 年	2013 年	2014 年	2015 年	2016 年
秋杂谷物	8134.00	7156.85	7366.00	8418.00	9781.70
燕麦	3971.99	3726.23	4321.00	5282.90	5628.00
荞麦	2335.11	2360.09	1600.00	1950.10	2831.70
豆类	7092.00	5048.51	4341.00	4222.40	4283.90
大豆	3210.00	1933.60	1776.00	1684.40	2382.80
秋杂豆	3882.00	3114.91	2565.00	2538.00	1901.10
马铃薯（鲜薯）	4161.11	6892.30	6892.00	4984.10	3788.10
小杂粮合计	20651.29	20647.42	20017.00	19120.50	19317.90
小杂粮占比（%）	94.06	92.57	90.73	88.53	88.29
合计	21954.29	22304.27	22061.00	21598.50	21881.00

注：秋杂豆包括绿豆和红小豆等。

表 8—6　　　　　　　　**左云县秋收粮食产量**　　　　　　单位：吨

品种	2012 年	2013 年	2014 年	2015 年	2016 年
谷物	16587.65	14808.47	15828.00	20144.30	23517.50
玉米	4759.84	6187.59	6700.00	9661.20	9783.20
小米	1906.15	1785.45	2011.00	2144.30	2536.10
高粱	162.74	148.79	196.00	67.00	140.10
秋杂谷物	9758.92	6686.64	6921.00	8271.80	11058.10
燕麦	3536.92	2796.74	4030.00	4186.50	5679.20
荞麦	2462.32	1989.41	1481.00	2044.80	3485.30
豆类	7421.68	5043.57	3256.00	3385.80	4587.90
大豆	3036.43	2120.96	1381.00	1323.50	2861.70
秋杂豆	4385.25	2922.61	1875.00	2062.30	1726.20

续表

品种	2012 年	2013 年	2014 年	2015 年	2016 年
马铃薯（鲜薯）	8408.19	15355.10	14775.00	51194.60	37193.70
小杂粮合计	17898.76	22332.91	20238.00	56791.70	44457.80
小杂粮占比（%）	55.21	63.43	59.77	76.00	68.08
合计	32417.52	35207.14	33859.00	74724.70	65299.10

注：秋杂豆包括绿豆和红小豆等。

表 8—7　　　　　　　　**左云县秋收粮食单位产量**　　　单位：千克/亩

品种	2012 年	2013 年	2014 年	2015 年	2016 年
谷物	103	95	97	108	114
玉米	244	249	219	260	254
小米	107	81	102	99	120
高粱	146	136	131	83	181
秋杂谷物	80	62	63	66	75
燕麦	59	50	62	53	67
荞麦	70	56	62	70	82
豆类	70	67	50	53	71
大豆	63	73	52	52	80
秋杂豆	75	63	49	54	61
马铃薯（鲜薯）	135	149	143	685	655
合计	98	105	102	104	108

注：秋杂豆包括绿豆和红小豆等。

"十三五"期间，左云县决定深度开发小杂粮，做长做大小杂粮产业链，以特色、质量、品牌、规模取胜，突出小米、马铃薯、杂粮、苦荞等传统优势产品，着力提高品质和规模，推广自动控制技术，加快龙头加工企业技改和技术创新步伐，提高技术装备水平，开发高附加值产品，提升产品档次。众多投资项目已经或即将上马，譬如雁门清高有限公司农产品加工；山西纠偏古膳要道小杂粮加工；左云县扬名天下食品开发园区，计划投资300万元打造无公害、绿色产品种植基地5500亩，投资145万元购置、安装杂粮饼干生产线一条；小杂粮系列加工配套项目，新建小杂粮、荞麦及油料加工生产线；亿源升小杂粮及甜苦苣茶加工项目，公司流转土地200亩，建小杂粮种植基地30000亩，建成小杂粮加工生产线3条，新上甜苦苣茶加工生产线1条。主要建设生产车间1800平方米，办公室、化验室、展厅、恒温库、成品库1600平方米，仓储面积2000平方米，配套设施等，年生产能力达到3000吨，年加工小杂粮及甜苦苣茶6大系列20多个品种。

（三）左云县中医供需状况

2016年，左云县每千人拥有执业（助理）医师1.57人，低于山西2.49人的平均水平。除总量供给不够外，县级医疗机构骨干人才、学科带头人和中医人才匮乏；卫生院医护人员队伍在结构、数量和技术上还未达标，医疗水平和服务质量不高；村医素质普遍较低，服务能力不强。人民群众日益增长的健康服务需求与全县医疗卫生资源供给匮乏之间的矛盾，是左云县医疗卫生事业在相当长时期内的主要矛盾。

全县有医院4家、乡镇卫生院10家、妇幼保健机构1家和诊所若干。各医院和卫生院概况分别见表8—8和表8—9。由表8—8知，相对于左云县人民医院，作为一县中医药事业发展龙头的左云县中医院，其规模无论用哪个指标来衡量都要小很多。马道头卫生院建成中医馆，三屯乡卫生院、店湾镇卫生院、鹊儿山卫生院通过了省级中医特色乡镇卫生院达标验收。135 个村卫生室能开展中医药服务。

表 8—8 左云县医院概况

医院名称	在职职工（人）	卫生技术人员（人）	执业医师（人）	执业助理医师（人）	实有床位（张）	总收入（万元）	总诊疗人次数（人次）	入院人数（人次）
左云县人民医院	215	187	73	2	202	7110	49104	6255
左云县中医院	42	31	13	8	30	931	22861	131
大同鹊山精煤有限责任公司医院	18	9	4	4	20	66	5059	0
大同煤矿集团大同地煤马口煤矿职工医院	39	34	11	0	15	15	5000	0

资料来源：《左云卫生计生统计报表 2016》。

左云县中医院成立于 1995 年 8 月，医院占地面积 1700 平方米，业务用房 2380 平方米，开设内科、外科、妇科、儿科、针灸理疗康复科、肛肠专科、咳喘专科、糖尿病专科、体检科、骨伤科等临床科室，有彩超、DR（数字化摄影）、全自动生化仪、C型臂、心电图、心电监护仪、血球分析仪、尿液分析仪、肺功能测定仪、电子阴道镜、TCT 等多种医疗设备，为城镇职工、城乡居民医疗定点医疗机构。医院有中国中医药研究促进会心身医学专业委员会委员 1 名，中国中医药研究促进会针灸康复分会常务理事 1 名、理事 2 名，山西省中医药学会亚健康专业委员会常委 2 名、委员 1 名，山西省老年医学会中医药分会常委 1 名、委员 5 名，山西省中医药学会肾病专业委员会委员 1 名，大同市中西医结合学会疼痛医学专业委员会常务委员 1 名。2013 年 2 月，医院建起了视频网络会议会诊平台，作为县级中医药适宜技术推广基地，加入了国家和山西省中医药适宜技术推广视频网络系统，每周三下午组织本院职工参加中医药适宜技术视频网络培训讲座。

医院拥有大同市重点中医专科针灸理疗康复科和肺病科。针灸理疗康复科配有电脑中频治疗仪，微波针灸治疗仪、超短波电疗机、颈腰椎多功能牵引床、中药熏蒸床、远红外按摩床、脑循环治疗仪、语言及吞咽功能治疗仪等多种理疗康复设备，开展针灸、推拿、埋线、药物熏蒸、小针刀等 20 余种非药物中医疗法，形成了对各型颈腰椎病，肩关节周围炎、膝关节骨性关节炎、面瘫、偏瘫等中医优势病种的独特疗法。肺病科采取中药穴位敷贴配合高压雾化吸入治疗慢性支气管炎、支气管哮喘、慢性阻塞性肺病，能明显减轻症状、减少发作，延长缓解期，全身用药少，副作用小，疗效好，得到患者的广泛认可。

医院建有 3 个县级名中医工作室，开展中医诊疗及传统医学师承，弘扬大医精诚的中医医学理念，发展创新中医医学科学，更好地为保障人民群众的健康服务。好的疗效离不开好的药材，我们一方面从信誉好的经营企业购进中药饮片，另一方面发挥药剂师的专业特长严格验收，中药饮片品种全、质量好、药效佳，得到群众的普遍认可。另外，中药全成分配方颗粒将传统中药材经过现代工艺加工成免煎颗粒，调剂时电脑识别、语音提示，自动换算进行精确调剂，一服药分成两包，即冲即饮，具有体积小、重量轻、携带和服用方便的特点，受到医患双方的广泛欢迎。

表 8—9 　　　　　　　　　　左云县乡镇卫生院概况

医院名称	在职职工（人）	卫生技术人员（人）	执业医师（人）	执业助理医师（人）	实有床位（张）	总收入（万元）	总诊疗人次数（人次）	入院人数（人次）
左云县云兴镇卫生院	21	17	2	2	35	730	38960	1165
左云县三屯中心卫生院	9	8	4	2	10	300	16455	0
左云县小京庄乡卫生院	5	5	2	2	9	205	15442	0
左云县店湾镇中心卫生院	9	9	1	0	35	141	3824	0
左云县管家堡乡卫生院	6	2	1	0	9	176	17056	0
左云县管家堡乡威鲁社区服务站	2	1	—	1	8	56	8384	0
左云县鹊儿山镇卫生院	5	5	2	0	10	187	9285	0
左云县水窑乡卫生院	5	2	—	—	5	147	4310	0
左云县张家场乡卫生院	2	2	1	0	9	209	21250	0
左云县马道头中心卫生院	13	2	0	1	14	311	18154	0

资料来源：《左云卫生计生统计报表 2016》。

除了中医院规模相对较小、对左云县中医事业发展的带动作用有限之外，全县中医类卫生技术人员队伍规模小、服务能力弱，是左云县中医供给侧存在的第二个不足。根据表8—10，左云县中医类执业（助理）医师在2012年翻番时增加后，五年间没有再增加；中药师的数量除了在2008年和2009年增加外，其他年份一直维持在4人或5人的水平。

表8—10　　　　左云县历年中医类卫生技术人员数及占比

年份	2007	2008	2009	2010	2011	2012	2013	2014	2015	2016
执业（助理）医师（人）	122	157	165	126	144	250	249	233	231	234
中医类（人）	14	28	26	24	24	52	50	46	41	46
占比（%）	11.48	17.83	15.76	19.05	16.67	20.80	20.08	19.74	17.75	19.66
见习医师（人）	0	0	4	0	12	12	11	12	13	12
中医类（人）	0	0	1	0	0	0	0	0	0	0
中医类占比（%）	—	—	25.00	—	0.00	0.00	0.00	0.00	0.00	0.00
药师（人）	30	36	36	28	25	27	23	21	21	19
中医类（人）	4	8	7	5	4	4	4	4	5	5
中医类占比（%）	13.33	22.22	19.44	17.86	16.00	14.81	17.39	19.05	23.81	26.32

资料来源：《左云卫生计生统计报表2016》。

面临中医院带动作用有限、中医类卫生技术人员匮乏的现实，左云县2016年发布"关于印发左云县中医药健康服务发展规划（2016—2020年）的通知（左政办发〔2016〕86号）"，进一步强化政府在制度建设、政策引导及行业监管等方面的职责，统筹全县中医药健康服务资源配置，发挥中医机构的主体作用，引导社会力量、社会资本投入中医药健康服务领域，加快中医药传承创新与科技转化，拓展服务范围，创新服务模式，建立可持续的中医药健康服务发展体制机制，为提升全县城乡居民的健康水平和经济社会转型发展注入新的动力。《左云县中医药健康服务发展规划（2016—2020年）》提出了完善中医药医疗服务体系、完善中医药预防保健服务体系、加强中医药信息化建设、加快中医药人才队伍建设、积极发展中医药健康养老服务和强化中医药文化建设及学术交流两项主要任务。"完善中医药医疗服务体系"部分的重点是加强中医院建设，确立了把县中医院建成区域内和辐射周边地区的针灸康复中心和中医药适宜技术示范基地的建设目标。加强县级特色中医馆建设，重点培育中医针灸、推拿等中医特色重点科室4个，配套购置医学检查、诊断、诊疗、康复等设施设备。深化省级中医重点专科建设，开展重点专科分类分级管理和监测工作，到2020年年底，至少建设1个省级重点专科，2个市级重点专科。针对中医专业技术人才匮乏这个问题，《左云县中医药健康服务发展规划（2016—2020年）》提出四条措施：第一，继续加大基层中医类别本科生的招录力度，占比达到公开招录本科生的20%。第二，积极组织中医药人员轮训，并对新招录的中医药专业毕业生实施住院医师规范化培训。全面加强"西学中"工作，使县中医医院的西医医师100%接受"西学中"系统培训。第三，实施中医药优秀人才培养计划，培养、评选一批中医名家。强化师承教育和"师带徒"工作，充分发挥学科技术骨干作用，促进中青年技术骨干加快成长。强化中医药人员在职在岗轮训，努力提高中医药服务团队的整体素质。第四，充分利用医师多点执业政策，积极引进中医药领军人才和中医药急需人才，努力提升中医药综合实力和工作影响力。

第二节　左云发展中医药产业的健康产业政策建议

一　左云医药卫生体制改革

2009 年 3 月，《中共中央、国务院关于深化医药卫生体制改革的意见》（中发〔2009〕6 号）发布，揭开了新医改的序幕。《国务院关于印发医药卫生体制改革近期重点实施方案（2009—2011）的通知》随后发布。2009 年 7 月，山西省根据这两个文件的精神，结合山西医药卫生事业发展的实际情况，发布《山西省深化医药卫生体制改革实施方案》，标志着山西省新医改正式启动。左云的新医改在这样的大背景下展开。

医改九年以来，左云认真贯彻落实党中央的医改精神，按照山西省和大同市的工作部署，以建设健康左云为目标，以公平可及、群众受益作为改革的出发点和落脚点，以人民群众得实惠、医务人员受鼓舞、医疗事业得发展为目标，把保基本、强基层、建机制贯穿医改全过程，在公共卫生服务体系、医疗服务体系、医疗保障体系和药品供应保障体系进行了行之有效的改革。

（一）全面加强公共卫生服务体系建设

首先，建立乡村一体化公共卫生服务体系。整合了乡村公共卫生资源，在乡镇卫生院组建公共卫生服务管理办公室，内设疾病预防控制、妇幼保健、爱国卫生、健康教育等工作组，全县按乡镇设立 9 个乡镇卫生监督站，开展卫生监督协管、巡查工作。其次，进一步拓展和深化基本公共卫生服务内容。2016 年度人均基本公共卫生服务经费实际水平达到 45 元。2016 年 5 月，左云县卫生和计划生育局邀请山西省卫计委公共卫生项目专家就项目考核标准与实施要点做了全面的培训，为完成各项公共卫生服务工作打下了坚实的基础。全县 13 家预防接种单位均由县卫生和计划生育局进行了资格审批和认定，47 名预防接种人员全部进行了培训和考核并持证上岗。2016 年 1—10 月，城乡居民健康档案电子建档率达到 85%，65 岁以上老年人健康管理人数为 9020 人，高血压患者管理人数为 7795 人，糖尿病患者规范管理人数为 1516 人，重性精神病管理人数为 387 人；国家常规免疫规划疫苗接种 17236 剂次，报告常规疫苗接种率达到 98% 以上，全县儿童预防接种信息化管理系统全面运行；落实了二类疫苗网上阳光采购工作，全县传染病及时报告率 100%，无甲类传染病、突发传染病疫情和传染病漏报情况发生，艾滋病感染者全部进行了免费抗病毒治疗及随访工作。2015 年 8 月，县医院选派了 1 名临床执业医师人员参加了省级组织的精神科医生转岗培训，在县医院开设了精神科门诊。再次，严格考核，确保公共卫生项目落到实处。根据《国家基本公共卫生服务规范》，结合左云县实际，县卫计局组织制订了《左云县基本公共卫生服务项目绩效考核方案》，细化任务，明确工作要求。最后，开展健康教育，提升居民基本卫生知识知晓率和健康行为形成率。通过印发健康知识口袋书、各种慢性病宣传资料，制作宣传栏等形式多样、内容丰富的健康教育促进活动，引导城乡居民自愿接受并传播健康知识，居民基本公共卫生知识知晓率和健康行为形成率呈现出逐年上升的良好态势。

（二）改革和完善医疗服务体系

加大政府投入，改善医疗卫生基础设施。将公立医院在职职工基本工资、医院日常运行、基本建设、大型设备购置、重点专科建设、离退休人员费用、政策性亏损列入财政预算，优先予以保障。政府承担县级医院在职人员基本工资比例由65%提高到了80%，编制由原来的344个增加为384个。为125名乡村医生参加了新农保，为6名乡村医生落实了退养补助经费，充分调动了医务人员的工作积极性。2015年，左云县抢抓国家实施医疗卫生体制改革的有利机遇，积极争取卫生投资项目，加快医疗卫生单位基础设施建设步伐，由中央财政投资200万元、县财政投资150万元为县人民医院购置了CT机，建立了ICU病房；利用中央投资的300万元，县财政配套资金350万元购置了核磁共振、GES8彩超；投资725万元完成张家场、小京庄、云兴镇三所乡镇卫生院改扩建和9所乡镇卫生院周转宿舍建设任务。县医院在原有1个省级重点专科（骨科）、1个市级重点专科（心内科）和3个县级重点专科（神经内科、消化内科、普外科）评估达标的基础上，又增加儿科和肾内科的建设及评估工作；县中医院2个省级重点专科（针灸理疗康复科、肛肠科）完成了重新修订专科优势病种治疗规范及临床疗效评估工作。县人民医院临床路径达到10个专业40个病种。目前，以县医院、中医院为龙头，各乡镇卫生院和村卫生室为基础的三级医疗卫生服务网络基本形成，极大地改善了城乡医疗卫生服务条件，给广大群众就医提供了方便。

稳步推进县乡医疗卫生机构一体化。2017年，山西省全面推行县乡医疗机构一体化改革。左云县委、县政府高度重视县乡医疗卫生机构一体化改革工作，成立了由政府县长任组长、分管副县长任副组长、相关部门负责人为成员的"县乡医疗卫生机构一体化改革工作领导组"，统筹谋划、周密部署、明确职责、细化任务，多方学习借鉴先进经验，立足实际科学顶层设计，多次召开专门会议，传达贯彻山西省和大同市会议精神，督促人社、财政、编办等医改成员单位多方发力，为全面实施县乡医疗卫生机构一体化改革奠定了坚实基础。2017年4月11日，县委常委会研究通过《关于组建左云县人民医院集团的意见》《左云县县乡医疗卫生机构一体化改革实施方案》《关于组建左云县人民医院集团的实施方案》；5月5日，挂牌正式成立县人民医院集团；6月8日，县卫计局将全县10个卫生院、193个村卫生室的人、财、物全部移交县人民医院集团管理。县人民医院集团挂牌后，成立了人事、财务等8个管理中心，医学检验、放射影像等8个业务中心，并制定出台相关规章制度，对所属乡镇卫生院实行行政、人员、资金、业务、绩效、药械"六统一"管理。截至2017年年底，左云县初步形成了"六个统一管理、三个一体化运行、三项制度健全落实"的县乡医疗卫生机构一体化管理体系，县乡医疗卫生资源得到有效合理配置，县人民医院集团各管理、业务中心已正常运行，基层卫生院医疗服务能力明显提升，改革成效初步显现。

积极推进医联体建设。左云县人民医院集团与大同市五医院、同煤总医院建立了医疗联合体，在临床专科建设、预约诊疗、双向转诊、检验检测、远程医疗会诊、医疗骨干免费进修等方面加强合作。左云县中医院与山西中医院中西医结合医院建立了医疗联合体。左云县人民医院与北大首钢医院合作成立血管医学中心左云防治基地，与北京天坛医院、儿童医院等34家医院开通了远程会诊，还不定期地邀请北医三院、协和医院、积水潭医院的专家来县人民医院坐诊、举办专题学术讲座、临床带教、传授新技术，进一步提高了疑难病症的诊治水平。按照省市关于分级诊疗有关精神，县政府制定出台了《实施意见》，卫计局制定了《实施方案》，规范了分级诊疗程序，确定了分级诊疗病种和新农合差别化支付标准。

重视医疗技术人力价值，推进医药分开改革。2015年，左云县调整医疗服务价格552项，其中上调治疗费、护理费、手术费、床位费共400项，下调检查费、检验费共152项。医药价格调整后次均门急诊费用226元，同比下降18%；次均住院费用4050元，同比下降3%。2015年两所县级公立医院1—11月门诊接诊62180人次，住院治疗5983人次，手术764人次，均比上年增加。

深化公立医院改革。第一，改革人事分配制度。在县级公立医院全面推行岗位聘用制度，实行全员聘任、竞聘上岗，专业技术岗位设置比例达到岗位总数的85%，建立了能进能出、能上能下的用人机制；开展了以"工作质量、劳动强度、服务满意度"为依据的绩效考核机制；完善了岗位绩效工资制度，奖励性绩效工资占到40%，绩效分配向临床一线倾斜，每季度最高达到3300元，最低400元；做到了多劳多得、优绩优酬、同工同酬。第二，健全财务管理制度。严格预算管理和收支管理，加强成本核算与控制，加强资产管理，建立健全内部控制机制，以节水、节电、节材、降耗、压缩开支和资源综合利用为重点，通过改进和加强内部管理，实现医疗卫生资源高效利用，逐步形成优质、高效、低耗的发展模式，促进医院健康、可持续发展。第三，强化监督检查力度。以促进医疗机构"合理检查、合理治疗、合理用药"为目的，进一步健全完善县级医疗机构费用控制制度，加大对违规行为处理力度，有效规范定点医疗机构诊疗行为。在加强规范和保障质量的基础上，实行县级两院检查结果互认，减少重复检查，降低医疗服务成本，减轻患者经济负担。第四，深化"平安医院"创建工作，县级两所公立医院设立医患关系办公室，实行首诉负责制，建立医疗纠纷调解机构，组织医疗纠纷防范培训。县人民医院 172 名医护人员参加了医疗责任保险，参保率达80%。

推进家庭医生式签约服务。左云县按照山西省和大同市《关于推进家庭医生签约式服务实施方案》有关要求，结合本县实际，制定出台了《左云县家庭医生签约服务"六个一"活动实施方案》。为确保家庭医生式签约服务工作的扎实推进，左云县利用县卫生计生信息服务网络，在全县范围内开展了农村常住人口摸底调查，为活动顺利实施奠定了基础。截至目前，全县累计签约63149 人，签约率达 39.28%，重点人群签约服务覆盖率达到89.92% 以上。

提升基层中医药服务能力。左云县将发展中医药事业列入《左云县"十三五"期间国民经济社会发展规划》之中，出台了《左云县中医药健康服务发展规划（2016—2020）》，加大中医药事业发展的政策支持力度，建立稳定增长的中医药发展投入机制。左云县出台了《左云县基层中医药服务能力提升工程"十三五"行动计划》，县人民政府与山西中医药大学签署了校地合作协议，在教学、医疗、科研、产业等方面深化校地合作，推动左云中医药事业和医疗健康产业的发展。县中医院与山西中医药大学附属医院建立了医联体，挂牌成立山西省山西中医药大学附属医院左云分院，与山西省中医院远程医疗协作平台实现对接，左云县患者可直接通过该医院预约省中医院的专家，进行远程门诊或者远程会诊。左云县举办了《中医药法》学习培训班，通过巡回义诊、专题讲座等形式开展《中医药法》学习宣传活动。大力推广中医药适宜技术，利用山西省中医药适宜技术视频培训平台对全县167名乡村医生开展中医适宜技术培训，基层医疗卫生机构中医服务能力建设显著增强。马道头卫生院建成中医馆，三屯乡卫生院、店湾镇卫生院、鹊儿山卫生院通过了省级中医特色乡镇卫生院达标验收，135个村卫生室能开展中医药服务、基本公共卫生服务。

提高医疗卫生服务质量。一是开展优质服务创建活动。在卫生系统继续深化"平安医院"创建工作，全面开展了"优质服务单位""优质服务窗口""党员示范岗"和"微笑服务"创建活动。严格执行"首诊负责制"和"首问负责制"，构建了和谐的医患关系。二是加强学习和职业道德教育。通过新招录医学类大学毕业生、选送医务人员赴省市进修学习、组织乡村医师技术培训、开展岗位大练兵等活动，提升了医务人员的业务技能；通过深入开展学习讨论落实活动、"坚定信念、严守纪律、热爱家乡、建设左云"大讨论和"同心同力，发展大同"大讨论活动等，改善了医德医风，树立了白衣天使的良好形象。三是优化服务流程。全县各医疗机构规范服务流程，简化就诊程序，合理调整了门诊科室布局，规范了门诊、住院、药房、检验采血、挂号、收费、划价等服务程序，缩短了就诊等候时间，实行了一条龙服务。

（三）改革和健全社会基本医疗保障体系

实现基本医疗保险市级统筹。在大同市的统一部署下，城镇职工医疗保险2011年实现"基金统收统支、经办分级管理"模式的市级统筹。2017 年，在将新农村合作医疗和城镇居民医保整合为城乡居民医保的同时，实现城乡居民医保的市级统筹，模式也是"基金统收统支、经办分级管理"。

整合城乡居民基本医疗保障制度。2016 年，左云县卫生计生部门承担的新农合管理职能及人力资源和社会保障部门承担的城镇居民医保管理职能合并，统一由人力资源和社会保障部门承担，卫生计生部门有关新农合的机构编制、人员资产、信息系统、结存基金等整体划转至人力资源和社会保障部门。自 2017 年起，除城镇职工外的所有居民均实行"统一覆盖范围、统一筹资政策、统一保障待遇、统一医保目录、统一定点管理、统一基金管理"的城乡居民基本医疗保险。

建立大病医疗保险制度。2015 年，将 24 类大病纳入大病保障范围，切实减轻参合农民医药费用负担。

深化医保支付方式和结算改革。加快医保支付方式改革，积极推进医保总额打包预付工作，出台了《左云县基本医疗保险县乡一体化改革打包预付（总额控制）实施方案》，门诊统筹继续实行总额付费的支付方式、在县医院实行单病种（61 种）付费为主的住院费用支付方式改革，在县中医院试行按床日付费的支付方式改革。为了方便参合群众看病就医，在门诊和住院结账时便能享受到新农合政策补助，市、县、乡、村所有定点医疗机构均实行了"即时结报"。

（四）建立药品供应保障体系

严格推行基本药物制度。左云县是大同市首批国家基本药物制度实施试点县之一。2015 年 1—11 月，两所县级医院的基药使用率均达 42%，财政共补偿 481 万元；9 所乡镇卫生院共销售基药 646.9 万元，财政共补偿 131.12 万元。加强对基本药物中标及配送企业的履约监管，与 8 家企业签订了配送协议，建立了"相对集中、竞争有序"的配送格局，保障了两所县级公立医院和乡镇卫生院等医疗卫生机构药品供应。2016 年，改革了县级公立医院药品采购机制，全面推行阳光分类采购，县人民医院、县中医院优先采购基本药物和符合临床路径的药品，推进耗材、试剂阳光采购，对部分耗材实行限价采购。

执行药品购销"两票制"和医用耗材阳光采购。两家县级公立医院高度重视药品购销"两票制"工作，成立了药品、耗材招标采购委员会，出台了《药品、耗材招标管理办法》，全面启动药品分类采购，制定了药品采购目录，成立了药品议价小组，除麻醉药品、精神药品、中药饮片外全部通过省级平台阳光采购，优先采购基本药物和符合临床路径的药品，推进耗材、试剂阳光采购，扩大高值耗材和体外诊断试剂限价采购范围，对部分耗材实行限价采购，保证药品质量，降低了虚高价格。2016 年 1—11月，网上购置基本药物 1035.23 万元。县人民医院、县中医医院网上采购高值耗材 222.11 万元，高值耗材网上采购占比 100%。

二　左云发展中医药产业的健康产业政策建议

左云地处山西边陲，医疗（包括中医）资源匮乏。发展健康产业和中医药产业，必须结合本县实际，在法律允许的范围内走出一条特色之路，把改革重点放在激发现有 234 名执业（助理）医师［包括 46 名中医类别执业（助理）医师］潜能上。基于此，我们提出如下政策建议。

（一）取消非公立医疗机构区域卫生规划

放开包括诊所、门诊部在内的小型医疗机构的举办权。只要是取得医师资格证书的医生举办医疗机构，不再需要卫生审批，只需进行工商登记。允许取得乡村医生执业证书的中医药一技之长人员，在乡镇和村开办只提供经核准的传统中医诊疗服务的中医诊所。2017 年 8 月，国家卫计委发布《关于深化放管服改革激发医疗领域投资活力的通知》（国卫法制发〔2017〕43 号），取消养老机构内设诊所的设置审批，实行备案制。从理论上讲，服务于体弱多病的老年人的养老院内设诊所都无须卫生审批，服务普通居民的中小型医疗机构就更无须卫生审批。

（二）鼓励县级医院的高年资医生在乡镇和城区开办私人诊所

有序的分级诊疗体系是解决居民"看病难、看病贵"问题的关键。建成有序的分级诊疗体系，实现"基层首诊、分级诊疗、双向转诊"这一目标的关键，在于居民在社区能找到值得信任的高年资医生，因为居民感冒发烧了，刚毕业没几年的医生说"没问题，回家多休息多喝水"，居民不会信，只有高年资医生说了居民才会信。在社区能找到值得信任的高年资医生，就是需要高年资医生在社区常年执业，而不是高年资医生间歇性、周期性的巡诊。县人民医院、县中医院已经定期派出各自单位的业务骨干到 9 家乡镇卫生院巡诊，通过业务带教、查房会诊、手术示范、讲座等形式免费培训结对帮扶卫生院医务人员 60 人次，但是患者不愿意在乡镇卫生院就医、直接涌向县级医院的现象没有得到明显好转，根本原因就在于没有常年在乡镇执业的高年资医生。

正在进行的县乡医疗卫生机构一体化改革，可能会缓解"看病难"问题，但必定会加剧"看病贵"问题。如前所述，县人民医院集团已经挂牌成立，县卫计局已将全县 10 个卫生院、193 个村卫生室的人、财、物全部移交县人民医院集团管理，已经实现对所属乡镇卫生院实行行政、人员、资金、业务、绩效、药械"六统一"管理。可以预期，一体化后，原来县人民医院的高年资医生会常年定期到乡镇出诊，农村地区的居民确实在社区就能找到值得信任的高年资医生。但是，医生都是要追求收入最大化的，从而县人民医院集团的管理层也必须追求收入最大化。我国过度医疗现象严重、医生"收红包、拿回扣"现象屡禁不止，表明卫生行政部门缺乏遏制公立医院及其医生追求收入最大化行为的能力。因此，可以肯定，左云县卫生行政部门也不具备遏制县人民医院集团追求收入最大化行为的能力。在这种环境下，各乡镇卫生院必然会成为县人民医院集团伸向全县各个角度的触角，将有钱可赚但本来在乡镇卫生院就可治好的患者转到县人民医院治疗。县人民医院的检查检验设备先进，患者的费用必然大幅增加。在未实现一体化之前，各乡镇卫生院和县人民医院是不同的经营主体，乡镇卫生院也要实现自己的收入最大化，故县人民医院获取"赚钱"患者的难度要大。

为解决居民"看病难、看病贵"问题，让居民在社区找到值得信任的高年资医生，须让县级医院的高年资医生自愿走出医院，在乡镇和社区开办私人诊所。目前，县级医院的医生虽然仍有编制身份，但因为已经参加统一的企业养老保险，走出公立医院的意愿增加。然而，尽管山西已经出台医师多点执业政策，但走出公立医院、开办私人诊所的医生依然很少，主要原因有二：第一，目前的医疗执业保险必须由医院代为参保，开办私人诊所的医生不能参加，于是缺乏应对执业风险的机制。没有医疗执业保险分担风险，私人诊所一旦出现医疗事故，将面临"灭顶之灾"。第二，私人诊所不能获得医保定点资质。由于居民基本上都已参加基本医疗保险，缺乏医保定点资质严重影响诊所的业务量。

因此，为进一步鼓励公立医院医生"走出来"开办诊所，切实起到"社区守门人"作用，还须落实 2015 年发布的《大同市加快推进健康服务业发展实施方案》中"探索建立医生自主创业制度"的精神，出台两项政策：

第一，允许医生以个人身份参加医疗执业责任保险制度。2015 年 7 月 20 日发布的"海南省医师多点执业管理办法"（琼卫医〔2015〕25 号），就支持医师个人购买医疗执业保险，医师个人购买的医疗执业保险适用于任一执业地点。

第二，建立医保定点医师制度和医保按注册服务人头付费制度。医保定点医师制度，指医保经办部门审批每位医师是否具有收治医保患者的资质，获批资质的医师在辖区内任一医疗机构（包括私人诊所）执业均可以收治医保患者。由于现有智慧医保系统能自动监控医师处方行为，实行医保定点医师制度并不会增加医保经办部门的监督工作量。医保按注册服务人头付费制度，指允许居民自主选择和注册私人诊所或乡镇卫生院作为"首诊机构"，医保经办部门按注册人头打包支付"首诊机构"。打包费用用于包干注册居民常见病的治疗。由于每个居民门诊医保人头费用是固定的，定点诊所的增加不会导致医保费用支出增加。相反，将所有拥有合法经营资质的诊所纳入医保定点，扩大了居民选择范围，增强医疗机构之间的竞争进而提高医疗服务质量，但是并不增加医保资金支出。中国社会科学院朱恒鹏研究员认为，上述"社区守门人制度"将同时实现三个目标：首先，极大地缓解城乡居民"看病难"问题，因为社区首诊可以满足患者绝大多数诊疗需求，极大地方便患者。其次，显著降低医疗费用，降低医保资金压力。大部分医疗需求包括一些小手术能够在社区门诊机构解决完成，医疗费用自然低。最后，显著缓解医患矛盾，构建良好的医患关系。良好的就医环境、足够长的交流沟通时间和明显低于县级医院的就医费用本身就会改善医患关系。更深层次的是，竞争性的社区门诊医生和签约居民形成的是长期关系，非常有助于双方形成良好关系。从医生角度，没有良好关系无法长期留住客户，从而得不到稳定的收入；对患者来说，没有良好关系无法确定一个稳定的、了解自己健康状况和健康史的家庭医生。此外，按人头付费模式给予了家庭医生强烈的控费激励，包括通过做好预防和健康管理控制医疗费用的激励；与此同时，社区居民对签约家庭医生的自由选择权又要求他在控费和保证服务质量从而获得较高患者满意度之间实现最佳平衡。总之，通过以上改革能从根本上解决"看病难"问题，也能有效控制医疗费用的过快增长，保障医保资金的合理利用，有效缓解"看病贵"问题。

（三）促进中医药与养老服务结合，发展中医药健康养老服务

中医药特别适合与养老服务结合。首先，对于老年人来说，缓解症状和治疗带来的安慰作用，常常比治愈疾病更重要。和西医相比，中医更关注治疗行为本身和病人感受，与老龄患者的需求更为契合。其次，老年人居家养老、社区养老和机构养老的比

例分别为90%、6%和4%。因此，很大比例的老年人需要的是上门医疗服务。中医上门服务由来已久，无论是中医师还是老年人，均毫无违和感。中医上门进行理疗、按摩等服务不存在医疗风险。但是，西医普遍认为上门服务和家庭病床风险大，在家中进行西医治疗违反《执业医师法》。根据笔者的调研，在家中或养老院中进行针灸按摩很受欢迎，中医家庭病床的使用率很高。再次，中医药服务费用低廉，基本的中医药服务只需几元钱，一小时以内的理疗或按摩服务，收费一般不会超过40元，老年人更能承受得起。最后，中医治疗效果一般没有西医迅捷和明显，不怎么适应现代社会的快节奏，市场生存压力大，因此中医更有积极性抓住目前的医养结合政策机遇，通过给老年人提供医养照护服务拓展经营空间。

应鼓励新建以中医药健康养老为主的护理院、疗养院。有条件的养老机构设置以老年病、慢性病防治为主的中医诊室。推动中医医院与老年护理院、康复疗养机构等开展多种形式的合作。县中医院开展老年病、慢性病防治和康复护理，为老年人就医提供优先优惠服务。支持养老机构开展融合中医特色健康管理的老年人养生保健、医疗、康复、护理服务。县中医院开展社区和居家中医药健康养老服务，为老年人建立健康档案，建立医疗契约服务关系，开展上门诊视、健康查体、保健咨询等服务。

第三节　左云发展中医药产业的农业产业政策建议

一　左云农业生产经营体制改革

过去几年，左云县认真贯彻落实山西省和大同市农村农业工作精神，以推进现代农业发展为契机，以农村改革发展为主线，以促进农民持续稳定增收为目标，依托项目支持，创新机制、强化措施、主动作为，大力实施科技兴农，狠抓农业产业结构调整，积极应对多方面困难和挑战，克服间歇性干旱、夏秋连旱、低温、洪涝、冰雹等自然灾害的不利因素，保持了农业农村经济的健康协调发展态势。

（一）发挥特色优势，调整种植业结构

全县上下全力以赴，强化措施，积极应对，紧紧围绕"提质增效转方式，稳粮增收可持续"的工作思路，按照农产品消费需求，发挥区域优势，打好农业结构调整这场硬仗，不断提高农业综合生产能力，减少籽粒玉米种植面积，种植结构逐步向杂粮、马铃薯、中药材、草业等特色优势农产品方向调整，最大限度地将资源优势转化为产业优势，具体采取了下述措施：

第一，充分发挥"一县一业"项目的辐射带动作用，继续推动马铃薯规模化和产业化发展，努力提升马铃薯综合生产能力。全县共有山西京奥农业科技有限公司种薯窖建设、山西蓬勃农业科技有限公司组培室建设、左云县长丰马铃薯种植专业合作社温室和网室建设和左云县边塞富民马铃薯购销专业合作社种薯窖建设四个"一县一业"项目。全县马铃薯原原种、原种播种面积已达到1万余亩，新品种推广率达到95%以上，新技术推广面积达到83%以上，马铃薯产业开发呈现出集约化经营、专业化生产、规模化种植、优质高产高效的快速发展趋势。

第二，按照稳定面积、改善品质、打造精品的发展思路，坚持绿色、高效、高产发展理念。以燕麦、荞麦、豆类、小米为主要杂粮作物，全县建设了3个千亩高产核心示范片，20个百亩示范片，建设总面积达到 1.1 万亩。重点推广了地膜覆盖、谷子渗水地膜穴播、燕麦新品种密植栽培、测土配方施肥、增施有机肥、机械化播种等新技术，杂粮生产呈现出新的发展态势。

第三，通过政策引导、技术培训、示范推广，全县中药材种植企业、农户明显增加，种植规模明显扩大。已新增种植面积 8737.5 亩，涌现出 200 亩以上的种植大户 10 多家，中药材崛起工程示范推广面积 2500 亩，中药材种植呈现出好的发展势头。

第四，紧紧抓住国家农牧交错核心示范区建设的机遇，通过政策引导、园区拉动、利益驱动，以订单农业和土地有序流转为手段，减少籽粒玉米种植面积，扩大饲草种植面积。全县饲草面积达到 3.4 万亩，逐步实现粮经二元结构向粮经饲三元结构转变的新格局。

（二）紧跟市场需求，加大农产品加工转化力度

按照市场的需求，充分发挥农业龙头企业的带动作用，近年来涌现出了 10 余家农产品加工龙头企业，特别是雁门清高苦荞健茶系列产品、古膳要道纠偏功能性系列产品、亿源升杂粮精细化加工产品，特色明显；京奥、蓬勃、长丰马铃薯脱毒种薯形成了生产、贮藏、加工转化完整的产业链，市场竞争力强，带动了农民增收；边塞农丰农牧钙果加工园区投资 1050 万元，新建厂房 2000 平方米，钙果加工生产线 3 条，设计年加工能力达到 2500 吨；云中紫塞沙棘加工园区投资 920 万元，种植沙棘 1500 亩，扩建生产车间、成品库 1800 平方米，新上加工生产线 2 条，设计年加工能力达 3000 吨。目前钙果加工生产线正在试生产。

（三）加强认证和监管，提高农产品质量

左云已经把发展有机旱作农业、绿色农业、生态农业、品牌

农业作为实现农业振兴的重要途径，全面控制化肥用量，大量增施有机肥，大田农作物化学农药基本不用，积极改良土壤，促进现代农业健康发展，提升农产品档次，打造精品农业。在之前认证19个农产品的基础上，2017年新认证"三品一标"产品3个，新认证面积2.5万亩。2个合作社4个产品正在申报无公害认证，2家企业3个产品正在申报有机认证，2家企业正在申报地理标志认证。创建了左云县出口杂粮省级示范基地和省级出口食品农产品质量安全示范区，同时正在申报国家生态原产地产品保护。继续加大对农产品生产基地、生产企业和农产品市场的安全监管力度；认真开展对"三品"认证企业和产品的监管；加快农产品质量安全体系建设进度。

继续强化农产品安全监管责任，绷紧质量安全这根弦，心系群众生命健康，确保农产品质量安全法律法规家喻户晓、人人皆知，突出长效机制，从根本上防范农产品质量安全问题，做到标本兼治。2015年，农业局质量监管小组共深入基地、企业20人次，使农产品生产和经营单位责任意识、安全意识和法制意识进一步增强。与"三品"认证企业签订了农产品质量安全承诺书，对5家重点企业实施信息网格化管理，其中雁门清高公司、京奥农业科技公司建立了实时监控网络，并建立了信息平台，确保了左云县无发生农产品质量安全事故。

（四）加大培训和推广，提高农业科技水平

农业部门和各乡镇组织机关干部、农技人员深入农村，开展各类培训活动，推广新技术、新品种。仅2016年接受培训的农民就达1.5万人次，通过课堂讲授、参观交流和现场培训等方法，完成新型职业农民培训175人。左云县农业局深入全县9个乡镇累计举办主要作物标准化栽培管理、测土配方施肥、病虫专业化防治等各类技术培训班 62 场次，印发资料 1 万余份。

（五）发展电子商务和积极参加展会，拓展销售渠道

目前，左云农产品已有多种参与电子商务的方式：一是在"贡天下特产网"等农产品电商平台上进行网上销售。二是"雁门清高""云中紫塞"等规模较大、产品有一定知名度的企业自己制作企业网站进行产品宣传展示，并提供联系方式和订货方式，进行商务运作活动。三是在"晋农天天 12316"农业网站的信息平台上发布产品介绍和供求信息。四是部分规模较小的农民合作组织或个别农户在本地的贴吧、论坛发布农产品的供求信息。

2015 年，左云参加了中国（山西）特色农产品交易博览会。以"特色、创新、合作、共赢"为主题，确定雁门清高苦荞、古膳要道纠偏食品、金茂源胡麻油、亿源升小杂粮、云中紫塞沙棘、蓬勃马铃薯、助农沙棘茶 7 家企业和合作社参加。销售总额 12.5 万元，贸易签约总额 200 多万元，同时制作了 1 部多媒体宣传片和多种宣传彩页，着力体现左云小杂粮整体特色，展示左云现代农业发展成果，极力打造左云特色农产品形象，提高左云绿色农业品牌知名度。

二　左云发展中医药产业的农业产业政策建议

尽管左云农业生产经营体制改革取得了明显成效，但是依然存在一些问题。这些问题不仅存在整个农业产业中，也存在于中医药产业中，比较突出的有如下几点：第一，农业生产基础条件薄弱。投入仍显不足，农业抗御风险能力弱，基础设施条件和生产技术标准须进一步提升。农业投入周期长，效益低，农业生产

企业贷款难；农业项目资金难以完全到位，配套资金很难落实，很大程度上制约了农业生产的发展。农村青壮年劳动力纷纷外出务工，并呈逐年增多趋势，导致全县从事农业生产的劳动力严重不足、整体素质不高。第二，农业经营体制有待完善。农村土地规模化经营程度不高，导致农业生产规模小，农机化程度低，限制了农业专业化生产经营。第三，农村土地流转不规范。土地流转合同签订不规范，少数地方在土地流转中存在流转期限超过承包期的剩余年限，土地流转机制不健全，土地承包经营纠纷多的情况，直接影响土地流转工作的顺利开展。第四，产业化经营程度低。龙头企业规模不大、实力不强；生产经营规模小、标准化水平低；农民进入市场的组织化程度不高。种植大户和专业合作社建"精品园"意识不强，力度较弱，特色农产品没有严格对照"三品一标"的要求，在栽培管理、包装加工、物流运输和产品宣传上还不到位，在国内外有影响力的品牌较少。克服和解决这些问题，需要进一步深化改革。为此，我们提出如下政策建议：

（一）扎实推进农村综合改革

深化农村土地和集体产权制度改革，按时完成农村土地承包经营权确权登记颁证工作。加强涉农资金和农村集体"三资"管理，强化村务公开，创新和完善乡村治理机制，增强"三农"发展的内生动力。针对农村常住人口日益减少和老龄化的趋势，研究部署中心村建设试点工作和农村社区建设试点工作。引导城乡人口有序流动，逐步实行城乡统一的户口登记制度和户口迁移制度。消除城乡居民的身份差别，加快与户籍制度相关的配套改革，规范土地承包、社会保障、劳动就业、教育、医疗等关联性政策，实现城乡居民平等待遇。取消一切限制农民到城镇就业、生活的歧视性政策，推动实现城乡劳动力平等就业、城乡人口有序流动。建立健全相应的流转、交易平台，开展农村集体资产股份权能改革，激发农村发展活力、潜力，维护农民利益，增加农民和集体收入。明晰农民资产权利，确保农民资产的处理权与收益权，推进集体资产的股权量化。全面开展农村土地股份合作，引导农民将承包土地入股村组集体土地股份合作社或进行土地托管，农民按股分红，实现农村土地集中经营、规模经营。推动发展农村信托业，大力培育信托组织，建立农民资产信托运行机制、信托全程监督机制，规范信托机构交易行为，完善信托交易市场支持体系，优化农民资产信托运行环境。积极开展农村土地经营权、房屋产权、林权等农村产权抵押融资工作，解决农村、农业、农民"融资难"问题，为促进农村发展、农民增收注入活力。持续增加"三农"投入，不断加大强农惠农富农力度，确保总量持续增加、比例稳步提高。继续加大公共财政对水利建设的投入，充分发挥财政支农政策的导向功能和资金的撬动作用，推行贷款贴息、民办公助、以奖代补、先建后补、资金整合等形式，引导信贷资金和社会资金投向现代农业建设。

（二）加快农业生产结构调整

以市场需求为导向，以经济效益为中心，积极调整农业内部产业结构。在稳定粮食生产的基础上，促进种植业的基本格局由以粮食为核心向粮食、经济作物共同发展转变。以农牧结合、农林结合、循环发展为导向，调整优化农业种植养殖结构。大力发展养殖业特别是养羊业，促进种养业全面发展。以提高农产品竞争力为核心，大力调整品种和品质结构。把提高农产品质量，发展适销对路的优质专用农产品作为农业结构调整的重点。

（三）坚持绿色发展道路

以特色农产品交易中心为平台，着力壮大农业集群，全面实施农业标准化管理，加强食品安全体系建设，提高农产品质量和食品安全水平，推进绿色有机农产品生产。加快推进农产品"三品一标"认证，培育壮大一批带动能力强的农产品品牌，巩固绿色、安全、优质农产品"金字招牌"，将左云打造成华北绿色有机农产品生产基地。注重循环农业发展，扶持休闲观光农业产业和农家乐开发，建设现代农业生态园。加快培育经营特色化、管理规范化、服务标准化的休闲农业示范点、农业观光采摘园、休闲农业园区。重点发展绿色农产品精深加工业，努力提升绿色食品加工业的规模化水平，延长农业产业链，推动绿色食品加工业由初级加工向精深加工、由数量增长向质量提高转变，努力将左云打造成华北重要的绿色食品加工基地。

（四）提升农业优势产业发展水平

大力培育农业产业化龙头企业，扶持引导企业向产业的广度和深度进军，大力发展特色农产品及其加工品，提高附加值，培育和壮大一批产业关联度大、竞争力强、辐射带动作用强的龙头企业。通过典型引路、以点带面，建设规模化、市场化、标准化和产业化程度较高的特色农业样板，形成引领区域农业发展的强大力量，加快传统农业向特色农业转变，提高优势农产品综合生产能力。大力推进"一县一业"马铃薯基地、杂粮高产示范基地、中药材发展基地、100万只规模养羊基地建设，重点实施"131"工程。

（五）加快推进现代农业示范园区建设

按照"高产、优质、高效、生态、安全"和"优势农产品向优势产区集中"的要求，高起点、高标准和高水平创建连片规模生产、主导产业突出、产品优质安全、综合效益显著的现代农业示范园。积极引导新型农业经营主体加速向园区集中、先进农业生产要素加速向园区集聚，梯度推进现代农业示范园区建设，充分发挥"示范引领、辐射带动"的作用，把现代农业示范园区打造成"第六产业"示范样板。

（六）积极发展农民专业合作经济组织

在坚持农民自愿的前提下，鼓励农民组建专业合作经济组织，实现在生产、服务、营销等环节的联合与合作，提高农民组织化程度和农业生产效率，增强市场应对能力。围绕特色农业发展，以农业龙头企业和合作经济组织为载体，搞好品牌开发培育和宣传推介，提高特色农业在市场的知名度、占有率，实现左云品牌和特色农产品网络化经营。

（七）提升农业公共服务能力

做好农产品生产、技术、价格和供求信息的收集与发布工作，为农民和农业企业提供及时、准确、系统的信息服务，引导他们按照国家产业政策和市场需求调整农业结构。加强批发市场的基础设施建设，完善服务功能，规范交易秩序，创造公平、公开、公正的市场环境。完善农产品、农业投入品和农业生态环境质量安全的检测体系，提高检测能力和水平，加强农产品质量安全检测，促进无公害农产品、绿色食品和有机农业的发展。加强农业金融保险体系建设，创新农业社会化服务机制。

第九章 左云中医药综合改革试验区建设方案

第一节 左云中医药综合改革试验区的建设构想

在资源型城市转型的大背景下，以国家和省市中医药发展系列规划和布局为契机，与人民健康需求相适应，以弘扬中国中医药文化和事业为目标，满足人民群众日益增长的中医药医疗保健服务需求，提高城乡居民的健康保障水平。大力发展中医药事业，成为左云下一步转型发展的新蓝图。左云中医药发展处于初级阶段，距离全国中医药发展规划以及山西省中医药发展规划目标还有一定差距。后发优势为左云系统设计和实施中医药发展蓝图提供了较大空间，使左云能够实施系统化、产业链综合、研发支持、产加销一体的中医药改革与发展路径。而建设中医药综合改革试验区是探索这种发展路径的前站和抓手。

适应全国经济社会发展的大环境，左云中医药综合改革试验区应遵循政府引导、市场驱动的原则，加强政府在制度建设、政策引导及行业监管等方面的职责，同时发挥市场在资源配置中的决定性作用，充分调动各种社会资源。此外，还应加快科技转化，创新发展模式，建立可持续发展的中医药健康服务业发展的体制机制。

充分发挥左云县区位、生态优势，集中统筹全县中医药资源，完善中医药发展政策机制，探索中医药发展新模式和新路径，力争到2022年，建立起适应中医药事业创新发展的管理体制和运行机制，基本建成中医药种植、生产、物流、研发、检测、贸易、会展、电商、康养为一体，中医药产业链条完整、传统产业与新兴业态融合、现代服务业集群效应明显的全国领先的县级中医药综合改革试验区，形成一批可复制、可推广的改革举措和创新成果。

一 中药材与杂粮种植

近来年，左云县加快了从煤炭大县向生态大县的绿色转型步伐，致力于发展生态农业①，跨入"全国造林绿化百佳县""全国造林绿化模范县""国家级生态示范区"行列。同时，左云县是小杂粮品种最齐全的县。农业的转型发展为左云县种植中药材、杂粮药膳打下了基础，从而能够为发展中医药和康养事业提供丰富的原材料。

（一）创建中药材种植示范区

中药材是中医药产业及中医药服务的原料基础。左云县发展

---

① 生态农业，是按照生态学原理和经济学原理，运用现代科学技术成果和现代管理手段，以及传统农业的有效经验建立起来的，能获得较高的经济效益、生态效益和社会效益的现代化高效农业。它要求把发展粮食与多种经济作物生产，发展大田种植与林、牧、副、渔业，发展大农业与第二、第三产业结合起来，利用传统农业精华和现代科技成果，通过人工设计生态工程、协调发展与环境之间、资源利用与保护之间的矛盾，形成生态上与经济上两个良性循环，经济、生态、社会三大效益的统一。

中医药，应首先安排中药材种植。在与中央和省级规划安排保持方向一致的前提下突出地方特色。从 2014—2016 年左云县中药材种植情况看，总产量偏低，种植效率不高，波动明显。[①] 当前在全县铺开中药材种植的条件尚不具备，可在生态农业的基础上，建立集中的中药材种植示范区，探索左云中药材种植的方式和路径，辐射带动全县有条件的乡镇种植中药材，并逐渐创建中药材左云品牌，为中药材"晋"字品牌增加左云元素。

根据国家《中药材保护和发展规划（2015—2020 年）》《山西省贯彻中医药发展战略规划纲要（2016—2030 年）实施方案》《山西省中药材产业发展"十三五"规划》《山西省人民政府办公厅关于促进中药产业发展若干措施的通知》《山西省人民政府办公厅关于中药材保护和发展实施方案》《关于加快推进山西省中药材基地建设的实施意见》《山西省道地中药材产业发展规划（讨论稿）》《关于印发大同市中药材保护和发展实施意见的通知》精神，依托左云植物资源优势，规划建设中药材种植示范区，以现代农业、生态农业的生产方式种植道地中药材品种，为发展中医药事业提供有力支撑。

在具体操作方式上，发展"中医药＋农业"，探索建立中药材绿色种养新模式；制定左云重点发展的道地中药材目录，可以

---

① 2014—2016 年，左云县中草药种植情况变动明显，2014 年，全县播种面积依次为 119 公顷、43 公顷和 142 公顷；产量依次为 109.2 吨、75.6 吨和 106.5 吨；单产依次为 61.2 公斤/亩、117.2 公斤/亩、49.9 公斤/亩。2015 年，种植面积处于低谷，2016 年种植面积回升且较 2014 年增加。产量和单产则出现下降，说明中草药种植效率降低。种植中药材的乡镇有云兴镇、管家堡乡、水窑乡，张家场乡仅在 2014 年种植 5.7 公顷，店湾镇仅在 2016 年种植 4.0 公顷。水窑乡种植面积最大；全县的中草药产量绝大部分来自管家堡乡；云兴镇的单产最高，达到 500 公斤/亩，效率最高，但是未形成规模优势。

当前数量众多的大黄、甘草、狼毒、黄芪为主；推进标准化、规模化、产业化的中药材种子种苗繁育基地建设，推广使用优良品种，推动制定中药材种子种苗标准，从源头保证优质中药材生产；推进种植基地规模化建设，实现道地中药材品种的规范化、规模化生产；建设标准化种子种苗基地，改善中药材种植结构，实行连片种植，打造大黄、甘草、狼毒、黄芪等道地中药材原生态种植基地；制定"中药材种植质量管理规范"，以规范中药材种植、提升药材品质为原则，实行标准化生产和全程质量监控；制定中药材优良品种标准，建立无公害种植过程中田间管理、投入品施用（农药、肥料、生长调节剂、除草剂等）等操作环节的技术要求和控制标准；制定中药材种植、采收、储藏、产地加工生产规范及标准，制定中药材等级标准，制定药材包装及仓储规范等，加强中药材种植养殖科学引导与规范发展；使用生物肥料、生物农药，按照GAP的要求，减少中药材产品污染、增加产量、提高品质，生产绿色、优质、高产、安全的中药材；探索林药间作、粮药间作、药药间作等生态种植模式，提高国土资源的生态效益和经济效益，增加农民收入；推行"公司＋合作社＋农户""公司＋基地＋农户""合作社＋基地＋农户"的种植模式，探索中药材种植新思路。

（二）规范杂粮种植

左云县地处晋西北黄土丘陵区，是莜麦、甜荞、苦荞、豆类、谷黍、土豆、胡麻等小杂粮的主产区，小杂粮面积占全县粮食总播种面积的70%以上。杂粮在养生方面具有重要价值，在维持人们身体健康方面，与中药形成了互补关系。为发展中医药与康养事业，应进一步发展杂粮种植。

鉴于左云县良好的杂粮种植现状，杂粮种植可在原有基础上深入发展，下一步发展的关键在于规范和标准化。应充分利用优良的生态环境和特色种植资源，因地制宜地发展壮大小杂粮种植。在小京庄乡、马道头乡、水窑乡以及张家场乡南部区域大力创建杂粮规模化、标准化示范区；通过实施荞麦、莜麦等万亩高产创建项目，示范带动杂粮主导品种规模化种植，进一步提高单产、品质和效益；充分发挥雁门清高、纠偏古膳要道、亿源升农业科技等龙头企业、杂粮加工企业、营销企业一头连接市场另一头连接农户的纽带作用；制定可向全国推广的杂粮种植标准和检测标准，与周边乃至全国其他杂粮种植地区形成协同发展效应。

二　市场和物流基地建设

（一）市场建设

为促进中医药事业发展，应加快中药材专业市场和物流体系建设。在市场方面，建立中药材专业市场，即中药材原材料和半成品交易中心；加强市场运营管理，提升市场效率，规范市场运行；拓展中药材交易领域和范围；完善中药材交易大厅、现代化物流仓库、电子商务中心等基础配套设施建设；建立集交易、仓储、信息交流为一体的电子商务服务平台；吸引周边中药材种植、生产企业到左云中药材交易市场进行交易，扩大品牌效应和影响力。

（二）物流基地建设

在物流方面，建设中药材现代物流基地。建设集初加工、包装、仓储、质量检验、追溯管理、电子商务、现代物流配送于一体的道地药材标准化、集约化、规模化和可追溯的中药材仓储物流中心，与生产企业供应商管理和质量追溯体系紧密相连；配套建设现代物流配送系统，引导产销双方无缝对接；推进中药材流通体系标准化、一体化、现代化发展，初步形成从中药材种植养殖到中药材初加工、包装、仓储和运输一体化的现代物流体系。制定中药材流通行业标准与规范，编制常用中药材商品规格等级，制定中药材包装、仓储、养护、运输行业标准，为中药材流通健康发展夯实基础。

三　加工园区建设

中药材加工园区建设是提升中药材价值，实现就地生产，减少中间流通环节的举措。按照加工目的和流程不同，中药材加工分为产地初加工、炮制加工和深加工。

（一）产地初加工

对于多数中药材来说，产地初加工是必要的，因为若不及时处理，很容易霉烂变质，其药用的有效成分随之分解散失，影响药材质量和疗效。因此，左云县应在种植示范区旁边设置产地初加工基地，保证道地中药材质量，延伸产业链。建设集晾晒、烘干、切片、仓储于一体的现代化初加工中心，进行药品前期加工，逐步延长产业链条，提高产品附加值；培育符合《中药材生产质量管理规范（试行）》（GAP）的中药材产地初加工企业1—2家，中药材产地精深加工企业1—2家；推进中药材产地初加工标准化、规模化、集约化，鼓励中药生产企业向中药材产地延伸产业链，开展趁鲜切制和精深加工；提高中药材资源综合利用水平，发展中药材绿色循环经济。

（二）中药材深加工

在改革试验区建设优质中药材生产基地。发展"中医药＋工业"，探索建立中药绿色制造新模式；建设中药基本药物、中药注射剂、创新中药、特色民族药等方面的规范化、规模化、产业化生产基地；结合国家林下经济示范基地建设、防沙治沙工程和天然林保护工程等，建设中药材生产生态基地；拓展中药材应用领域，研究开发中药保健食品、药膳、日用品等中药大健康系列产品；培育和扶持1—2个中药材龙头企业，提高辐射带动能力，引领中药材产业发展。

按照精益求精的工匠精神要求，培养新时代中药炮制技艺传承人，提升中药炮制技艺的专业影响力；加大对中药材加工生产企业的扶持力度，培育本土企业，引进国内外大型医药加工企业落户，培育龙头企业，实现从单一的切片、提取、中成药生产向保健品、化妆品和生物医药多元化方向发展；支持中药企业和社会资本积极参与、联合发展，进一步优化组织结构，提高产业化水平；支持发达地区资本、技术、市场等资源与中药材产区自然禀赋、劳动力等优势有机结合，输入现代生产要素和经营模式，发展中药材产业化生产经营，推动现代中药材生产企业逐步成为市场供应主体；支持中药生产流通企业、中药材生产企业强强联合，共建跨省（区、市）的集中连片中药材生产基地。

探索多品种中药材深加工品种：（1）快速发展中药饮片，建设技术装备先进、科学规范、加工环境卫生、示范带动作用较强的中药饮片加工企业；建立科学、规范、有效的中药饮片管理机制，通过制定标准、差别定价、项目扶持等措施，推进大黄、甘草、狼毒、黄芪等左云道地中药饮片集约化、高端化、差异化生产经营，提高中药饮片质量和科技含量，打造左云特色中药饮片品牌。（2）推进中药配方颗粒研制、生产和使用，制定中药配方颗粒质量标准，推进中药配方颗粒临床使用。（3）推进自主知识产权新药研发，研究开发1—2个拥有自主知识产权的中药新产品；开展应用安全、疗效显著、知识产权清晰的特色中成药和医疗机构制剂"二次开发"研究，改进工艺技术和提升质量标准，培育1—2个中药大品种。

实施优质中药材生产工程，制定中药材种植养殖、采储技术标准，探索构建中药饮片产品的溯源体系；通过药材无公害、绿色、有机、地理标识、GAP和生产技术进行认证，完成示范区土、气、水的产地环评，确保产品质量符合《中华人民共和国药典》要求和达到国家食品安全标准；应用微波提取、大孔树脂吸附、超临界流体萃取、膜分离、微波干燥等新技术，实施现代化中药制造。

四 组建中药材 GAP 研发中心以及设想

GAP 指国家药品监督管理局 2002 年 4 月 17 日发布的《中药材生产质量管理规范（试行）》（*Good Agricultural Practice for Chinese Crude Drugs*），用于"规范中药材生产，保证中药材质量，促进中药标准化、现代化"，内容涉及产地生态环境、种质和繁殖材料，栽培与养殖管理，采收与初加工，包装、运输与贮藏，质量管理，人员和设备，文件管理等方面。

为科学指导中药材种植及产业发展，左云县可集合国际国内先进中医药研发资源，依托国内知名中医药高校或研究机构（如山西大学、山西省农业科学院、大同大学等）专家力量，组建以中药材 GAP 研发中心为核心的中医药科技研发体系。GAP 研发中心应涵盖药学、农学、生物学、化学、环境科学等多个学科。以市场为导向，以企业为主体，以院、校、企合作为主要形式，加强中医药产业链上下游的高效联动和协同创新，建立健全科技成果转化平台的技术成果转移和转化机制，强化技术转移和转化服务。围绕左云县道地药材（大黄、甘草、狼毒、黄芪等）开展研究，着力突破一批制约中医药产业发展的关键共性技术瓶颈，深入挖掘中药材的药用食用价值，研发一批新产品、新工艺，掌握一批核心自主知识产权，发挥引领和示范带动作用，提升中医药产业技术创新能力和核心竞争力，促进科研成果产业化。

GAP 研发中心的主要工作及职责：（1）强化中药材基础研究，开展中药材生长发育特性、药效成分形成及其与环境条件的关联性研究，深入分析中药材道地性成因、生长发育特性和药效成分形成规律以及环境和投入品使用对中药材产量和品质的影响，完善中药材生产的基础理论，指导中药材科学性。（2）开展中药饮片炮制技术、中药材微粉化、中成药新品种、中药饮品、中药保健品新工艺的研发攻关，提高产品附加值，推进中药创新药物的研究和开发。（3）继承创新传统中药材生产技术，挖掘和继承道地中药材生产和产地加工技术，结合现代农业生物技术创新提升，形成优质中药材标准化生产和产地加工技术规范，加大在适宜地区推广应用的力度。（4）研究制定中药材种植、生产、加工的标准化生产加工评价体系，促进中药材的规范化、标准化生产。（5）进行道地品种的提纯复壮及新技术研发，进行生物肥料、生物农药在中药材生产上应用的技术研究，减少中药材产品污染、增加产量、提高品质，为生产绿色、优质、高产、安全的中药材产品提供技术。(6) 发展中药材现代化生产技术，选育优良品种，研发病虫草害绿色防治技术，发展中药材精准作业、生态种植养殖、机械化生产和现代加工等技术，开发中药材测土配方施肥、硫黄熏蒸替代、机械化生产加工技术，提升中药材现代化生产水平。(7) 加强协同创新，开展中药材功效的科学内涵研究，为开发相关健康产品提供技术支撑。

五　中医药质量检测和认证中心建设

为了保证中药的安全性、有效性以及质量的可控性，除采用先进的生产工艺、设备与检测手段外，还需要对中药从研发到生产的各个环节实施严格的质量控制，建立中药材生产流通全过程质量管理和质量追溯体系，加强第三方检测平台建设，推进中医药质量检测和认证制度建设。中医药质量检测和认证中心是检测和认证制度的载体，也是质量控制的专业执行机构。为确保检测和认证的公正性和独立性，该中心应建成独立的第三方机构。

根据国家中医药管理局、国家认监委 2016 年 1 月 18 日签署的《关于共同推进中医药健康服务完善中医药认证体系的合作协议》的要求进行中心的建设。力争纳入国家大健康信息监测和服务系统，依托中国中药协会检测认证技术专业委员会、现代中药资源动态监测信息和技术服务体系开展检测和认证工作。这不仅有利于中心的规范、高标准建设，还有利于本地中医药产业与全国大市场的连接，有利于左云县中医药产业向高附加值方向发展。

中医药质量检测和认证中心的主要工作及职责：(1) 制定本地中药材标准，规范中药材名称和基原，完善中药材性状、鉴别、检查、含量测定等项目，建立较完善的中药材外源性有害残留物限量标准，健全以药效为核心的中药材质量整体控制模式，提升中药材质量控制水平。（2）建立中药材质量检验检测体系，进行人才队伍、设备、设施建设，对中药材专业市场经销的中药材、中药生产企业使用的原料中药材、中药饮片进行抽样检验。（3）制定中药材生产、经营质量管理规范，建立相关配套措施，提升中药材生产质量管理水平，实施中药材经营、仓储、养护、运输等流通环节质量控制。（4）建立覆盖全部中药材品种的从种植养殖、加工、收购、储存、运输、销售到使用的全过程追溯体系，建立完整的药材田间生产档案，准确记录每批药材的种植信息，实行中药材标签制度，准确记录每批药材的名称、年份、产地等信息，实现中药材来源可查、去向可追、责任可究。（5）申报国家地理标识保护产品、无公害产品认证、GAP 备案和有机产品认证，提升中药材品牌价值，带动山西中药材生产实现规模化、规范化、标准化发展，提高市场竞争力。（6）促进中药材种植业绿色发展，推动中药材优良品种筛选和无公害规范种植，制定中药材行业规范，对中药资源实施动态监测与保护，打造精品中药材。（7）利用大数据加强中药材生产信息收集、价格动态监测分析和预测预警。

六　中药材贸易展会以及"北药"博物馆建设

（一）中药材贸易展会

为加速左云中医药招商引资和产业发展，参与全国中医药发展大势，为中医药发展做出更大贡献，左云有必要建设一个中药材新产品展示、新技术交流和新标准发布的常态化、高端化、权威性平台，为各中药材种植、加工、科研、流通主体提供一个常态化、辐射面广的合作交流平台，即中药材贸易展会。

左云地处晋冀蒙三省区交界，109国道横穿东西，连接京大高速公路，210省道纵贯南北，北接大漠草原，南连大运高速公路；生态资源良好，是国家级生态示范区，全国绿化模范县，林木覆盖率45.03%（比全国平均水平高25.3%）；历史文化资源丰富，是历史军事文化名县，全国文化建设先进县，边、堡、墩、寨等边塞文化遗迹遍布，商贸流通、民族融合、边塞风情文化凸显。这为中药材贸易展会的建设提供了良好的基础。

展会场馆可依托县体育场开发建设，立足国内，面向全球，主打历史文化、绿色生态概念，根据中药材产业发展状况确定展会主题。参展商为具备相关资质的药农、药企、技术开发企业、器械生产者等，专家为线上线下经销商、医疗机构、科研院所等。展品可包括中成药、中药营养健康产品、中药饮品、中药饮片、滋补养生中药材、民族特色药物等。

（二）"北药"博物馆

山西是全国重要的中药材产地，素有"北药"① 之称。近年来，在振兴中药材产业战略指引下，一批"晋牌"道地中药材快速发展，一批"晋字号"中药材加工企业强势崛起。这使得"北药"在全国中药材市场的影响力越来越大。为普及"北药"科学知识，反映"北药"从形成到繁荣、从继承到创新的轨迹，弘扬"北药"和中医药文化，左云县可依托其地理优势、历史文化积淀等筹建国家级"北药"博物馆。

---

① 北药，指河北、山东、山西等省和内蒙古自治区中部和东部等地区所出产的中药材。著名的北药有北沙参、山楂、党参、金银花、板蓝根、连翘、酸枣仁、远志、黄芩、赤芍、知母、枸杞子、阿胶、全蝎、五灵脂等。

　　"北药"博物馆应按高标准建设，选址在交通便利、风景秀丽的地点，馆藏内容包含"北药"起源、发展，"北药"资源分布、药物标本、传统加工、现代制药、历代名医、医药典籍、民间验方等，力争成为国内最大的"北药"专题博物馆。馆内设置若干展区和科普活动室，配备图书资料室、多功能讲演厅、文物库房、多媒体演示教学设施等。

七　电子商务服务平台建设

　　这是一个"互联网＋"的时代，互联网正在渗透到经济社会的各个方面。互联网消除了时空中的许多障碍，使经济社会各个领域实现了高速、高效发展。人与人的交流更多的是通过互联网，互联网让人与人交流的范围更加广泛。商务借助互联网得到快速发展。"互联网＋中药材"成为左云发展中医药事业的时代选择。

　　电子商务服务平台的产品定位为中药材和杂粮，打造健康与养生电商品牌，市场定位为需求量较大的大型城市。该电子商务服务平台，应由市场主体运营，但鉴于该平台处于起步阶段，市场尚未培育起来，且具有公益属性，因此，政府应制定相关的政策和优惠措施予以扶持。

　　电子商务服务平台可以独立运营，也可以借助现已经形成规模的专业电子商务平台（中药材电商如药通网、药博商城网、珍药材、康美中药网、普网药博园等，杂粮电商如中国杂粮交易网、神洲杂粮网络交易市场、杂粮网、中国小杂粮·商城等）开展业务。还可以引进中药材、杂粮或综合性电子商务龙头企业在左云设立分支机构。

重点扶持一批中药材和杂粮电子商务示范企业。制定道地大宗中药材和杂粮的商品等级标准，为开展中药材和杂粮电子商务和网络销售奠定基础。规范物流体系和集散市场管理，维护其行业形象，扩大其市场影响力和占有率。发挥中药材仓储物流基地的蓄水池作用以及重点品种药材的仓储与市场调节功能，通过仓储管理、金融兑付、网上交易、代码识别、射频识别、快捷配送、全球定位等系统整合，打造国家级健康养生行业电子商务平台，实现线上线下协同交易，形成面向全国的标准化中医药和杂粮仓储物流网络体系。

八　中医院集团体系建设

为满足广大群众的中医药健康服务需求，促进中医药事业发展，左云县应充分挖掘县中医院资源，延伸县中医院业务，扩展县中医院体系，建立以县中医院为核心的完善的中医院集团体系。

完善现有中医院服务基础设施，加强县中医院中医针灸理疗康复科、中医肺病科、中医内科、中医肛肠科、中医糖尿病专科、中医妇科、中医骨科等重点科室建设。完善乡镇卫生院和社区卫生服务中心中医药设施、设备配置，在乡镇卫生院、社区卫生服务中心建设中医综合服务区（中医馆、国医堂），在村（社区）卫生站建设中医综合治疗室。在基层医疗卫生机构设立中医康复室。开展县乡一体化服务，畅通上下级间交流、培训联动机制，提高县医院对乡镇卫生院和社区服务中心中医药服务能力，建设区域优势专科（专病）分级诊疗协同体。

创新中医药服务模式，实行线上到线下中医药服务。开展"送汤药上门""中医上门"活动，解决中医药服务"最后一公里"问题，建立中医药服务支付平台和线上服务部门和团队，允许中医上门提供传统诊疗服务，使线上需求连接线下服务，进一步优化中医药资源配置，满足不同层次的中医药健康服务需求。

建立以县中医院为龙头，基层医疗卫生机构（乡镇卫生院、社区卫生服务中心）为骨干，村卫生所为基础的中医康复服务网络。县中医院完善中医康复医学科，基层医疗卫生机构设立中医康复室，并与基层"中医馆"实现有机结合。逐步构建布局合理、层次分明、功能完善、富有效率的中医院康复医疗服务体系，充分发挥康复医疗服务体系在整个医疗服务体系中的作用，为患者提供早期、系统、专业、连续的康复医疗服务。

探索中医院服务的新模式。中医院集团协同社会力量形成新的部门或业务运行模式，开展多专业中医诊疗护理一体化服务、中医药与养老服务结合、中医分级诊疗服务、中医药参与公共卫生服务、医务社工结合中医药服务等中医药医疗服务。

九 康复疗养小镇建设

以建设康复疗养小镇为载体，统筹中医药养生与养老产业发展，提升中医药健康服务业水平，提升全民健康水平。

建立以中医药健康养老为主的护理院，引导疗养院开展以老年病、慢性病防治为主的中医疗养服务。鼓励养老机构开设中医机构，支持中医医疗机构与养老机构的横向联合。打造中西医结合老年病防治中心和健康服务业示范基地。依托市县级重点中医专科，增加老年病床数量，开展老年病、慢性病防治、康复、健康教育、保健等服务。中医康复与养老、护理、心理咨询、治疗相融合。探索、鼓励医疗机构与养老机构开展康复技术合作，建立健全医养结合机制，发展"医养结合、以养为主"的健康养老服务，打造医疗、护理、养老、康复四位和谐统一的新型养老模式。拓展社区健康养老服务，提高社区利用中医药为老年人提供医疗、慢性病管理、康复、健康教育、保健等服务的能力。

开展中医药养生保健服务。建设中医医疗设施、保健中心、疗养机构、休闲和美容会所等服务设施，配套建设老年公寓、养老服务机构等相关设施。开展中医针灸、推拿、按摩、拔罐、美容等服务，满足不同群体的保健养生需求。将中医药优势与健康管理结合，以慢性病管理为重点，以治未病理念为核心，探索融健康文化、健康管理为一体的中医健康服务模式。建立中医健康状态评估方法，设立治未病中心，定期组织中医健康体检，提供中医调养及中医体质辨识服务，推广药膳食疗，丰富中医健康体检服务，为居民提供融中医健康监测、咨询评估、养生调理、跟踪管理于一体，高水平、个性化、便捷化的中医养生保健服务。依托左云县生态、环境、土壤、气候等独特优势，在康复疗养小镇规划种植药膳食用植物、小杂粮，开发绿色有机保健养生食品、膳用健康养生产品和护理养生用品等。

实施养生馆建设项目，制定养生馆建设标准、服务流程。鼓励医疗机构在康复疗养小镇开设非医疗性质的养生保健部门（区域）——养生馆，鼓励社会性养生保健机构参与项目建设，纳入技术指导与政策支持范围，鼓励中医药专家对养生馆提供技术支持。

推动中医康复服务向前端预防管理与后端护理康复拓展，加快中医康复服务和健康管理、护理康复、心理咨询、健康养老的结合，建立多元化的中医康复服务模式，实现中医康复服务资源与养老服务资源布局规划衔接与分工协作机制。

引进国际、国内先进养生养老理念和优势医疗资源，与本地中医药、养生养老等机构融合发展，打造健康休闲养生基地，建设中高端中医药健康休闲养生产业，引进和发展"候鸟型"养生、休闲度假养生、农家体验养生、文化养生等多种形式的养生业态，打造覆盖全生命周期的独具中医药特色的医养基地，形成独特的左云医养结合品牌。

制定康复疗养小镇准入标准，鼓励有条件的乡镇申报建设康复疗养小镇先行先试，符合标准、通过审核的乡镇按标准建设小镇。通过政策引导，吸引社会资本和优质资源建设康复疗养小镇，增强国际竞争力。

十　中医药和杂粮养生与健康公益宣传日建设

发展中医药事业，建设中医药改革试验区，需要全县人民的共同努力，促进全民健康，也需要全县人民的参与。为了普及中医药养生知识，灌输新的健康理念，可以每个季度选择一天作为中医药和杂粮养生与健康公益宣传日。

开展中医药和杂粮养生系列宣传活动，采取多种形式向社会各界广泛宣传中医预防保健、康复知识，传播中医药文化和中医治未病服务理念。制作一批中医药健康文化和杂粮养生书籍和手册，开展中医药和杂粮养生知识技能竞赛，推动中医药文化传播和创新。通过广播、电视、报刊、网络等新闻媒体，开展中医药养生保健知识宣传，营造尊重保护中医药知识的社会风气。

推广太极拳、健身气功、导引等中医传统运动，引入中医药健康服务理念，通过知识技能竞赛、中医药文化科普巡讲、医院微信公众号等多种形式，开展中医药和杂粮养生文化主题活动，传播中医药文化和杂粮养生健康知识。

组建县级中医药和杂粮养生保健专家讲师团，进机关、进校园、进社区、进农村、进家庭开展"四季养生"系列讲座活动；在中医院创建一个中医药文化宣传栏，传播中医药文化和健康知识；组织中医康复义诊服务，通过惠及民生的服务带动中医药文化的传播。

利用现代网络信息技术，开发中医药文化科普网站、微信公众平台，制作中医药和杂粮养生保健知识宣传栏、展板，传播中医药和杂粮养生科普文化知识。

第二节　左云中医药综合改革试验区的制度与环境

一　发展促进中医药事业运行的中小企业

中药材生产需要核心生产厂商，其销售需要活跃的市场和广阔的销售渠道，还需要一批为其服务的市场主体，从而形成完善的产业链，在专业化分工的基础上，实现快速发展。每个市场主体都是一个自带引擎的动力装置，将推动左云中医药事业实现高效运行。

小型贸易企业和小型物流企业运行机制灵活，能够快速响应市场需要和变化，同时能够提供更多新的就业岗位，在服务于中医药事业发展的过程中，与左云经济社会转型发展相适应。因此，应鼓励小型企业参与左云中医药事业发展。（1）统筹安排服务于中医药事业的小企业发展用地，规划建设中医药领域小企业创业基地、科技孵化器、商贸企业集聚区等，加速小企业聚集发展，提高产业集聚度。（2）设立中医药领域小企业发展专项资金，引导其服务于中医药事业。（3）完善小企业服务网络，调动和优化配置服务资源，增强政策咨询、创业创新、知识产权、投资融资、管理诊断、检验检测、人才培训、市场开拓、财务指导、信息化服务等功能。（4）提供各项税收优惠，提高增值税和营业税起征点，减免征收小企业所得税，避免不合规收费。

二　促进中医院集团县乡一体化

加强县级中医院建设，加强乡镇医院中医科室和中药房建设，在村卫生室推广中医药适宜技术，提升县域中医药服务能力。完善县中医院对口帮扶基层医疗卫生机构提升中医药服务能力的工作机制，深化县乡中医药服务一体化，畅通上下级之间的指导、培训联动机制，发挥县中医院的区域辐射作用。

夯实中医服务网络基层基础。开展基层中医药服务能力提升工程，以中医科、中药房建设、中医诊疗设备购置、康复科建设和中医药医务人员培训为工作重点，配备中医药专业技术人员、基本中医诊疗器具和必备中药，开展以中医馆为主要形式的中医药集中诊疗区建设。加强基层医疗机构中医康复室建设，实现与中医馆的有机融合。在乡镇卫生院、社区卫生服务中心、村卫生室卫计人员中大力推广中医药适宜技术的应用。

用医保引导推进分级诊疗。树立"大康复"理念，明确各级中医康复医疗服务的功能定位，建立公立医院、基层医疗卫生机构及其他延续性医疗机构之间的分工协作机制，借助不同的支付比例，逐步建立分类保障制度，引导慢性病康复诊疗下沉基层，实现分层级、分阶段康复。利用经济手段调控康复医疗服务的供给和利用，从制度上规范引导双向转诊，逐步建立健康有序的康复患者转诊、流动机制。

优化中医药网络服务体系。加强县乡中医药一体化管理工作，建成以县中医院为主体，综合医院等其他类别医院中医药科室为骨干，基层医疗卫生机构为基础，中医门诊部和诊所为补充，覆盖县乡的中医医疗服务网络。

三 建设中医药金融服务体系

金融是解决左云县中医药发展的市场化手段，也应是中医药事业发展的主要奖金来源。鉴于左云县中医药事业发展的现状，相关企业还很弱小，或者尚未建立，从资本市场直接融资不太现实，因此，仍需要间接融资或是有政府背书的直接融资方式，如银行信贷、产业发展基金和地方政府债券。

在银行信贷方面，开展银企对接活动，争取金融机构扩大授信规模，为中医药相关企业发展提供信贷支持。探索仓储抵押、企业联保、产业基金担保、专利技术及商标权抵押等模式，争取授信额度。发展金融担保机构，做大担保倍数，增加担保能力，降低担保费用，为中医药相关企业发展提供有效融资担保，获得低成本的银行信贷融资。

在产业投资基金方面，针对上述左云中医药综合改革试验区建设项目中市场特征明显，能够带来显著收益的项目，可以通过产业投资基金的方式向社会融资。县财政前期安排投入资金作为中医药产业投资基金的县财政种子基金，引导推动中医药行业企业、股份制银行、其他非金融资本等社会产业资本和金融资本投资上述中医药项目。

在地方政府债方面，针对上述左云中医药综合改革试验区建设项目中市场特征不明显，收益不明显或者收益周期长的项目，可以通过发行地方政府债的方式进行融资。县政府以其财政收入为抵押和偿债来源，向社会发行债券，用于中医药综合改革试验区。

当中医药综合改革试验区发展到一定阶段，各相关企业能够获得稳定的现金流时，可引导和鼓励实力强、成长性好的企业在中小企业板、创业板、"新三板"、山西省股权交易中心上市融资，直到主板上市融资，并最终实现多元化融资组合和选择。

四　发展非公中医医疗机构

为满足人们日益增长的中医药健康服务需求，左云县应充分调动各种社会资源发展中医药服务体系，多种所有制共同发展、相互合作的完善的中医药服务体系。

发挥县中医院的辐射作用，引导社会资本投入中医药事业，大力发展非公中医医疗机构，鼓励社会力量举办中医医疗机构、中医门诊部、中西医结合医院、中医个体诊所、中医坐堂医诊所，鼓励符合条件的药店设置中医坐堂医诊所，逐步形成公立中医药服务机构为主体，多种社会力量办中医共同发展的中医药服务格局，以满足人民群众的多元化需求。

充分发挥社会力量在中医医养结合方面的作用，鼓励社会力量发展中医药服务产业。通过放宽市场准入、落实优惠政策、落实人才政策、加强城乡规划和用地保障、加大财政扶持力度、落实税收优惠政策、实行价格优惠政策、拓展融资渠道、加快健康服务信息化建设等措施，鼓励社会力量新建以中医药健康养老为主的护理院、养老院和康复医疗机构，支持有资质的中医专业技术人员特别是名老中医开办中医门诊部和诊所。

五 公共服务建设

左云中医药综合改革试验区建设是一个系统工程，需要发挥市场力量活跃和丰富市场，更需要将中医药工作作为政府重点民生工作，纳入左云县经济社会发展全局进行谋划并积极推进，形成政府主导、部门协同、多方参与的公共服务体系，营造政府重视中医药、扶持中医药，百姓信任中医药、依靠中医药的医疗服务氛围，扶持中医药事业发展。

县政府成立国家中医药综合改革试验区建设领导小组。领导小组下设办公室，办公室设在县卫生和计划生育局，负责协调领导小组的日常工作。建立试验区建设联席会议制度，定期或不定期召开研究、部署试验区各项建设任务的联席会议和重点工作专题会议，组织、指导、协调工作中需要解决的实际问题，完善部门协同机制，明确职责和任务，加强统筹协调，形成合力。

按照国家中医药综合改革试验区建设要求，县属各有关部门各负其责，合力推进国家中医药综合改革试验区建设。（1）领导小组办公室负责具体组织、协调、督促实施试验区建设方案，争取各级政府和中央、省、市中医药管理局、大同市卫计委的支持。（2）县政府办公室负责协调县属各部门，定期或不定期组织联席会议，商讨、协调工作中需要解决的实际问题。（3）县编办负责指导完善中医药人才引进、培养、管理等工作。（4）县卫生和计划生育局成立实施领导小组，督促指导试验区建设工作规范、有效开展；研究开展中医治未病服务相关政策，并将工作的开展成效纳入目标考核；负责行政审批与行政许可工作，落实事中、事后监管工作。（5）县发展和改革局负责做好国家中医药综合改革试验区建设工作政策制定与指导。（6）县财政局负责指导和协调招标投标工作，提出政策建议，负责实施过程中国有资产的监督管理。（7）县司法局负责对实施过程中提供政策和法律法规指导。（8）县人力资源和社会保障局负责对中医治未病项目、中医使用药品、社会力量中医药服务项目争取医保政策支持。（9）县市场和质量监督管理局负责药品和医疗器械监督管理工作。（10）县国土资源局负责试验区土地使用规划与管理。（11）县水务局负责试验区用水设施规划与管理。（12）县环境保护局负责试验区建设及相关项目的环评及监管工作。（13）县农业委员会负责中药材和杂粮种植指导与管理。（14）县科技教育局负责试验区建设的科技信息服务、人员培训等工作。（15）县交通运输局负责物流基地及物流体系规划与管理。（16）县文化局负责试验区宣传工作，与中央、省级电视台联系制作试验区专题节目，打造左云名片。（17）县中医院负责成立实施工作小组，负责中医医疗、中医治未病、中医药适宜技术的指导工作。

六　开展中医药文化科普宣传

左云县发展中医药事业，建设中医药综合改革试验区，需要全民的参与和支持。为此，就要在全县营造中医药文化氛围，进行广泛的中医药文化科普宣传，采取多种形式向政府、社会、群众广泛宣传中医预防保健、防病治病、康复知识，传播中医药文化和中医治未病服务理念，倡导科学养生保健方法，弘扬科学精神，引领广大群众走近中医药、认识中医药、了解中医药、使用中医药、热爱中医药，掌握正确、科学、安全的中医药知识，提升全民的中医药健康素养，增强人民群众对中医药工作的了解和认识。

中医药文化科普宣传工作应贯穿于日常。可以采取的方式是通过广播、电视、报纸、网络等媒体开展中医药知识专题讲座、医患代表座谈会、义诊活动和以"弘扬中医药文化"为主题的文艺表演等。

可以在医院，在门诊、住院处、中医科、治未病中心及国医堂、中医馆等多处设立中医药文化、中医药养生保健知识及技能展示物，展示中医药特色优势。可以在社区、公园陈列展示物或进行中医药知识讲座、特色诊疗、保健义诊等。可以在网络信息平台定期发布中医药养生保健知识，专人在线回答公众在中医药养生保健方面的问题。可以利用多媒体平台宣传中医药文化科普知识，比如通过微电影等时尚的形式让基层群众有兴趣跟着学，让中医药知识和技术真正走进他们的生活。

第三节　左云中医药综合改革试验区的实施步骤

国家（左云）中医药综合改革试验区的建设是一个系统工程，需要医药、医保、医疗的联动和其他政府各部门的统筹、协调、配合。2018 年 1 月开始论证启动，建设及运行周期为五年（2018—2022 年），分三个阶段进行。

一　第一阶段：2018 年 1 月—2019 年 12 月

2018 年 1 月—2018 年 6 月，找准影响和制约左云县中医药发展的突出问题和关键环节，出台加快中医药综合改革试验区建设的政策措施；建立国家中医药综合改革试验区建设领导小组及其办公室，建立联席会议制度，研究解决问题，完善工作举措；明确各部门工作职责。

2018年7月—2018年12月，完成中医药综合改革试验区项目整体规划、可研报告、环评、立项、选址等前期工作；完成市场和物流基地、加工园区、中药材GAP研发中心、中医药贸易展会及"北药"博物馆、电子商务平台、康复疗养小镇设计方案；确定道地中药材目录；全面开展中医药和杂粮养生宣传活动，形成常态化宣传机制。

2019年1月—2019年6月，完成项目征地和立项工作；完成项目详细规划、设计论证，确定建设方案；完成杂粮种植及商品标准制定；完成土地供应、财政支持、人才引进与培养、投融资、法律规范等公共服务平台建设。

2019年7月—2019年12月，首批中药材完成种植；完成电子商务平台系统搭建；完成康复疗养小镇申请评估；中药材GAP研发中心完成组建，启动中医药研发工作；完成首个中医药和杂粮养生与健康公益宣传日活动。

二　第二阶段：2020年1月—2021年12月

2020年1月—2020年6月，完成中医药综合改革试验区主体建设，达到"六通一平"；研究制定药材标准体系，完成质量追溯体系设计；建成中医药质量检测和认证中心；废弃药渣再利用、污水处理和太阳能等设施正式建成并投入使用；建成加工园区产地初加工基地。

2020 年 7 月—2020 年 12 月，乡镇卫生院（社区卫生服务中心）建成中医综合服务区（中医馆、国医堂），村（社区）卫生站建成中医综合治疗室，能开展中医药服务；中医院集团体系建设完成；电子商务平台上线试运行，中药材及杂粮通过电子商务平台实现销售。

2021 年 1 月—2021 年 6 月，针灸理疗康复科、肺病科升级为山西省重点中医专科；内科、肛肠科、糖尿病专科、妇科、骨科升级为大同市重点中医专科；引进战略合作伙伴，签署合作建设协议；建成一批社会力量举办的中医专科医院、康复医院、中医门诊部和诊所；首届中药材贸易展会召开。

2021 年 7 月—2021 年 12 月，建成中药材深加工基地，启动中药材深加工；建成中药材专业市场和仓储物流基地；建成康复疗养小镇并投入使用。

三　第三阶段：2022 年 1 月—2022 年 12 月

2022 年 1 月—2022 年 6 月，"北药"博物馆建成并投入使用；第二届中药材贸易展会召开；完成首个中药创新药物的研究和开发。

2022 年 6 月—2022 年 12 月，开展全面评估，全面总结试验区的成功做法和主要经验，分析差距和不足，进一步完善各项工作机制，形成成熟可复制可推广的中医药发展组织协调机制，构建起现代一流的中医药健康服务业新模式，成为国家中医药综合改革试验区样本。

参考文献

曹洪欣：《中医药是打开中华文明宝库的钥匙》，《人民日报》
　　2015 年 3 月 25 日第 20 版。

陈琳红、肖云：《我国卫生总费用筹资水平与结构分析》，《西部
　　论坛》2010 年第 6 期。

陈岩、邹建华：《中医药在新加坡的发展现状》，《世界中医药》
　　2013 年第 5 期。

戴小河：《增速仍在探底　医药工业"寒冬"来临》，《中国高新
　　技术产业导报》2016 年 5 月 12 日。

邓中甲：《方剂学》讲稿，2011 年 10 月 10 日。

董志林：《国际中医药发展现状》，"2016 海外华侨华人中医药大
　　会"，2016 年 5 月 29 日。

董志林：《国际中医药发展现状》，2016 年 5 月 29 日，"2016 海
　　外华侨华人中医药大会"。

郭春彪：《海外华人中医论坛秘书长谈欧洲中医药发展》，中医中
　　药秘方网，2016 年 9 月 5 日。

国家药典委员会：《中华人民共和国药典》，中国医药科技出版社
　　2015 年版。

国家中医药管理局：《关于公布现行有效的 93 件规范性文件的通告》，2015 年 12 月 11 日。

国家中医药管理局：《2016 年全国中医药统计摘编》，2016 年。

国务院办公厅：《中国防治慢性病中长期规划（2017—2025年)》，2017 年 1 月 22 日。

《国务院关于扶持和促进中医药事业发展的若干意见》，2009 年。

国务院新闻办公室：《中国的中医药》白皮书，2016 年 12 月6 日。

海外华人中医药群集体：《国际中医药发展和立法情况概览》，《中医药导报》2016 年第 9 期。

贾英民、王亚平、李恩：《从中西医思维方式比较看未来中医学的发展》，《现代中西医结合杂志》2013 年第 3 期。

金奇：《2018 年新兴市场面临严峻考验》，《金融时报》2017 年12 月 11 日。

可晓梅：《我国中药产业国际竞争力提升对策研究》，硕士学位论文，2010 年。

李致重：《告别中医西化》，《中国中医药报》2012 年 12 月 12 日。

联合国：《2018 年世界经济形势与展望》，2017 年 12 月 11 日。

刘一鑫：《中医药在世界市场中的发展现状》，《医疗保健器具》2005 年第 6 期。

钱学森：《马克思主义哲学的结构和中医理论的现代阐述》，《大自然探索》1983 年第 3 期。

任应秋编：《任应秋论医集》，人民军医出版社 2008 年版。

商务部：《2016 年中药材流通市场分析报告》，2017 年 7 月 20 日。

《"十三五"深化医药卫生体制改革规划》，2016 年。

宋远斌、孟卫东、莫春妍、黄泳：《中医与西医的比较与联系》，《中医药管理杂志》2011 年第 1 期。

田润：《中药知识产权现状分析及发展对策研究》，博士学位论文，广州中医药大学，2009 年。

王孝蓉：《中医药及泰国传统医药在泰国的发展概况》，《中国民族医药杂志》2010 年第 10 期。

《卫生部部长陈竺在国务院新闻办举行的发布会上的讲话》，2012 年 9 月 17 日，新华网。

卫生计生委：《2013 第五次国家卫生服务调查分析报告》，2016 年 10 月 26 日。

习近平 2013 年 8 月 20 日会见世界卫生组织总干事陈冯富珍时表示。

严世芸：《中医"西化"已经成为困扰中医界重大问题》，《新闻晨报》2015 年 1 月 18 日。

《医药工业发展规划指南》，2016 年。

岳凤先：《中药、西药及相关药物概念内涵的辨析》，《浙江中医药大学学报》2009 年第 5 期。

摘自国务院新闻办公室 2016 年 12 月 6 日发表的《中国的中医药》白皮书。

中金网：《2017 年全球经济回顾》，2017 年 12 月 21 日。

中金网：《2017 年世界经济形势与明年经济展望》，2017 年 11 月 19 日。

中金网：《展望 2018 年：新兴市场将面临三方面的挑战》，2017 年 11 月 6 日。

《中药材保护和发展规划（2015—2020 年）》，2015 年。

《中医药发展"十三五"规划》。

《中医在国外的发展——韩国》,《中国中医》2010年10月21日。

邹大光:《传统中药产业发展影响因素研究》,博士学位论文,沈阳药科大学工商管理学院,2012年。